Individualized Education Plan: IEP

개별화교육계획의 모든 것

개발부터 실행까지

Diane Twachtman-Cullen · Jennifer Twachtman-Bassett 공저

강은영 · 박윤정 · 서효정 · 박경옥 · 최승숙 공역

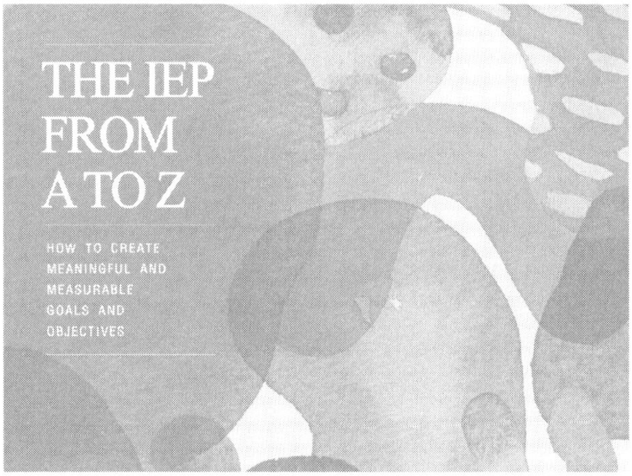

학지사

The IEP from A to Z:

How to Create Meaningful and Measurable Goals and Objectives

by Diane Twachtman-Cullen and Jennifer Twachtman-Bassett

역자 서문

개별화교육계획은 특수교육대상학생의 개별적이고 독특한 교육적 요구에 부응하기 위해 꼭 필요로 하는 문서로 여겨져 왔다. 「특수교육진흥법」이 제정된 이래로 「장애인 등에 대한 특수교육법」이 적용되고 있는 현재까지 30여 년이 흐른 현 시점에서 교육현장에서는 개별화교육계획에 대한 개념적 이해, 계획수립 및 실행방안에 대한 혼란이 지속되고 있다. 특히 초등학교부터 고등학교까지 학령기에 작성 · 실행되는 개별화교육계획이, 국가수준으로 문서화되어 제시된 초 · 중등 교육과정이나 특수교육 기본 교육과정이 실현된 환경에서 교사가 마련한 교육과정의 형태와 어떠한 차별적 특성을 지녀야 하는지에 대해 혼란이 더욱 가중되고 있다. 즉, 개별화교육계획의 기능과 실효성에 대한 쟁점이 부각되고 있다.

이 책은 개별화교육계획이 지닌 고유한 필요성에 따른 기능을 설명하고, 학교현장의 교육과정과 어떠한 차별적 역할과 위치를 지녀야 하는지에 대해 다시 한번 생각해 볼 수 있는 기회를 제공해 줄 것이다. 아울러 개별화교육계획이 교육과정과 어떻게 상호 보완적 역할을 하면서 특수교육대상학생의 개별적이고 독특한 교육적 요구에 부응하는 특수교육을 실현할 수 있는지에 대해 길라잡이가 될 수 있다. 이 책은 역서라는 제한이 따르지만 제1장부터 차근차근 살펴보면 객관적이고 측정 가능한 평가 방법을 바탕으로 마련된 교육 목표와 교육 방법, 평가 방법이 담겼으며, 한층 질적 수준이 높은 개별화교육계획을 작성하기 위한 이론 및 개념적 이해를 기초로 실제 적용이 용이한 내용으로 이루어졌음을 알 수 있다.

역자 일동은 이 책을 통해 특수교육대상학생의 교육적 지원에서 실효성을 담보할 수 있도록 노력하였다. 좀 더 객관적이고 측정 가능한 교육 목표 및 평가 방법의 설정을 통해 이 책이 특수교육대상학생 및 그 가족, 교사 등 모두에게 의미 있는 개별화교육계획을 작성하고 실행하기 위한 마중물이 되기를 바라며, 또한 특수교육 현장에서 고군분투하는 많은 교사에게 미약한 도움이나마 제공해 줄 수 있는 자료가 되기를 기대한다.

2019년 3월

역자 일동

저자 서문

이 책은 표지만으로 판단할 수 없다. 하지만 '개별화교육계획의 모든 것: 개발부터 실행까지'라는 제목으로 책이 가진 철학과 내용에 대해 많은 것을 말할 수 있을 것이다. 우리 의도는 개별화교육계획(Individualized Education Plan: IEP)의 필수요소에 철저하고 종합적으로 접근하는 데 있다. IDEA 2004와 관련된 개정들, 그리고 특별한 요구가 있는 학생에게 이러한 변화로 인한 파급 효과를 제공하고 개별화교육지원팀에게 개별화교육계획 개발에서 요구되는 필수요소들의 중요 정보를 제공하고자 한다. 또한 어떻게 이러한 요소들을 실제로 적용할 수 있는지에 대하여 자세한 사례를 제시해서 IEDA 2004에서 제시한 책무성 및 향상된 성과에 대한 새로운 초점을 반영할 수 있도록 하는 것이다.

불행히도 법적 소송이 증가하는 사회에서, 개별화교육계획을 어떤 기준에 맞추는 것은 적절한 심의 절차가 요구된다는 것을 충분히 떠올릴 수 있다. 우리는 개별화교육계획이 검열을 통과하지 않았을 경우 정당한 절차가 필요하다는 것을 알고 있으며, 법률적 지식을 지닌 전문가를 통해 부모를 안내하는 역할을 맡았다. 사실 우리는 가능하다면 정당한 절차 회피를 옹호한다.

이 책의 끝까지 우리는 독자들에게 이 일을 하기 위한 학부모, 교육자, 임상가 그리고 특수교육 관리자를 돕기 위해 한 단계씩 모범 사례들을 제공하고 정당한 교육 프로그램을 제자리에 배치할 수 있도록 하여 향후 법적 행동의 필요를 면하고자 한다. 간단히 말하면, 이 책은 어떻게 요구에 근거한 교육적 프로그램을 자페스펙트럼장애(ASD), 단순/언어장애(S/LI), 비언어성 학습장애(NLD), 주의력결핍장애/주의력결핍 과잉행동장애(ADD/ADHD) 그리고 정서 · 행동장애(EBD)[1]학생을 위한 심도 있고 질이 높으며 똑똑한 개별화교육계획으로 만들 수 있느냐에 대한 것이다.

2002년에 출판된 이 책의 이전 버전에서는 1990년대에 수립된 특수교육법의 변화를 반영했었다. 이번 책은 개별화교육계획 개발에 대한 가장 최근 버전의 법을 반영하도록 개정되었다. 또한 자페스펙트럼장애 단일 장애 유형만의 관점에서 벗어나 앞서 언급한 모든 장애 유형을 포함하는 방향으로 관점을 확장했다. 여기에는 두 가지 이유가 있다. 첫째, 이러한 조건에 있는 학생은 인지적 사회-인지적 기능과 의사소통 및 언어 사용의 영역에서 교육적인 요구는 매우 많이 중복되기 때문이다. 둘째, 이러한 상황은 같은 레이더 아래 학생의 요구가 보이지 않는 종류의 유형을 공유하기 때문이다. 다시 말하면, 많은 주의력결핍장애/주의력결핍 과잉행동장애, 비언어성 학습장애, 단순/언어장애 또는 정서 · 행동장애학생은 특정 장애의 징후가 명백하게 나타나기보다는, 전형적으로 발달하는 학생에 대한 적절한 기준을 유지할 때 특정 행동이 나타난다. 이러한 상황과 관련된 증후들은 언제나 신경생물학적 혹은 인지적 기능과의 조화가 반영된 것으로 인식되지 않고 오히려 학생이 통제할 수 있는 행동으로 인식된다. 고의적이거나 의지적인 것처럼, 혹은 동기의 부족 및 게으름의 반영인 것처럼 학생의 행동에 대한 전반적이

1) 원서에는 정서장애(혹은 정서불안)를 뜻하는 ED(Emotional Disturbance)로 작성되어 있지만, 국내에서 이해를 돕기 위해 정서 · 행동장애(Emotional and Behavioral Disabilities: EBD)로 변경하여 기재함

고 잘못된 판단으로 인해 아동의 교육적 요구를 충족하지 못한다. 우리가 바라는 것은 때때로 이러한 학생이 나타내는 감지하기 힘든 어려움에 빛을 비춤으로써, 이들을 위한 교수적 지원 및 조절의 제공이 필요하다고 인식하도록 개별화교육지원팀을 격려하는 것이다. 한편, '행동의' 상태로 학생의 결함을 특징 짓는 것을 막고자 한다. 각각의 장애 유형에 대한 자세한 정보를 제공하는 것은 이 책의 범위를 벗어나는 것이나, 부록 B에 이런 목적을 위해 많은 훌륭한 자료의 출처가 제시되어 있으므로 독자들이 추가적인 정보를 스스로 찾아볼 수 있을 것이다.

이 책의 기본 전제는 개별화교육계획이 적절한 교육적 프로그램을 설명하기 위해 개별화된 '청사진'이라는 것이다. 그러므로 다른 청사진처럼 교육 프로그램의 '개발자'에게 정확한 설명서 및 필요한 조건들을 포함해야만 한다. 이 책의 구조는 이 전제를 반영한다. chapter 1에서 특수교육법에 대한 간단하고 전반적이며 역사적인 개관 후에, Part 1의 나머지 chapter에서 개별화교육계획 개발의 필수요소들을 포함하는 '건물사양(building specs)'을 포함하고 있다. 현재수행수준(PLP), 수행을 다루는 기본 조건들, 방법론, 조건 및 촉진 수준, 일반화, 연간목적, 단기목표 및 벤치마크, 평가 및 데이터 수집, 최소제한환경(LRE), 주 혹은 교육청 수준의 평가, 조절 및 수정, 관련 서비스 그리고 추가적 지원 및 서비스와 관련된 정보로 구성된 개별화교육계획이 그것이다. Part 1의 목적은 효과적인 서비스 전달을 이끄는 의미 있는 연간목적, 단기목표 혹은 벤치마크의 유형을 진술하기 위한 건물사양 필요한 구체적 정보를 제공하는 것이다.

Part 2에서는 여러 가지 '건축업자의 모델(builder's models)'을 제시한다. 어떻게 Part 1에서 윤곽을 잡은 정보들이 여러 장애 유형에 대해 종합적으로 명확하게 개별화교육계획 연간목적 및 단기목표로 정의되는지 살펴보는 데 도움을 준다. 특히 chapter 10에서는 교육적 요구의 우선순위를 결정하는 것과 관련된 평가의 고려사항에 대해 논의한다. 또한 이는 Part 2의 서론과 같은 역할을 한다. chapter 11부터 chapter 14까지는 인지적 · 사회-인지적인 기능성, 의사소통, 언어 및 말하기, 비언어적 이해 및 표현, 사회적 관계성 및 상호작용, 놀이, 여가 기술, 실행기능, 마음 이론 그리고 비판적 사고의 영역과 관련된 현재수행수준, 연간목적 및 단기목표의 사례를 포함한다. 게다가 우리는 개별화교육지원팀에게 목표를 견고한 교육적 실제로 전환하는 것을 돕기 위해 권장되는 모든 교육적 프로그램 형식, 일반적 교수 팁 및 전략, 교수 자료를 독자들에게 제공한다.

Part 2의 목적은 모든 것을 함께 넣어서 독자들이 많은 사례로부터 정확하게 다양한 개별화교육계획 요소가 어떻게 개별적인 합보다 더 큰 전체를 이끌 수 있는지 보여 주는 것이다. 즉, 적절한 개별화된 교육 프로그램의 전달체제이다. 프로그램 형태, 교수 전략 및 자료 출처에 대해 실제적인 정보를 포함하는 것은 무엇보다도 중요하며, 특히 이런 상황에 있는 학생은 일반적으로 표준 특수교육으로 불리는 것을 넘어서 질 높고 특화된 프로그램이 요구되기 때문이다. 우리의 선도는 '전통적인 특수교육 프로그램'을 받는 자폐스펙트럼장애학생으로부터 시작되었으며, 원하는 것을 많이 남겼다(Peeters & Gillberg, 1999, p. 27). 실제로 Peeters와 Gillberg는 솔직히 "지적장애학생에게 사용되는 (주로 간략하게 구성되어 있는) 교수의 유형만을 제공하는 특수교육은 충분하지 않다."라고 언급했다. 우리 역시 이 책에서 다루는 유형의 학생이 충분하다고 생각하지 않는다.

이 책의 사용자 친화적인 특징들은 따옴표 붙이기, 글머리 기호 목록, 사례연구 그리고 각 장의 요약을 포함한 모든 것에 쉽게 접근 가능하고 정보를 제공받도록 의도되었다. 마지막으로, 『개별화교육계획의 모든 것』은 주의력결핍장애/주의력결핍 과잉행동장애, 단순/언어장애, 비언어성 학습장애, 정서 · 행동장애를 가진 학생을 위해 효과적인 교육 서비스의 전달 및 학습성과를 이끄는 방법과 정신에 적합한 질 높은 개별화교육계획을 작성하려는 궁극적 목적을 지닌 이라면 누구나(학부모 혹은 전문가) 읽을 수 있도록 의

도되었다. 편향(bias)이 있다면 그것은 학생의 선호에 대한 것인데, 왜냐하면 이 책에서 다루는 모든 쟁점에 대해 우리는 학생의 가장 교육적인 관심사가 무엇인지에 대해 무게를 두었기 때문이다. 우리의 가장 큰 소망은 우리가 제공하는 정보들이 특별한 요구가 있는 학생을 위한 교육 프로그램을 개발하는 학부모와 학교 관계자들이 동등한 협력자로서 함께 일할 수 있도록 돕는 것이다.

차례

Part 1

개별화교육계획의 필수요소

chapter 01 과거의 관점과 현재 실제

"가능한 먼 과거를 볼수록, 더 먼 앞을 볼 수 있다."

- Winston Churcill

미국에서 특수교육 서비스의 모습이 개혁된 사건인 1975년 미국 공법 94-142, 「전장애아교육법(Education for All Handicapped Children Act: EHA)」이 시행된 지 45년 이상이 흘렀다. 이 역사적인 법안은 상호관련성이 깊은 2개의 중요한 개념을 탄생시켰다. 첫째, 장애학생을 위한 교육적 프로그램에 대한 법적 표준으로, 적절한 무상의 공교육(free appropriate pbulic education: FAPE)이다. 둘째, 특별한 요구가 있는 학생을 보호하고 혜택을 주고, 과정적 안전망을 학부모에게 제공하기 위한 다면적 문서(multifaceted document)인 개별화교육계획(Individualized Education Plan: IEP)이다.

목표와 책무성 관리의 실제를 마련해야 한다는 것이 최근의 대표 문구로, 개별화교육계획은 모호하고 계획성 없이 수업하는 상황에서 환영할 만한 조짐을 보였다. 그것은 또한 성과 기반의 행동적 용어로 진술될 뿐 아니라 측정 가능하도록 교육 목적과 목표가 요구되는 교육 프로그램을 위한 체계적

접근을 제공하였다. 따라서 개별화교육계획은 교육 프로그램이 장애학생의 요구에 적합하도록 잘 짜였는지 결정하기 위한 데이터 수집의 중요성 또한 강조하였다.

새로운 10년, 새로운 변화

개별화교육계획은 성과 기반 행동적 용어로 진술될 뿐 아니라 측정 가능하도록 교육적 목적과 목표가 요구되는 교육 프로그램을 위한 체계적인 접근을 제공하였다.

P.L. 94-142가 「적절한 무상의 공교육(FAPE)」으로 첫 관문을 제공했다면, 그다음에는 그 문을 더 활짝 열도록 힘써야 한다. 1990년, P.L. 94-142의 개정으로 새로운 법의 명칭은 「장애인교육법(Individuals with Disabilities Education Act: IDEA)이 되었다. 이 법은 장애학생을 위한 개별화된 교육의 중요성을 재강조할 뿐 아니라 자폐스펙트럼장애(ASD)를 본 법 아래에서 공식적인 개별 장애 유형으로 보장받도록 했다. 처음으로 ASD 학생이 가장 그들의 장애를 정확하게 반영하는 유형 속에서 교육적 서비스를 받을 수 있게 되었다. 별도 유형으로서 ASD를 포함한 것은 ASD 학생이 직면한 독특한 교육적인 어려움과 수수께끼 같은 장애의 본질 때문이기에, 학부모와 전문가 모두 예상했던 바였다.

1990년대는 특수교육법에 대한 번영의 10년이었다. IDEA의 P.L. 94-142가 개정된 9년 뒤, 법개정은 더 많은 영향력을 가져다주었다. 새 법안의 가장 유의미한 공헌 중 하나는 전문가 연수(staff training)로, 학부모의 가장 우선순위 요구를 강조한 것이다. 실제로 각 주에서는 이전보다 더 높은 기준(장애학생을 위한 서비스를 제공하는 사람들인 전문가 및 준전문가는 학생의 요구를 충족시키기 위해 적절한 지식의 기초와 기술을 필수적으로 갖추고 있는지 확신할 수 있어야 한다.)을 설정하였다(Twachtman-Cullen, 2000a, P. ix). 준전문가를 연수 과정에 통합하는 것은 자신의 자녀에게 가장 가까운 사람들이 최소한의 지식과 훈련을 받아야 한다고 격렬하게 항의했던 학부모들에게는 엄청난 승리였다.

표면적으로 이것은 장애학생과 그들의 학부모에게 '만사형통'으로 여겨졌다. 결국, IDEA를 적용받는 학교가 갖추어야 하는 충족 요건들(관련 서비스, 추가 지원 및 서비스, 보조공학 지원, 전환 그리고 필수적인 조절 혹은 수정의 구체적 내용)은 마치 학부모들의 위시리스트처럼 여겨졌다. 그러나 실제 현실은 그렇게 장밋빛은 아니었다.

한 예로, 많은 학부모에게 개별화교육계획 수립 수립 과정은 깜짝 놀랄만큼 위협적이었으며 많은 경우에 종종 협력적이기보다는 위계적이었다. 이는 학부모들이 항상 법이 보장하는 것처럼 동등한 파트너 지위를 보장받지는 않았기 때문이다. 또 다른 예로는 학부모와 교육자들은 종종 중요한 쟁점에서 뜻이 상충되는 경우가 나타났다. 특히 '적절성(appropriateness)'의 기준에 대한 관점에서 명백하게 나타났다. 일반적으로, 학교는 최소한의 법적 제재 기준으로 적절성을 보았으며, 비유적으로 이른바 '시보레(미국제 자동차)'라고 부를 만한 수준이었다. 그러나 학부모들은 학교의 최소한적 입장을 수용하지 않았으며, '시보레'보다 나은 '캐딜락(미국제 고급 승용차)'을 제공함으로써 그들의 자녀에게 최대한의 교육적 지원을 하기를 요구했다. 곧 적절성 기준이 완전히 새로운 의미를 지니게 될 것에 대해 그때는 누구도 알지 못했다.

새로운 세기, 새로운 변화, 그리고 새로운 이름

2004년 12월에 IDEA는 다시 개정되었다. 이제는 「장애인교육(진흥)법(Individuals with Disabilities Eduation Improvement Act: IDEA 2004)」라고 알려지고, 이 법의 효과로 인해 적절한 무상의 공교육에 대한 기준이 높아졌다.

그 결과, IDEA 2004와 「아동낙오방지법(No Child Left Behind: NCLB)」이 일치하도록 계획되면서 높은 기대에 대한 새로운 강조(법에 대한 판결 부분)와 책무성, 예를 들어 연구에 기반한 교수와 추가 교육과 같은 향상된 성과의 강조가 증가되었다(Wright & Wright, 2006, p. 19). 이 목표를 위해 IDEA 2004의 많은 정의가 NCLB에서 그대로 가져와 사용되었다. 예를 들어, section 1412 (a) IDEA 2004의 (15)는 장애아동의 적절한 연간 진전도 기준(adequate yearly progress standard)을 NCLB에서 가져와 적용하였다. 게다가, NCLB의 영향이 매우 컸기 때문에 IDEA 2004 또한 읽기와 같은 교과나 조기 중재에 더 중점을 두었다(Wright & Wright, 2006). 더욱이, IDEA 이전 시기에서는 FAPE와 절차상 안전장치로의 접근과 같이 좀 더 전반적이고 일반적인 쟁점에 초점을 두었고, 이번 시기에서는 명백하게 법에 대한 세부적인 구체화 및 기준의 발전에 대한 관심이 더 높아졌다. IDEA 2004에서는 변경된 '**가능한 한 최대 범위**(maximum extent possible)'에 대한 방법이 고려되었다. 일반교육과정으로의 **접근**이라 일컬어지는 문구는 교육자들에게 발달적 목표를 충족시키는 것뿐 아니라 '**가능한 한 최대 범위**'에 부합하도록 모든 아동을 위해 수립되어야 한다는 도전적인 기대가 요구되었다(Wright & Wright, 2006, p. 46). 명백하게 IDEA 2004의 새로운 언어는 NCLB의 심도 있고 의도된 영향을 반영했다. 게다가 Steedman에 따르면(2005a), "IDEA 2004는 각 주는 NCLB의 적절한 연간 진전도에 대한 주(state)별 정의와 동일하게 장애아동을 위한 수행 목표를 수립할 것을 요구한다"(p. 34). 더욱이 IDEA 2004는 또한 '질 높은 특수교사'를 요구하면서 NCLB를 따라갔다(Wright & Wright, 2006, p. 19). 그래서 장애아동과 특수교사에 대해 비장애학생과 일반교사에게 적용되는 것보다 더 견줄 만한 높은 기대를 가지게 하는 효과가 생기면서 IDEA 2004와 NCLB 사이에 매우 중요한 접점이 생겼다.

높은 기준에 대한 초점이 계속되면서, IDEA 2004는 수업의 실제, 관련 서비스 그리고 추가 지원 및 서비스 모두에 검증된 연구(peer-reviewed research)를 기초로 할 것을 요구하면서 방법론에 대한 기준 또한 높였다. 개별화교육계획에 수업 방법론을 포함할지 여부에 대한 결정은 개별화교육지원팀에게 달려 있다. 하지만 새로운 근거 기반 표준(evidence-based standard)은 명백하게 문서에 근거 기반 표준을 통합한 방법론 기술에 대한 찬성 정도를 높이도록 한다. 방법론 쟁점은 chapter 4에서 좀 더 상세하게 논의할 것이다.

의심할 여지 없이 IDEA 2004의 가장 큰 엄청난 (또한 가장 논란이 많은) 변화는 대안평가를 실시하는 학생을 제외한 모든 학생에 대한 단기목표 및 벤치마크를 삭제한 것이다. 이 개정은 표면상으로는 교육자들의 문서 작업의 양을 줄여 주고 시간을 절약하기 위해 만들어졌다. 하지만 불행히도 둘 다 이루어질 수 없었다. 학생의 연간목적은 여전히 구체적이고 측정 가능해야 했고, (NCLB에 따라) 학년 성취기준을 활용한 평가를 받는 학생에 대한 단기목표와 벤치마크 삭제는 실제로 목표에 대한 진전도 결정의 과정을 더 어렵게 만들었다. 그것은 진행 상황을 측정하고 중간 경로를 수정하기 위한 단기목표 혹은 벤치마크에 대항하는 논리적인 증분(incremental)의 틀을 제거했다. 이에 대해 우리는 특별한 요구가 있는 대다수 학생의 목표와 벤치마크를 삭제한 결정이 근시안적이었고, 최악의 경우 학생의 필요에 불리한 결정이었다고 생각한다. 그래서 우리는 학생의 연간목적에 대한 진전을 결정하기 위한 수단으로서 하나 혹은 그 이상의 진전도 지표를 계속 적용할 것을 개별화교육지원팀에게 강력하게 조언하고, 이 책을 통해 그 실제를 안내할 것이며 Part 1에서 여러 차례 이 쟁점에 대해 다시 논의할 것이다.

또 다른 IDEA 2004의 (환영받지 않는) 변화는 다년도(multiyear) 개별화교육계획들에 대한 고려이다. 다행히도 이것은 시범 프로젝트로 15개 이하의 주가 참여했기 때문에 이 주에 살고 있는 개인들에게만 적용될 것이다. 중요한 것은 이들이 3년짜리 개별화교육계획에 부모의 동의가 요구되는 것을 인지해야 한다는 것이다. 이 조항은 명백하게 목표와 벤치마크의 삭제와 관련된 조항과 같이 행정적 편의와 관련이 있었고, 우리의 견해로는 학생을 최상으로 고려하여 개정된 조항은 아니었다. 그래서 우리는 3년짜리 개별화교육계획이 크리스탈 공처럼 아름답고 완벽하게 갖추어지기 전까지는 이에 대해 찬성하지 않는다.

IDEA 2004의 필수조건

우리는 IDEA 2004에서 장애학생을 위한 높은 기대에 대한 경향을 찬성하지만…… 몇몇 새로운 필수조건은 특별한 요구를 지닌 많은 학생에게 실제적으로 적절하지 않을 수 있는 것이 두렵다.

우리는 IDEA 2004에서 장애학생을 위한 높은 기대에 대한 경향과 학생의 진전과 교육 프로그램의 적절성을 판단하기 위한 높은 기준으로의 이동을 찬성했지만, 몇몇 새로운 필수조건은 특별한 요구를 지닌 많은 학생에게 실제적으로 적절하지 않을 수 있다는 것이 두렵다. IDEA 2004와 NCLB의 혼합(특히 장애학생이 NCLB에 의해 수립된 적절한 연간 진전도 기준에 부합하는 것에 대해)은 장애학생을 기준에 부합하도록 유지하게 하지만, 한편 매우 비현실적일지 모른다는 것이 우리의 논쟁이다. 예를 들어, 장애학생과 전형적인 발달과정에 있는 또래 사이의 격차를 줄이기 위한 NCLB의 목표에 대해 논의하는 Steedman은 "만약 장애학생이 이미 비장애 또래에 비해 몇 년간의 학업적 차이가 있다면, '격차 줄이기'를 위한 방법은 장애학생의 일 년 동안 비장애학생이 얻을 수 있는 일 년간의 학업적 성장보다 더 많은 성장을 만드는 방법밖에 없다."(2005a, p. 34)라고 말하였다. 이는 명백하게 장애아동이 비장애 또래보다 일 년 동안 더 많은 유의미한 학업 성취를 위해서 학생의 개별화된 세부적인 요구보다 상당히 비현실적이고 임의적이며 포괄적인 기준이 필요했다.

우리는 학업에 초점을 두고 있는 NCLB를 우려하는 것처럼 특별히 주의력결핍장애/주의력결핍 과잉행동장애(ADD/ADHD), 비언어성 학습장애(NLD),

단순/언어장애(S/LI), 또는 정서·행동장애(EBD)학생들이, 특히 인지적 및 사회-인지적인 요구가 주어지는 것에 대해 우려했다. 이러한 상황에 처한 많은 학생은 중요한 화용론적 의사소통, 언어, 실행기능 그리고 마음 결함 이론뿐 아니라 문제해결이나 추론과 같은 비판적 사고에 결함이 있다. 모든 이러한 기능 영역은 학업 그 자체보다는 중·고등학교 이후 “생산적이고 독립적인 삶”(IDEA 2004에서 수립된 기준)과 더욱 관련이 있다. 게다가 이러한 상황에 있는 많은 학생은 학업적으로는 꽤 잘하고 있을 수도 있으나, 앞서 언급한 지역사회에서 독립적으로 기능하도록 해 주는 생산적이고 비판적 기능 영역의 기술은 가지고 있지 못하다. 이러한 이유로 이 책에서 우리의 초점은 학업적 측면뿐 아니라 다양한 의미의 의사소통, 언어로부터 좁은 의미의 말하기, 비언어적 단어 및 신호의 이해 및 표현, 사회적 관계, 실행기능, 마음 이론 그리고 비판적 사고의 영역까지 아우른다. 주의력결핍장애/주의력결핍 과잉행동장애(ADD/ADHD), 비언어성 학습장애(NLD), 단순/언어장애(S/LI), 또는 정서·행동장애(EBD)를 가진 학생이 독립적인 기능을 하기 위해서는 다양한 기술이 매우 중요하기 때문에, 우리는 IDEA 2004에서 수립된 생산적이고 독립적인 삶으로 이들을 이끌어 내기 위해 필수적인 고차원 생활 기술을 제공하는 것을 고려한다.

다음 장으로 넘어가기 전에, IDEA 2004가 최소제한환경(Least Restrictive Environment: LRE)의 개념을 실제적으로 바꾸지 않았다는 것이 중요하다는 것을 말하고자 한다. 다시 말하면, 주와 주 사이에 교육청과 교육청 사이에 상당한 다양성이 있다 할지라도 통합에 대한 철학에서는 NCLD의 영향을 받은 IDEA 2004가 더 강력한 통합을 강조하고 있는 것 같다. 그래서 비록 통합을 위한 학생의 개별적인 요구는 법에서 이야기된 것처럼 장기적으로 조절되어야 하는 것이 사실이지만 실제에서는 늘 그렇지는 않다. 예를 들어, 많은 주의 학교들은 통합 환경에 있는 특별한 요구가 있는 학생이 학업적 기준에서 꽤 낮은 수행을 보이고, 별도의 프로그램에 의해 더 유익한 지원을 받을 수 있음에도 그들의 또래와 같은 종류의 교육과정 활동에 참여시키고 있다. 앞서 언급했듯이, 장애학생은 또한 또래들과 같은 적절한 연간 진전도 기준이 마련되고 있다. 비록 IDEA 2004에서 LRE에 대한 개념은 바뀌지 않았지만 우리는 LRE 조항에 대한 쟁점을 chapter 9에서 좀 더 심도 있게 다룰 예정이다.

요점 정리하기

- 1975년 「전장애아교육법」은 두 가지 중요한 개념을 탄생시켰다. 장애학생을 위한 적절한 무상의 공교육(FAPE)과 개별화교육계획이다.
- 2004년 IDEA는 개정되고 다시 인증되었다. IDEA 2004의 주요 효과는 FAPE를 무엇으로 구성하는지에 대한 기준을 높였다는 것이다.
- IDEA 2004의 가장 큰 개정(그리고 가장 논쟁이 심한)은 대안평가를 제공받는 학생을 제외한 모든 학생에 대한 단기목표 및 벤치마크를 삭제한 것이다.
- IDEA 2004와 NCLB의 혼합(특히 장애아동이 NCLB에 의해 수립된 적절한 연간 진전도 기준에 부합하기 위한 필수조건에 대해)은 장애아동에게 꽤 비현실적인 기준을 적용하게 했다.

chapter 02 목표 수립과 진전도 측정을 위한 황금 기준

"기준 없이는 의사결정이나 행동을 취하기 위한 논리적 근거가 없다."

- Joseph M. Juran

IDEA 2004는 명백하게 학년 수준의 수행 범주보다 읽기, 수학, 역사, 문학과 같은 전통적인 학업 영역 성취가 낮은 학생을 위한 현재수행수준(Present Levels of Performance: PLP)에 대해 새롭고 더 자세한 용어를 포함하고 있다. 게다가 학업적 영역 외의 영역을 일컬어 '기능적 수행(functional performance)'이라는 용어를 또한 사용한다.

'기능적'이란 용어에 대해 생각할 때, 일상생활의 전형적 활동들이 떠오를 것이다. 이것은 물론 학년 수준의 학업 수행이 가능한 학생에게 적용되는 것이 아니고 IDEA 2004의 대안평가 조항을 적용받는 학생에게 적용된다. 즉, 몇몇 학생에게는 두 개념이 모두 적절할 수 있기 때문에 독자들은 '학업적' 및 '기능적' 용어가 정확하게 둘 중 한쪽의 의미로 적용되는 것이 아니라는 것에 주의해야 한다. 명확하게 하기 위해서, 몇몇 유의미한 기능 수행에 어려움이 있는 학생에게는 기능적인 목표가 진전도를 판단하기 위한 가장 적절한 기준인 것이 사실일지라도, 여전히 대안평가 조항에 속해 있으나 어려움을 덜 겪는 학생들에게는 보충적인 학업 목표 또한 필요할 것이다. 게다가 주의력결핍장애/주의력결핍 과잉행동장애(ADD/ADHD), 단순/언어장애(S/LI), 비언어성 학습장애(NLD), 정서 · 행동장애(EBD)학생은 사회적 환경에서 적절한, 혹은 독립적인 기능 능력에 제한이 있는 특정 인지적 문제 및 사회-인지 문제를 가지고 있음에도 학년 수준의 학업적 수행이 가능할 수 있다. 그러므로 우리의 목적을 위해서 우리는 여전히 학업적 영역에서 학년 수준 기준에 부합하는 학생이 있음을 인지하지만, 이들 중 비학업적 영역의 기능을 위해 목표가 필요한 다수의 학생에게 '기능적 수행' 용어를 적용한다. 비학업적 기술 영역은 화용론적 의사소통, 실행기능, 마음 이론, 사회적 관계, 놀이/여가, 비판적 사고(예: 추론, 문제해결 등) 등이 해당한다.

IDEA 2004에 기존의 학업적 영업에서의 성취도에 학생의 현재수행수준(PLP)을 명확하게 연계시키는 구체적인 언어가 포함되어 있으며, 학업 이외의 영역을 언급하는 기능적 수행이라는 용어를 사용한다.

'현재 학업 성취 및 기능적 수행 수준(present levels of academic achievement and functional performance)' 용어의 결합과는 별개로, IDEA 2004에서 현재수행수준(PLP) 진술에 대한 필요조건은 변화하지 않았다. 여전히 개별화교육지원팀은 "어떻게 아동의 장애가 일반교육과정(즉, 비장애학생과 같은 교육과정)에서 학생의 향상 및 진보에 영향을 주는지, 미취학 아동에게는 장애가 어떻게 적절한 활동의 참여에 영향을 미치는지"에 대한 정보를 반드시 담아야 한다(Wright & Wright, 2006, p. 245). 개별화교육계획에서 현재수행수준의 중요성은, 첫째, 학생의 요구에 특별하게 개별화된 장기목표, 단기목표 혹은 벤치마크를 진술하는 데 기본이 되고, 둘째, 수행이나 진전을 측정하기 위한 기준으로 사용될 수 있기 때문에 아무리 강조해도 지나치지 않다.

아이러니하게도 현재수행수준 진술은 개별화교육계획에서 가장 잘못 이해되고 있는 것 중 하나이고, 자주 무시되곤 한다. 예를 들어, 다음 현재수행수준들은 초등학교 자폐스펙트럼장애학생을 위한 개별화교육계획 문서에 쓰여 있는 내용을 그대로 가져온 것이다.

사회 · 정서적/행동적: 해당 영역에 어려움이 있다.

의사소통: 진전을 보이고 있다.

이 진술문들에 대해서 우선적으로 이야기해야 할 것은, 첫째, 학생의 학업적 성취나 기능적 수행 어디에도 적합하지 않다는 것이다. 즉, 학생이 무엇을 실제적으로 할 수 있다는 것인가? 둘째, 두 진술 모두 IDEA 2004에서 요구하는 일반교육과정에의 참여 및 진전에 있어 학생의 장애가 주는 영향을 담고 있지 않다. 셋째, 두 진술문 모두 매우 모호하여 개별화된 목표 및 목적을 진술하기 위한 필수적인 정보 제공이나 진보의 판단에 유용하지 않다.

때때로 교육(지원)청은 현재수행수준의 '진술'을 시험 점수를 나열한다. 이러한 점수 나열이 IDEA 2004에서 학업적 수행에 대한 강조에서는 적절하게 여겨질 수 있을지 몰라도, 현재수행수준으로써 특정 점수를 사용할 때는 적절한 기준으로서 진전 정도를 결정할 수 있을 정도로 충분히 자세하게 제시해야만 한다. 다음 2개의 현재수행수준 진술문과 차이점을 생각해 보자. 두 진술문은 모두 시험에 대한 기능과 관련이 있다. 첫째는 다음과 같다.

> Sara는 Peabody 그림어휘력검사에서 6세 연령 수준의 점수를 받은 8세 학생이다. 검사결과는 Sara의 학년 수준 또래와 비교해 유의미하게 낮은 점수이고 학급에서 지시를 따르는 데 어려움이 있다.

앞의 현재수행수준은 수행과 관련되어 있다. Sara의 수용언어 능력을 향상시키기 위한 연간목적 및 단기목표를 수립하도록 해 준다. 그리고 Sara의 수행이 어떻게 일반교육과정에서의 참여 및 진보에 영향을 주는지를 포함하고 있다.

이제 다음을 살펴보자.

학업적/인지적: WISC-III - V 128 P 111; FS 122

> 검사 점수는 고려하고 있는 기능의 구체적 영역과 관련될 필요가 있다. 구체적 내용 기술은 적절한 연간목적과 단기목표와 연계 지어야 하고 진전을 측정할 기준으로써 충분히 사용될 수 있어야 한다.

Sara를 위해 주어진 정보와는 다르게, 앞의 현재수행수준의 정보는 진전을 측정하기 위해 필요한 적절한 기준을 수립하는 데 지나치게 포괄적이다. 게다가 기능의 특정 영역에서 수행수준의 표시가 없다. 일반교육과정에의 학생 참여 및 진전에 대한 어떤 진술도 제시되어 있지 않다. 마지막으로 중요한 것은 충분한 정보가 주어지지 않았기 때문에 개별화교육지원팀은 연간목적과 단기목표 수립에 대해 많은 노력이 필요할 것이다.

학생의 현재수행수준에 검사 점수를 사용하기 위해서는 일반적인 규칙을 지켜야 한다. 즉, 적절한 연간목적 및 단기목표를 수립하기에 충분한 세부 진술, 그리고 진보를 측정할 수 있는 기준을 수립할 수 있어야 한다.

IDEA 2004의 현재수행수준 진술

학생의 현재수행수준에 관한 진술이 법에서 의도된 대로 사용되도록, 즉 목적 및 목표를 진술하기 위한 기초와 진전도 관련 의사결정을 위한 기준으로 사용되도록 특정 조건에 부합해야만 한다.

- 목적과 목표가 쓰일 영역에 관한 수행을 기반으로 하여야 한다.

- 학생의 장애가 일반교육과정으로의 참여 및 진전에 어떻게 영향을 주는지(혹은 미취학 아동의 경우, 학생의 장애가 어떻게 적절한 활동의 참여에 영향을 주는지) 설명하는 진술을 포함해야 한다.
- 진전을 판단하기 위한 기준으로서 사용될 수 있어야 한다.

더욱이, 검사 도구를 보고한다면 검사명과 같은 정보를 제공받을 수 있는 자료를 포함하는 것이 좋다. 이러한 요소들에 관한 몇 가지 사항에 대해 좀 더 자세히 살펴보자.

현재 학업적 혹은 기능적 수행

여기서의 초점은 현재의 기능성이다. 특정 기능성의 영역에 대해서 학생이 할 수 있는 것과 할 수 없는 것은 무엇인가? 말할 필요 없이 현재수행수준이 연간목적 및 단기목표를 진술하기 위한 기초로 사용되고 진전 결정을 위한 기준으로 사용되기 위해서 충분히 종합적이어야 한다. 그러나 지나치게 길 필요는 없다. 학업적 발달을 위한 다음의 현재수행수준은 의미 있기에는 너무 광범위하며, 따라서 두 가지 모두에서 점수에 훨씬 미치지 못한다.

> 학생은 교육적 수행에 불리한 영향을 주는 중간 정도의 학업적 결함을 가진다.

개별화교육계획에서 앞의 현재수행수준을 제시하였고, 학업적 발달은 읽기, 사회, 수학 그리고 과학을 비롯한 다양한 영역임을 주목해야 한다. 앞의 내용은 앞서 언급한 영역에 제시된 기준에 어떤 것에도 부합하지 않기 때문에 부적절한 현재수행수준이고 적절한 연간목적의 진술 및 진전 결정을 위한 적절한 기준으로서도 적절하지 않다.

현재수행수준을 작성할 때 또 다른 일반적 오류는 적절하게 작성된 목적 및 목표와 연결하는 데 실패하는 것이다. 한 학생의 개별화교육계획에서 가져온 다음의 예는 매우 명백해 보이지만, 너무 흔한 동기 부족에 대해 나타낸 것이다.

현재수행수준: 학생은 그의 기대가 변하거나 갈등이 있을 때 언어적 및 몸짓(gestural) 지원을 필요로 한다.
연간목적: 학생은 친사회적 행동을 증진시킬 것이다.
단기목표: 학생은 간단한 사회적 상황에서 편안해할 것이다(예: 학교 점심 시간)

비록 현재수행수준이 진전 결정을 위한 기준이 될 수 있더라도 연간목적과 단기목표는 모두 현재수행수준을 기반으로 하지 않았다(비록 이 chapter에서 연간목적과 단기목표에 대해 다루지는 않지만, 앞에 기술된 것들은 너무 모호해서 이해하기 어려울 뿐 아니라 측정 가능하지도 않다는 사실을 언급하지 않을 수 없다).

> 연간목적 및 단기목표 수립에 기초가 되면서, 진전도 결정을 위한 기준으로 현재수행수준은 충분히 종합적이어야 한다.

개별화교육계획 자체는 적절한 현재수행수준을 진술하는 과정을 포함한다. 몇몇 사례에서, 필수적인 개별화교육계획 요소를 위해 개별화교육계획 내에서 최소한의 공간만이 할당되고, 이는 주어질 수 있는 정보의 양을 심각하게 제한한다. 또한 종종 현재수행수준의 작성은 부적절하고 오래된 정보를 포함한 산만한 진술로 구성되기도 한다. 적절한 현재수행수준을 진술하기 위한 꽤 좋은 실제는 연간목적의 각각에 대해 분리된 내용 기술을 제공하는 것이다. 왜냐하면 수립되는 연간목적과 단기목표가 좀 더 직접적으로 특정 영역과의 관련이 높을 것이기 때문이다. 예를 들어 학업적 현재수행수준을 작성할 때, 우리는 학업적 발달에 대한 하나의 전반적 현재수행수준보다는 각각의 교과

(즉, 읽기, 사회, 수학, 과학)에 대해 개별적인 내용 기술할 것을 추천한다.

일반교육과정에서의 참여 및 진전

현재수행수준(PLP)의 구성요소는 학생의 장애가 일반교육과정에 참여하고 진전을 만들어 내기 위한 그들의 능력에 주는 영향과 관련이 있다. 이 쟁점의 심도 있는 고려가 요구됨에 따라, IDEA 2004는 특수교육 환경에서 프로그램을 제공받는 학생에게조차도 최소제한환경(LRE)의 중요성을 강조하였고, 이는 장애학생이 일반교육과정에 적응하는 것의 중요성을 강조하였다. 독립성, 촉진 수준 그리고 지원의 필요는 적절하게 기록되어야 한다. 더욱이 이러한 정보는 필요한 조절 및 지원이 무엇인지뿐 아니라 필요로 하는 특정 유형이 무엇인지까지 결정하기 위한 기초로 제공되어야 한다. 이러한 쟁점의 중요성에도 불구하고, 오늘날 많은 개별화교육계획에서 불행히도 일반교육과정의 참여 및 진전에 대한 진술이나 미취학 아동에게 부적절한 활동에 대한 영향은 종종 부족하다. 이를 피하기 위해서는 현재수행수준(PLP)의 종료 진술문은 직접적으로 통합 환경에서 기능하기 위한 그들의 능력에 학생의 장애가 주는 영향을 포함할 것을 권한다. 다음 진술문보다 더 복잡할 필요는 없다.

> Sabrina의 실행기능 결함은 잘 구조화되지 않거나 혹은 청각 정보와 동반하여 시각적 지원을 정기적으로 사용하지 않는 통합교육 환경에서 기능하기 위한 그녀의 능력에 영향을 준다.

정보의 출처

현재수행수준에 대한 정보는 공식적 및 비공식적 평가, 교사-임상가 관찰, 학생 수행 데이터 및 학부모 정보의 범위에 이르는 다양한 출처에 기초해야만 한다. 출처 없이 가려진 진술은 누구도 결정된 판단 혹은 관찰에 대한 책임감을 지니지 않게 되기 때문에 출처를 밝히는 것은 부분적이라도 필요하다. 반대로, '~보고에 의하면(reportedly)'이나, '~에 기초하여(based upon)', 혹은 '~에 따르면(according to)'과 같은 단어로 시작되는 진술문은 그 출처와 판단이 연결될 뿐 아니라 적절한 맥락에서 출처를 삽입시킬 수 있다. 다음에 제시한 7학년 자폐스펙트럼장애 남학생의 실행기능에 대한 현재 수행수준은 이 chapter에서 안내된 모든 정보를 담은 것이다.

John은 시각적 지원의 사용(예: 초시계 및 체크리스트)으로 시간과 개인적 소유물들을 관리할 수 있으나, 그것들을 사용하려 하지 않는다. 그러나 몇몇 교사들은 시각적 지원 없이 John은 온전하게 기능할 수 없다고 언급한다. John의 실행기능 결함으로 지원의 사용 없이는 John은 통합학급 친구들과 관계를 유지하는 데 어려움이 있다.

요점 정리하기

- 현재수행수준(PLP) 진술은 가장 잘못 이해되고 있는 개별화교육계획 구성요소 중 하나이고, 자주 무시되는 요소이다.
- 현재수행수준 진술은 수행에 기초해야 하고 학생의 장애가 일반교육과정에 그들의 참여와 진전에 어떠한 영향을 주는지 설명해야 한다.
- 특정 영역에 대한 현재수행수준은 잘 진술되고 종합적일 때, 개별화교육지원팀을 연간목적 및 단기목표의 진술에서 옳은 방향으로 이끌 수 있을 뿐 아니라 학생 수행 및 진전을 측정하기 위한 적절한 기준을 제공하게 된다.

chapter 03 성공적 수행을 위한 설정

"성공하려고 준비하면 무엇이든 가능하다."

\- Anonymous

수행은 외부와 단절된 상태에서는 절대 일어나지 않는다. 성취는 에베레스트산의 정상에 오르는 등산이나 예인선의 안전한 항해와도 같지만, 성공을 위해 기술되지는 않는 중요한 요소가 있다. 다시 말하면, 수행은 명백하게 진술되든지 혹은 아니든지와 관계없이 항상 특정 조건에 달려 있다.

정확하게 무엇이 수행의 조건을 만들 수 있는가? 에베레스트산 등반을 예로 들면, 정상까지의 등반 성공 여부는 희박한 공기와 날씨 조건 모두를 포함한 많은 것에 의해 조절된다. 적절한 조건들(산소 공급 및 적절한 날씨) 없이, 수행(에베레스트산 정상에 오르기)은 불가능할 것이다. 이와 마찬가지로 예인선을 예로 들면, 안전한 항해는 선장의 능력부터 예인선의 안전성까지 몇몇 요소와 더불어 적절한 날씨 조건에 좌우된다. 두 가지 활동에 대한 목표는 아마 다음과 같이 각각 진술될 것이다.

- 산소의 제공 및 적절한 날씨 상황이 주어지면, Smith 씨는 에베레스트산 정상에 오를 수 있을 것이다.
- 적절한 선장 훈련, 기계의 음향, 날씨 상황이 주어지면, Doe 선장은 A부터 B까지 안전하게 운항할 수 있을 것이다.

기본 조건들 및 수행

이러한 예는 기본 조건에 대해 두 가지 중요한 점을 묘사한다. 첫째, 기본 조건은 수행을 만들 수도, 깨뜨릴 수도 있다. 그러므로 조건은 적절할 경우 성공적인 수행에 강력한 공헌자이지만, 부적절할 경우 방해자가 될 수 있다. 둘째, 기본 조건들은 수행자가 과제를 성취하기 위해 필요한 것에 영향을 준다. 간단하게 말하면, 적절한 조건 아래에서 가능한 수행은 조건들이 결여되었을 경우 심각하게 손상되거나 매우 부족한 수행을 보일 수 있다. 학생의 확실한 성공 또는 성공에 대한 결핍을 진술하는 위험은 기본 조건들의 기능이다.

이전 예들에서 언급되었던 활동의 유형에 대한 기본 조건은 매우 명백하여 기본 조건 언급 없이 가능하고 여전히 접목될 수 있다. 반면에, 성공을 달성하기 위한 특정 지원의 유형에 대한 필요 때문에, 이 책에서 다루는 여러 조건의 유형과 함께 학생의 수행을 다루는 기본 조건을 구체화하는 것이 매우 중요하다. 실제로 우리는 성공적인 프로그램 제공뿐 아니라 부적절한 프로그램을 피하기 위해서 개별화교육계획에 필수적인 기본 조건 진술을 고려한다.

손을 들어야 한다는 것을 계속 상기시켜야 해서, 아침 일상시간에(모임시간에) 끊임없이 교사를 방해하는 미취학 주의력결핍 과잉행동장애(ADHD)학생의 목표를 생각해 보자.

Jimmy는 아침 전체 모임에서 하고 싶은 말이 있을 때 10번 중에 9번(혹은

90%의 수행) 손을 들 것이다.

수행에 대한 기본 조건 부족은 많은 기대치를 남겨 놓았다(아마도 목표의 성공적인 성취조차도!). 만약 교사가 언어적 상기만 사용한다면 그녀와 Jimmy는 비록 이유는 다르더라도 꽤 많은 좌절들을 경험하게 될 것이다. 실행기능이 부족할 때, 주의력결핍 및 과잉행동장애로 칭해지고, 언어적 상기(조언)만으로는 충동을 통제하는 데 부족하다. 적절한 기본 조건과 함께 진술된 목표는 충분히 성취가 가능하다. 다음을 살펴보자.

손을 들고 있는 아이의 그림 카드가 주어지면, Jimmy는 아침 일상에서 하고 싶은 말이 있을 때 10번 중 9번 손을 들 것이다.

기본 조건의 추가(손을 들고 있는 아이의 그림 카드)는 학생에게 손을 들 필요가 있음을 상기시키기 위해 안정적이고 의미 있는 단서를 제공한다. 더욱이 이것은 누군가에게 수행을 가능하게 하기 위해 필요한 지원의 유형에 대한 객관적이고 명백한 아이디어를 제공할 뿐 아니라 단기목표가 다른 교직원 간에도 적용될 수 있는 일관성을 유지하게 한다.

기본 조건, 교사 및 임상가를 위한 목표

물론 안정적인 시각 단서에 대한 Jimmy의 손상된 실행기능 체계를 보상하기 위해 지원을 제공하는 것은, 첫째, 주의력 결핍 및 과잉행동장애학생은 실행기능에 어려움이 있다는 것과, 둘째, 그의 수행에서 시각적 지원 유형이 대표적인 것을 함축한다는 것이다. 대부분의 교육자는 충동성이 주의력결핍 과잉행동장애(ADHD)학생의 지속적 특징인 것을 인지하고 있을지라도, 이런 행동이 많은 자폐스펙트럼장애(ASD)학생에게도 보이는 증상인 것은 인지하지 못할지도 모른다. 더욱이 불쑥 말하거나 행동하는 것과 관련이 있기 때문에 실행기능 결함보다는 종종 행동 문제로 보인다. 그래서 이쯤에서 우리는 특별한 요구를 가진 모든 학생에게 적용할 수 있는 근원적인 주제를 설정하려 한다. 먼저, 적절한 개별화교육계획 개발의 가장 기초적이고 효과적인 서비스 전달은 특정 장애 지식과 특성에 초점을 맞춰야 한다. 그리고 장애와 특성이 대상 학생에게 어떻게 영향을 주는지 이해하는 것이다.

> 적절한 개별화교육계획 개발의 가장 기초적이고 효과적인 방법은 특정 장애 지식과 특성에 초점을 맞춰야 한다.

여기에 기초하여, 우리는 교사 및 임상가의 수행을 다스리기 위한 기본 조건 및 연간목적을 제안한다. 적절한 서비스 전달을 이끄는 다양한 영역에 걸쳐 학생을 대표하여 특정 장애(ASD, ADD/ADHD, NLD, S/LI, EBD)의 기본 지식을 제공하고 특정 강점, 약점 그리고 학생의 결함에 대한 필요, 교사 혹은 임상가는 요구에 기초한 교육적 의사결정을 만들 것이다.

간단하게 말해 장애 자체와 장애가 특정 학생에게 주는 영향 모두에 대한 적절한 지식 없이, 학생에게 도움이 되는 전략, 지원 혹은 조건을 결정하는 것은 불가능하다. 앞서 언급한 것처럼, 이 책의 범위를 넘어 다루어지는 각 조건에 대한 심도 있는 정보를 제공하기는 어렵지만 부록 B에 이 목적을 위해 몇 가지 좋은 출처를 기록해 놓았다.

개별화교육계획 기본 조건의 중요성

지금까지 제공된 정보로부터 학생의 수행을 위한 기본 조건들을 명시하지 않은 과정은 수용될 수 없는 것이 명백해야만 한다(에베레스트 산이나 예인선에처럼 그들의 통합(inclusion)이 적절하지 않다는 것이 매우 명백한 경우를 제외하고는). 다시 말하면, 조건이 구체화되지 않았을 때 이를 명백하게 한 다음 시작하는 것이 수행을 위한 적절한 조건들을 추측하는 것보다 오류가 적다. 모든 목표는 교직원 혹은 프로그램 변경이 있다 하더라도 지속적으로 같은 조건으로 시행될 수 있는지 확인해야 할 것이다. 몇몇 대표적인 목표의 성공적인 성취를 달성하는 사례를 통해 왜 기본 조건을 명확히 해야 하는지를 알 수 있다. 다음의 주의력결핍장애학생을 위한 연간목적을 살펴보자.

> Margaret은 교사가 단계별로 구성된 미술 프로젝트를 최대 3번 상기시키면 프로젝트를 완성할 수 있을 것이다.

적절한 실행기능 지원이 없는 경우, 주의력결핍장애(ADD)를 수반하는 조직화 능력의 결함이 있는 이라면 누구라도 목표에 도달하기 위한 기회가 매우 제한된다. 다음 제시된 적절한 기본 조건의 명확한 진술은 과제를 정의하는 것을 도울 뿐 아니라 목표의 성공적인 성취 가능성을 만들어 준다.

> Margaret은 활동 순서의 시각적 묘사(템플릿)가 주어지고, 교사가 단계별로 구성된 미술 프로젝트를 교사가 최대 3번 상기시키면 프로젝트를 완성할 수 있을 것이다.

이 경우 명백하게 제시된 기본 조건인 시각적 템플릿은 학생이 성공하기 위해 필요한 실행기능의 지원을 제공하기 때문에 실제로 목표를 성취 가능하게 만들어 준다. 더욱이 수행을 위한 기본 조건은 어떻게 학생의 수행에 비계를 설치할지에 대해 지식이 부족한 교사에게 정보를 제공하는 역할을 한다.

다양성

기본 조건은 종종 수행을 기대하기 전에 필요한 것이 무엇인지 강조하기 위해 목표 문장의 첫 번째 절에서 구체화된다. 보편적으로 사용하는 기본 조건에 대한 세부적인 예시는 이 chapter의 후반부에 제시할 예정이다. 대부분 개별화교육계획 양식은 팀 구성원이 조정(accommodation) 및 수정(modification)을 구체화할 수 있는 특별한 부분을 포함하는 것에 주목해야 한다. 구체화될 때, 조정 및 수정은 학생이 성공하기 위해 필요한 것이 무엇인지 윤곽을 그리기 때문에 기본 조건들의 특별한 유형으로 고려될 수 있다. 예를 들어, 만약 특수체육교육(adaptive physical education)에서 너프사 스펀지공이 소프트볼이나 테니스에서의 조정으로 사용된다면, 이는 특정 스포츠에서 수행을 성취하기 위한 조건이 된다. 개별화교육계획에서 다른 곳의 조정 목록은 연간목적 및 단기목표에 기본 조건으로 여겨지지 않는다. 더 추가적인 조정 및 수정의 역할에 대해서는 chapter 9를 참고하라.

기본 조건 대 방법론

기본 조건과 방법론은 꽤 많이 중복되어 있을지 모른다. 게다가, 이 두 개념을 구별하는 기준은 종종 명확치 않다. 예를 들어, 상황 이야기(Gray, 2010)와 같은 특정 방법론을 ASD 학생을 위해 사용하는 것은 학생 수행을 다루는 조건으로 여겨질 수도 있다. 이 경우에, 우리가 상황 이야기를 특정 행동을 이끌어 내기 위해 사용되는 방법론 혹은 기본 조건으로 여기거나 두 가지를 모두 포함하므로, 이를 무엇으로 부르는지는 중요하지 않다. 그렇기는 하지만 방법론과 기본 조건을 구분하는 것이 이점이 있을지도 모른다. 다음의 내용이 이들의 상호 연관된 개념을 구별시켜주기 위한 하나의 방법이 될 수 있다.

어떤 결함을 보완하기 위한 방법을 찾는 활동을 시작할 때 방법론을 생각하는 것은 유용하다. 기본 조건은 반대로 결함 영역을 피하고 수용 가능한 과제 완성을 증진하거나 수행을 가능하게 하기 위한 보상 전략으로서 생각할 수 있다. 예를 들어, 근시가 있는 사람은 멀리 있는 물건을 보는 것에 어려움을 가진다. 근시가 심한 사람은 안경을 쓰거나 콘텍트렌즈를 착용함으로써 그들의 시각적 문제를 보상한다. 이러한 인공 장치들은 근시를 보상하면서 성공적인 수행을 가능하게 해 주어서 기본 조건과 비슷해지도록 도와준다. 이때 그들의 시각적 수행이 향상된다 할지라도 개인의 시력은 변하지 않는다는 것이 중요하다. 반대로, 최근 의학 기술은 레이저 교정을 시작했다. 이것은 근시의 조건을 교정해 주거나 보정하기 위한 방법으로 여겨진다. 이와 비슷하게 하루 점검표(end-of-day checklist)는 주의력 결핍 및 과잉행동장애학생에게 인공 장치로 손상된 실행기능을 지원할 수도 있다. 뇌 기능은 변화하지 않지만, 학생의 수행은 시각적 지원의 결과로서 가능해진다. 마찬가지로 청킹 전략(chunking strategy)을 사용하여 학생을 가르침으로써 암기 기억을 향상시킬 수도 있다.

이러한 예들에서 결함을 보상하고 수행을 가능하게 하는 지원(기본 조건)과 그것을 개선하기 위한 방법(방법론)을 명확히 구별하였지만, 실제에서는 이 둘을 구별하는 것은 언제나 명확하지 않다. 그럼 그냥 그렇게 하면 된다. 중요한 점은 이것이다. 연간목적과 단기목표를 작성할 때 기본 조건에 대한 기반은 중요하게 다루어야 한다. 만약 선택된 기본 조건이 방법론과 겹치는 경우, 하나의 가격으로 두 가지 중요한 목표를 성취하는 것으로 생각하면 된다. 방법론에 대한 자세한 설명은 chapter 4에서 다루기로 한다.

> 방법론은 결함을 개선하고자 할 때 작용하는 것으로 생각하는 것이 유용할 수 있다. 기본 조건은 보상 전략으로 생각할 수 있다.

기본 조건 대 촉진

기존 조건과 촉진(prompts) 사이 역시 많은 중복이 존재한다. 예를 들어, 다음을 생각해 보자.

> 언어 표현을 위한 단서로서 수신호가 주어지면, Meg는 매번 자신이 직면하는 사회적인 교류 상황(social exchanges)에서 적절하게 반응할 수 있을 것이다.

앞의 장기목표에서 수신호(manual sign)의 사용은 수행을 위한 조건이자 그것을 가능하게 하는 촉진이다. 이는 촉진이 기본 조건으로, 또 언제 사용될지 결정하는 데 도움을 주는 좋은 기준(rules of thumb)이 된다. 기본 조건은 학생에게 과제 수행을 기대하기 전에 참고해야 하기 때문에, 수행을 위한 선행 조건으로서 주어지는 촉진은 이중 의무를 수행하는 것과 같이 기본 조건으로도 여겨질 수 있다. 그러나 촉진이 잘 작성된 기본 조건에 의해 성공을 위한 상황 설정이 주어진 후 제공된다면 그때는 수행을 위한 단서로서 사용된다. 그래서 개별화교육계획 목적 혹은 목표에서 촉진의 작성 위치(앞부분 혹은 마지막 부분)는 종종 그것의 목적이 기본 조건인지 수행 촉진으로서의 단서인지를 결정짓게 된다.

최종적으로는 촉진의 소거가 일반적으로 바람직하게 고려될지라도, 수행을 위한 기본 조건으로 필수적이라면 학생을 급격하고 무차별적 촉진의 소거로 이끄는 것에 대해 주의해야 한다. 많은 자폐스펙트럼장애(ASD) 및 주의력결핍장애/주의력결핍 과잉행동장애(ADD/ADHD)학생은 표면상으로 독립성을 증진한다는 이유로 조직적인 지원들이 소거될 때 잘못된 지원을 받는다.

여기에 그 예가 있다. Ross는 고기능 자폐를 가진 중학교 학생이고, 숙제를 완성하는 데 어려움이 있기 때문에 수업에서 끊임없이 지적받는다. 이 문제는 Ross가 각 수업 후 숙제를 완성하기 위해 필요한 자료를 집으로 가져갈 수 있는 있는 단서로 체크리스트를 제공받음으로써 해결되었다. 두 학기가 지나고, 학교 교직원은 독립성을 증진하기 위해 체크리스트 사용을 중단했다. 거의 바로, Ross는 숙제를 놓치고 집에 적절한 자료를 가져가는 것을 잊었다. Ross의 수행을 통해 조직화 문제에 대한 지원 없이 Ross가 숙제를 완성하는 것은 불가능하다는 것이 명백하게 나타내고 있다.

이 사례는 두 가지 중요한 점을 나타낸다. 첫째, 학생이 완전히 숙달하지 못한 기술에 있어서는 독립적으로 할 수 없다(조직화 지원의 부재에서 Ross의 수행이 명확하게 나타내는 것처럼). 둘째, 주의력 결핍장애/주의력 결핍 과잉행동장애 및 자폐스펙트럼장애가 보이는 실행기능 문제는 성숙과는 반대되는 개념으로서 결함을 반영하기 때문에, 체크리스트와 같이 조직화 지원의 특정 유형은 학생의 성공을 위해 필수적일 가능성이 높다. 그래서 우리는 개별화교육지원팀이 이 부분 모두에 대해 주의를 기울이고 신중하기를 주장한다. 그리고 성공적 수행을 위해 필요한 지원을 제거하는 것에 대해 오래 생각할 것을 주장한다. 실행기능의 결함을 보완해 주는 평생의 도구를 가지게 하기 위해서는 성공적 수행에 필요한 지원의 독립적인 사용을 학생에게 가르치는 것이 훨씬 나은 접근법일 것이다. 촉진과 학생 성공을 위한 심도 있는 논의는 chapter 5에서 제시된다.

촉진의 소거가 바람직할지라도, 수행을 위한 필수 기본 조건이 될 수 있는 촉진을 급격하고 무분별하게 소거함으로써 학생 아래에 깔린 양탄자를 당겨 버리지 않도록 유의해야 한다.

기본 조건의 사례들

선택되는 기본 조건들은 잘 수립된 보상 전략 혹은 학생의 성공에 결정적인 다른 우발 상황을 기초로 해야 한다. 다음은 보편적으로 사용되는 기본 조건들의 목록이다. 학생을 위해 효과적이고 가능한 모든 기본 조건들의 완전한 목록은 아니지만 '촉진'이라고 했을 때 독자들이 성공적인 수행을 위해 필수적인 다양한 조건의 유형에 대해 생각할 수 있는 것들이다. 우리는 이론에서 기본 조건들을 결정할 때 창의성 및 구체성을 가지길 독려한다. 앞서 설명했듯, 잘 작성된 기본 조건들은 학생의 성공적 수행을 설정하는 데 도움을 준다. 이는 '주어진(given)'이라는 단어에 의해 작성되고, 다음 중 한 개 혹은 그 이상에서 개별화교육계획 목적 및 목표에 기본 조건들로서 사용될 수 있다.

- 시각적 지원
- 시각적 스케줄
- 시각적으로 시간의 흐름을 묘사하는 타이머
- 직접교수
- 바람직한 옵션들
- 사회적 스크립트
- 작성된 규칙 목록
- 모델
- 템플릿
- 사회적 단서 카드
- 수신호 사인

요점 정리하기

- 개별화교육지원팀이 연간목적 및 단기목표를 작성할 때, 필수적으로 성공적인 학생 수행을 가능하게 하는 요소들에 대해 고려하고 포함해야 한다.
- 학생의 장애와 관련된 특징을 알고, 개별 학생에게 어떻게 영향을 주는지 아는 것은 적절한 교육적 지원을 제공하는 데 매우 중요하다.
- 기본 조건들과 방법론을 구별하는 것은 유익할지 모른다. 약점을 보상하고 수행을 가능하게 하는 지원은 기본 조건들이다. 그것들을 개선하기 위한 테크닉 및 전략은 방법론으로 여겨질 수 있다.
- 기본 조건들은 성공적인 수행을 위해, 그리고 교직원 간에 일관성을 유지하기 위해 각각의 목적 및 목표 내에 진술되어야 한다.

chapter 04 방법론: 신성한 소는 이제 그만

"이것이 광기이지만 그 광기에는 이유가 있다."

- William Shakespeare, '햄릿' 중에서

방법론이 교육청의 독점 영역이라는 관점을 거부하는 IDEA 2004의 언급에도 불구하고, 교육청은 반대자들과 경쟁하면서 기존의 입장을 끈질기게 고수하고 있다. 물론 더 수용적인 교육청에서는 학부모의 목소리를 호의적으로 경청하기도 하지만, 결국 교육청이 교수 방법을 결정한다는 권리를 고수한다. 하지만 방법론에 대한 일방적인 태도는 현명하지도 않을 뿐더러 잘못된 것이다. 교수 방법론에 관한 정보를 개별화교육계획 문서에 포함시킬지 여부에 관한 질문은 '흔들리는 방'처럼 여러 의견이 있을 수 있지만, IDEA 2004의 지침은 이를 포함시킬 것을 강력하게 지지한다. 미국에서 가장 존경받는 교육법 변호사 집단인 Wrightslaw의 특수교육 변호사 Wayne Steedman(2005b)은 "연구 기반 교수 및 중재에 대한 빈번한 언급은 의회가 이를 극히 중요하게 여기고 있다는 것(p. 23)"이라고 진술하고 있다. 더욱이 Steedman은 계속해서 "개별화교육계획에는 동료가 평가한 연구를 기반으

로 아동에게 제공될 수 있는 실제적인 한도까지 특수교육 및 관련 서비스 그리고 보충 지원 및 서비스에 대한 진술이 포함되어야 한다."[§1414(d)(l)(A)(i)(IV)](2005b, p. 23)라고 말하고 있다.

방법론에 대해 논의나 개별화교육계획 문서에 이를 포함시키는 것에 대한 접근을 제한하는 태도는 학부모를 개별화교육계획 과정에서 동등한 동반자로 대하자는 IDEA 2004의 정신을 위반하는 것일 뿐만 아니라 교육자와 학부모 간의 동료 관계를 훼손하는 것이기도 하다.

교수 방법론을 연구 기반으로 할 것을 요구함에 따라 IDEA 2004는 특정 방법이 이 요구사항에 얼마나 부합하는지를 면밀히 조사할 수 있는 길을 열었다. 또한 방법론에 대한 논의나 개별화교육계획 문서에 이를 포함시키는 것에 대해 접근을 제한하는 태도는 학부모를 개별화교육계획 과정에서 동등한 동반자로 대하자는 IDEA 2004의 정신을 위반하는 것일 뿐만 아니라, 교육자와 학부모 간의 동료 관계를 훼손하는 것이기도 하다. 마지막으로, 일부 학업 교과를 위한 방법론은 교육청이 채택한 특정 읽기 또는 수학 프로그램으로 제한될지라도 이는 이 책의 Part 2에서 다룰 실행기능과 마음 이론, 그리고 기타 다른 범주에 속하는 '주제들'과 꼭 같은 것은 아니다. 실제로 이러한 범주에 속한 기술은 전형적으로 학교에서 다루지 않기 때문에, 특정 결함 영역을 다루는 방법론에 대한 협력은 적절할 뿐만 아니라 현명한 것이다.

과거의 영향

일부 교육청이 방법론을 자신의 재량으로만 간주하는 이유는 교육 전통에 그 뿌리가 있다. 학교는 전통적으로 학생을 가르치는 사명을 부여받았기 때문에 이를 위한 방법론에 관해서도 '불의 수호자'로 간주되어 왔다. 이러한 입장은 예전 학부모들의 정서에 맞았고, 그때는 학부모들이 기꺼이 교육을 교육자들에게만 맡겼다. 하지만 시대가 바뀌었다. 따라서 방법론이 교육청 혹은 교육과 관련된 어느 한 당사자의 불가침 영역이라는 생각은 IDEA 2004의 협력적 정신과는 상반된 것이다. 학생이 적절한 교육을 받으려 한다면 이 책에서 논의되는 장애, 특히 자폐스펙트럼장애(ASD)의 특성으로 인해 종종 특정 교수 방법이 요구된다. 왜? 이 책에서 다루고 있는 조건을 가진 학생은 대개 학교에서는 다루지 않는 불가사의한 기능 영역에서 어려움을 보여 주고 있기 때문이다. 예를 들어, 비장애학생은 마음 이론에 관한 지식을 학교에서 직접 다룰 필요없이 마치 삼투압처럼 흡수한다.

사회적 정보, 비판적 사고의 몇몇 영역 그리고 인지 및 사회-인지 기능의 다른 측면도 이와 마찬가지이다. 우리가 대개 표준 교육과정 밖에 있는 교수 방법론에 대해 논의하고 협력하며 결정을 내리는 것이 학생에게 교육적으로 가장 이익이 된다고 느끼는 이유는 이것이다. Steedman(2005b)은 다음과 같이 진술하면서 이러한 입장을 지지한다. "개별화교육계획에 방법론을 포함시키는 것은 부모와 교사 모두에게 이익이 된다. 이는 모두에게, 특히 아동에게 좋은 상황이다(p. 23)."

> 일부 교육청이 방법론을 그들만의 재량으로 간주하는 이유는 교사가 '불의 수호자'라는 교육 전통에 그 원인이 있다.

명료성을 찾아서

방법론 이슈가 항상 명쾌하지는 않다. 가장 기본적으로 방법론을 구성하는 것이 정확하게 무엇인가 하는 문제이다. 우리는 종종 방법론이 '보는 사람의 시선'에 따라 좌우되고 때로는 다른 것으로 오해되기도 한다는 것을 안다. 한 사람의 방법론은 다른 사람의 근본적인 조건일 수 있고, chapter 3에서 언급했듯이 두 개념은 많이 중복되어 있을 수 있다(이 점은 책의 다른 부분에서 더 자세히 설명될 것이다).

모든 이들이 중요하지만 모호한 개념을 동일하게 이해하고 있는지 확인하기 위해서, 방법론에 대한 몇몇 정의를 제시하고자 한다. The New Kexicon Webster의 영어사전(Cayne, 1989)은 방법을 '어떤 일을 하는 방식 혹은 어떠한 일을 하는 과정'으로 정의 내리고 있다.

이와 유사하게, 이 사전은 밀접하게 관련된 용어인 기법(technique)을 "절차와 방법들의 전체"로 정의하고 있다(p. 1015). 보다 일반적인 용어로 방법론은 "방법의 체계"(p. 628)로 정의된다. 여기서 우리가 목표로 하는 것을 위해 우리는, 더 일반적인 의미의 방법론으로 알려져 있는 것으로 방법, 기법 그리고 절차 등의 용어들을 혼용할 것이다.

수단-목적 명제

이제 용어가 정의되었으니, 방법론의 신중한 고려가 왜 적절한 교육이라는 개념의 핵심이 되는지, 방법론의 신중한 고려가 우리가 여기서 다루고 있는 조건을 지닌 학생의 사례에, 특히 왜 더 중요한지 등에 대한 쟁점을 살펴보자. 적절한 교육에 관해서는, 교육부 vs. Rowley(1982)로 알려진 역사적인 대법원 판례를 들여다볼 수 있다. 구체적으로 이 사례에서 규정된 교육적 혜택의 기준은 방법론에 관하여 중요한 함의를 가질 뿐만 아니라, 적절한 교육의 개념과도 연관이 있다. 대법원의 판결에 따르면, "'적절한 무상의 공교육'에 대한 접근성을 제공하려는 의회의 의도가 내포한 함의는 장애학생에게 교육적 이익을 부여하도록 교육에 대한 접근성을 충분히 제공하라는 요청인 것이다"(Wright & Wright, 1999, p. 311 참조). 부적절한 방법과 기법이 교육적 혜택이라는 기준에 반하는 것임은 분명히 해야 한다. 더불어 부적절한 방법으로는 적절한 결말, 즉 교육적 혜택을 줄 수 있다고 예상하는 것이 불가능하다.

> "'적절한 무상의 공교육'에 대한 접근성을 제공하려는 의회의 목적에 내포된 함의는 장애학생에게 교육적 이익을 부여하도록 충분한, 교육에 대한 접근성을 제공하라는 요청이다."

비록 우리가 방법론에 대한 협력이 이 책에서 논의되는 모든 학생에게 중요하다고 느낀다 하더라도, 자폐스펙트럼장애의 수수께끼 같고 예측하기 어려운 특성을 고려해 볼 때, 협력은 해당 장애학생에게 특히 중요하다. 따라서 다른 장애 그리고 몇몇 자폐스펙트럼장애학생에게 적절한 교수 방법 및 절차는 종종 특정 자폐스펙트럼장애학생에게는 의심할 여지없이 부적절하다(Peeters & Gillberg, 1999). 예를 들어, 핑거 페인팅과 풀칠 작업 등 직접 해 보는 전통적인 학령 전 활동들은 상당한 촉각 방어(tactile defensiveness)를 지닌 자폐스펙트럼장애학생에게는 정이 안 가는, 따라서 맞지 않는 활동일 것이다. 마찬가지로, 고기능 자폐스펙트럼장애학생의 절차적 지식에 대한 강점에 현혹되어 선언적 지식에서의 약점을 신경 쓰지 않는 것, 그리고 이들이 장애로 인해 할 수 없는 수준에서 실제로 수행하기를 요구하는 교수 방법을 부지불식간에 이용하는 것은 드문 일이 아니다. 예를 들어, 과독증의 자폐스펙트럼장애 학령 전 아동은 초등학교 3, 4학년 수준의 단어를 해독할 수 있다. 해당 아동이 지닌 해독에서의 강점에 현혹되어 과독증, 즉 독해 문제를 동반한다는 점에 신경 쓰지 않는 교사는 독해에서 존재하지 않는 정상적인 혹은 그보다 더 나은 능력을 추정하게 될 수 있다. 이러한 오해로 인해 교육자들은 해당 아동에게 자신이 가진 능력 이상의 수준을 수행하도록 요구할 수 있다. 마찬가지로, 자폐스펙트럼장애에 대한 일반적인 이해 부족 혹은 일부 특히 더 미묘한 증상에 대한 이해 부족은 이해가 부족한 학교 구성원들이 선의로 학생의 교육적 이익에 반하는 방법을 사용하게 하거나, 이러한 학생에게 성공적인 방법들을 이용하지 못하게 할 수 있다. 또한 이러한 이해 부족은 교직원으로 하여금 해당 학생의 노력을 잘못 판단하게 하고, 동기부여가 되지 않는다거나, 심지어 지시에 순응하지 않는 학생으로 낙인 찍을 수도 있다.

비록 자폐스펙트럼장애학생의 요구가 다른 장애학생의 요구보다 종종 해독하기 더 어렵다 하더라도, 이것이 주의력결핍장애/주의력결핍 과잉행동장애(ADD/ADHD), 비언어성 학습장애(NLD), 단순/언어장애(S/LI), 정서・행동장애(EBD)학생을 유사한 오해에서 벗어나게 하는 것이 아니라는 점에 주의해야 한다. 다음 예시에서는 학생의 장애에 대한 지식 부족이 방법론 선택에 미칠 수 있는 해로운 영향에 주목한다.

현장에서 얻은 예시

다음 일화는 방법론과 학생의 성취 사이의 깊은 연관성을 보여 준다.

＊ 일화 1

비록 Maureen이 자신이 읽은 책에서 구체적이고 사실적인 질문에 답을 할 수 있다 하더라도, 주어진 정보로부터 해당 텍스트에서 즉시 구할 수 없는 것을 추론하도록 요구하는 질문에 답하는 데에는 많은 어려움을 보인다. Maureen의 개별화교육지원팀은 추론 만들기 영역이 중점 교육 요구로 여겨진다고 결정하고 다음과 같은 연간목적을 세웠다.

6학년 수준 단락이 10개 주어지면, Maureen은 추론을 기반으로 하는 질문에 90%의 정확도로 답할 것이다.

기본 조건, 간단한 학생의 성과 그리고 명확한 수행 준거 등이 분명하게 진술되어 있음에도 Maureen은 해당 학년도 내내 이 목표에서 사실상 진전을 보이지 못했다. Maureen은 그로 인해 엄청난 좌절을 경험했다. 여기서 교사가 Maureen과 함께 사용한 방법에 대해서 검토하는 것은 유익하다. Maureen의 선생님은 Maureen에게 더 낮은 수준의, '구체적인' 추론(예를 들어, "왜 John은 그 책을 도서관에서 가져왔을까?")을 시작점으로 제공하고 나서 선다형으로 정답을 고르게 하는 대신, 감정 상태와 관련되어 있는 추론들을 선택함으로써 추론의 최상위 단계로 곧바로 가 버렸다("어머니가 Mary에게 새 옷을 살 수 없다고 말했을 때 Mary의 기분은 어떨까?"). 선생님은 Maureen이 질문에 대답하기 까다로운 선다형의 지원을 거치지 않고 구두로 제시될 때 해당 질문에 답하도록 요청했다.

이 예는 부적절한 방법론이 어떻게 학생의 수행을 저하시킬 수 있는지 보여 주고 있다. 이 경우에는 자료의 복잡성에 관해서도 부적절하다. 또한 자폐스펙트럼장애에 대한 부족한 지식이 교육적 성과를 얼마나 위태롭게 하는지 보여 준다. 지식의 부족은 다음과 같이 두 가지로 분명히 드러난다.

첫째, 기본 조건으로 추론 만들기가 학년 수준과 관련이 있다고 전제하였고, 둘째, (감정 상태를 결정하는) 특정 추론 자료의 선택은 자폐스펙트럼장애에서 마음 이론이 하는 중요한 역할에 대해 이해가 부족했음을 보여 주었다.

✱ 일화 2

Lucy는 방해 행동을 하지 않고는 3~5분 이상의 오전 일과를 견디지 못하는, 중등도에서 중도에 이르는 ASD를 지닌 미취학 아동이다.

개별화교육지원팀은 Lucy의 중점 교육적 요구로 선생님이나 반 친구들을 방해하지 않고 아침 일과를 견딜 수 있는 능력을 키우는 것으로 결정했다. 따라서 다음과 같은 연간목적이 만들어졌다.

Lucy는 반 친구들이나 교사를 방해하지 않고 10분 동안 아침 써클에 참여할 수 있을 것이다.

이 일화에서 자폐스펙트럼장애에 대한 지식의 부족으로 인해 부적절한 방법을 선택하게 되어 그 결과도 성공적이지 않은 일종의 도미노와 같은 효과를 만들어 낼 수 있다는 것을 분명히 알 수 있다.

무엇인가를 성취하는 데에는 많은 방식이 있지만 모든 방식이 적절한 것은 아니기 때문에, 기본 조건의 부족은 위험 신호의 하나로 사용되어야 한다. 이 사례에서 Lucy는 해당 목표를 달성했지만 그녀의 '성취'에는 대가가 따랐다. Lucy가 지정된 시간 동안 일과 활동에 머무르도록 하기 위해 Lucy를 지원하는 보조 인력은 담임교사의 허락하에 Lucy로 하여금 활동에 참여하지 않고, 침을 뱉고 놀며 자기자극 행동을 할 수 있게 허락하였다. '영광의 값어치'라는 말이 떠오른다.

✱ 일화 3

Mark는 4학년 주의력결핍 과잉행동장애(ADHD)학생으로 교사들은 Mark가 무책임하다고 한다. 예를 들어, Mark는 책상이 지저분하고 물건을 잘 잃어버리며, 여러 차례 손을 들고 난 후에 말하라는 지시에도 '불쑥' 말하고 숙제를 다 못해서 제출하지 못하기도 한다.

이 설명에 따라 개별화교육지원팀은 다음과 같은 연간목적을 세웠다.

Mark는 자신의 소지품을 잘 챙기고 책상을 깔끔하게 정리하며 제 시간에 숙제를 제출할 것이다.

Mark에 대한 설명은 개별화교육지원팀의 지식 기반(혹은 지식 기반의 부족)에 대해 매우 많은 것을 드러내고 있다. 특히 교사들이 서술한 행동 중 어떤 것은 주의력결핍 과잉행동장애인들의 실행기능 결함의 대표적인 증상이라는 것을 인정하지 않는다. Mark를 설명하면서 무책임하다는 용어를 사용하는 것은 이러한 점을 뚜렷이 보여 주는 것이다. Mark의 조직화 능력과 관련된 문제에 대한 모든 책임을 Mark에게 떠넘김으로써, 학교는 목표 달성에 필요한 실행기능 소품(체크리스트, 숙제 지원 전략 등)을 제공해야 하는 책임을 포기하였다. 분명한 점은 이 연간목적을 위해 조직화 능력과 관련된 지원에 적절한 기본 조건이 주어진다는 것이다.

이러한 예들은 학생의 수행 및 진전은 물론, 학생의 복지에 관해서(그리고 훨씬 더 많은 것에) 부적절한 방법론으로 인한 교육적 피해를 보여 준다. 학생의 복지에 관해, 특정 기준에 도달하는 데 필요한 지원을 제공하지 않은 채 학생을 그 기준에 속박함으로 인한 불행한 결과는 스트레스의 증가와 불안뿐이다. 앞의 세 가지 사례와 이전에 주어진 사례의 공통점은 학생의 장애에 대한 지식이나 이해가 부족할 때 학생들을 가르치기 위한 적절한 방법과 절차를 선택하는 데 어려움이 생긴다는 점이다. 특히 자폐스펙트럼장애, 주의력 결핍장애/주의력결핍 과잉행동장애, 비언어성 학습장애에서의 결함 영역 중 많은 부분은 많은 대학 특수교육 프로그램이 보통 제공하는 것 이상의, 예를 들어 마음 이론과 실행기능 등과 같은 전문지식과 이해를 요구하기 때문에 이 점의 중요성은 아무리 말해도 지나치지 않는다. 구체적으로 말해서, 많은 일반교사들은 이러한 유형의 결함을 지닌 학생이 보이는 인지 및 사회-인지적 어려움 중 일부를 이해하지 못하고 있으며, 따라서 이러한 어려움을 다룰 준비가 되어 있지 않다. 그러한 지식이 없는 교사들은 마음 이론이나 실행기능에서의 장애를 행동 문제로 볼 가능성이 높다. 교육청이 이 문제를 다루어 온 한 가지 방식은 특수교사들을 일반교사들과 함께 협력교수 수업에 배정하는 것이다. 특수교사들의 전문지식과 팀 구성원들 간 관계의 역동성에 따라, 이러한 방식은 매우 성공적이거나 힘들고 번거로울 수도 있다.

방법론에 대한 우리의 입장을 명확하게 하기 위해 다음 사항을 권고한다.

> 개별화교육지원팀의 구성원들은 효과적인 서비스 전달은 적절한 방법과 절차가 있을 때에만 가능하다는 점을 인정해야 한다.

- 개별화교육지원팀의 모든 구성원은 학생의 교육적 요구를 파악할 수 있도록 학생의 장애에 대한 충분한 지식을 지녀야 한다.
- 팀 구성원 모두는 관련 연구 결과를 충분히 숙지하여 학생의 요구에 맞는 연구 기반의 적절한 방법론을 선택할 수 있어야 한다.
- 방법론이 특정 집단(학교나 학부모)의 독점 영역이라는 생각은 버려야 한다.
- 공동의 투입과 의사결정을 위한 배경으로, 개별화교육계획 회의에서 방법론에 대한 솔직하고 개방적인 논의가 이루어져야 한다.
- 실행 가능한 경우, 개별화교육계획 문서에 학생과 함께 사용할 방법론에 대한 설명이 있어야 한다(이것은 목표 자체에 포함될 수도 있고, 다른 곳에서도 구체적으로 설명될 수 있다. 이 설명은 상세하거나 복잡할 필요가 없으며, 교사 및 임상가의 재량을 저해하지 않도록 충분히 융통성이 있어야 한다).
- 개별화교육지원팀 구성원들은 그들이 방법론적 고려에 들이는 시간과 주의에 의해 효과적인 서비스 전달은 적절한 방법과 절차가 있을 때에만 가능하다는 점을 인정해야 한다.

기본 조건에 대한 추가 예시

chapter 3에서 논의된 것 외에도 기본 조건과 방법론의 유사점과 차이점에 대한 몇 가지 추가 예시가 도움이 될 수 있다. 예를 들어, 다음을 생각해 보자.

> 간식 시간에 공동 활동이 주어지면 Michael은, 해당 시간의 90%가 지나기 전에 세 가지의 음식 선택 구성에서 원하는 음식들을 요청할 것이다.

'간식시간에 공동 활동이 주어지면'이라는 문장은 수행 조건(즉, 해당 기술, '요청하기'의 출현은 이 맥락을 요구한다.)과 학생에게 요구하도록 가르치는 사회적-실용적 기법 모두임을 분명히 해야 한다. 이와 비교하여 다음 예시를 생각해 보자.

> 보드게임이 주어지면, Amy는 언어적으로 상기시켜 주지 않아도 해당 시간의 90% 동안 1명의 파트너와 번갈아 게임을 할 것이다.

'주어진'이라는 단어로 시작된 문장은 방법론의 조건이나 방법론의 진술인가? 우리는 행동을 가르치기 위한 방법보다는 수행을 위한 조건으로서 그것을 특징지을 것이다. Amy는 어떤 다른 상황보다 보드게임 활동에서 순서를 바꿀 것이다. 그 이유는? 비록 그 목적이 순서 바꾸기가 나타날 것이라고 바란다는 점을 구체적으로 명시한다 하더라도, 순서 바꾸기 행동을 가르치는 문제에 대해서는 아무 말도 하고 있지 않기 때문이다.

여기서 조작적 단어는 '어떻게'이다. 즉, '만일 주어진'이라고 시작되는 문장이 단지 해당 기술이 수행될 조건을 설명하는 것이 아니라, 그 기술을 가르치는 방법에 관한 정보를 명시한다면 이는 방법론을 다루고 있는 것이다. 다음의 예는 수행의 조건과 순서 바꾸기 행동을 가르치는 방법 모두를 포함하고 있다.

> 보드게임과 순서 표시기가 주어지면, Amy는 적절한 시간에 90%의 정확도로 파트너에게 표시기를 건네줌으로써 순서를 바꾸는 능력을 보일 것이다.

분명히 보드게임은 수행을 위한 기본 조건(맥락)으로 사용되고 있으며, 반면에 순서 표시기(예를 들어, '내 차례'라고 적힌 작은 원)의 활용은 순서 바꾸기 행동을 구체화하고 가르치기 위한 방법으로 이용되고 있다. 또한 목적이나 목표가 구체적이면 구체적일수록 이를 수행하는 교육자나 임상가들에게 더 많은 안내가 되고, 관련된 모든 사람이 더 잘 이해할 수 있다.

요점 정리하기

- 이 책에서 다루는 각 장애의 속성 때문에, 학생이 적절한 교육을 받기 위해서는 매우 특별하고 구체적인 교수 방법이 필요하다.
- 방법론적 고려는 학생에게 대단히 중요하며, 뿐만 아니라 적절한 교육 서비스 제공을 위한 중대한 의미가 있다.
- 방법이 연구 증거에 근거할 것을 요구함으로써, IDEA 2004는 이전 법률보다 더 높은 기준을 방법론에 부여하고 있다.
- 비록 교육자들이 방법론에 관해 일정 부분 재량권을 가지고 있다 하더라도, 교육자들만이 기술 개발을 다루는 데 사용되는 방법 및 기법들의 유일한 결정권자라는 자격을 받은 것은 아니다. 교육의 책임은 학부모가 중추적 역할을 하는 개별화교육지원팀에게 있다.
- 교수적 방법론을 개별화교육계획 문서에 포함시키는 결정은 개별화교육지원팀의 재량에 달려 있지만, 우리는 그렇게 하는 것이 학생을 위한 최선의 교육적 이익이 있다고 믿는다.

chapter 05
학생의 성공을 위한 비계 설정

"만약 당신이 하고 있는 어떤 일의 과정에 대해서 설명할 수 없다면, 그것은 당신이 지금 무엇을 하고 있는지 모른다는 뜻이다."

- W. Edwards Deming

IDEA 2004에서는 개별화교육계획의 연간목적을 설정할 때, 측정 가능해야 한다고 분명하게 말하고 있다. 그리고 이전에 논의한 바와 같이, 학생의 현재 학업 성취도 및 현재수행수준은 학생의 진전을 판단할 수 있는 기준(standard)이 된다. 이 chapter에서는 적절한 기준을 사용하는 것이 왜 중요한지, 그리고 촉진 수준이 학업 및 기능적 수행과 어떻게 연관되는지에 대해 논의한다.

기준 결정하기

'기준'이라는 용어는 숫자에 대한 이미지와 수학적 기호(상징)를 연상시키게 하는 정량적인 성격이 강하다. 시행 횟수(5번 중 4번)나 비율(80%)은 대부분의 개별화교육계획에서 일반적인 방식이다(standard fare). 다른 기준들도 중요하지만 그 사용 빈도는 낮은 편이다. 가령 수행해야 하는 행동의 횟수(하루에 5번) 또는 행동이 일어나야 하는 특정 시간(10분 중 1분 동안) 등이 있다. 이러한 모든 측정은 학생의 연간목적을 달성하기 위한 학생의 진전도를 사정하는 다른 방법을 제공한다.

많은 목표가 이러한 표준 측정 단위(standard units)를 사용하고 있지만 그렇지 않은 경우도 있다. 예를 들어, 고기능 자폐스펙트럼장애(high function ASD)학생의 말하기는 부적절한 운율(예: 단조로운 어조나 노래하는 듯한 억양)을 특징으로 할 수도 있다. 또한, 적절한 운율을 결정하기 위해서는 백분율같이 직접적이고 양적으로 수치화하는 것으로는 이를 잘 설명해 낼 수 없다. 결국 주관적인 판단이 필요하다. 하지만 측정 '순정주의자'들은 종종 수량화할 수 없는 행동에 대한 기술적인 목표를 명확하게 설정하지 못하기도 한다. 이는 아기를 목욕물과 함께 버리는 것과 같은 이치이다. 조그마한 것을 해결하려고 하다가 더 큰 중요한 것을 놓치는, 즉 빈대 잡으려다 초가삼간 태우는 격이다.

특히 이 책에 소개되는 학생을 통해 연구된 기술(행동) 영역 대부분은 정량화될 수 없는 행동들이다. IDEA 2004의 측정 관련 요구사항을 수행하려고 할 때 기준에 관련된 또 다른 문제점은 개별화교육지원팀이 부적절하거나 심지어 무의미한 결정을 하는 경우이다. 예를 들면, 다음과 같은 경우를 들 수 있다.

> Blake는 적절한 시각적 단서를 주었을 때 80% 정확하게 적절한 운율을 사용할 것이다.

80%라고 하는 객관적이고 양적인 범위에 있다 하더라도 '정확성'(이 특별한 경우가 무엇을 의미하든 간에)은 의심의 여지없이 '듣는 이의 귀'에 달려 있기 때문에 '무엇의 80%인지'가 불확실하다.

그렇다면 측정 기술을 정량화하기 어려운 학생의 수행을 측정해야 하는 경우 IDEA 2004에 규정된 교사의 책무는 어떻게 충족시킬 수 있는가? 한 가지 방법은 정량화 이외의 체계를 계획하여 이러한 유형의 행동에 대한 연간 목적의 진전도를 측정하는 것이다. 운율의 경우에 적용하면, 학생이 말하기를 할 때 목소리의 크기, 비율, 강세 패턴 등과 같이 지정된 변인에 대한 질적 평가를 할 수 있도록 세부적인 척도를 마련하는 것이다. 이러한 질적(정성적) 평가 방법은 이 chapter의 후반부와 chapter 8에서 논의할 것이다.

다차원적 기술(행동) 측정은 특히 곤란한 문제를 야기하기도 하고, 또한 단기목표를 사용하여 연간목적으로의 진전 상황을 모니터링하는 경우를 만들기도 한다. 잘못 적용된 기준이 초래할 수 있는 터무니없는 결과를 설명해 줄 뿐만 아니라, 다차원적인 기술(행동)에 대한 과제 분석의 사용을 묘사하기 위해서 다음 연간목적을 고려해야 한다.

> Carrie는 5번 중 4번은 도로를 안전하게 건널 것이다.

앞에 진술된 목표는 기능적인 수행을 의미 있는 방법으로 측정하지 않고 있다. 분명한 점은 Carrie가 목표를 달성한다 하더라도 5번째에 큰 시련을 겪을 수도 있음을 의미한다. 게다가, '안전'이라는 용어도 매우 모호하다. 무엇보다 Carrie는 멈춰 서서 도로에 차가 오는지 확인하지 않더라도 다치지 않고 도로를 건널 수 있을지도 모른다. 게다가 이 목표는 Carrie가 목표를 달성하기 위해 필요한 지원의 정도를 구체적으로 명시하지 않고 있다. 언제나 독립성이 중요한 목표 중 하나라 하더라도, Carrie가 기술(행동) 발달의 초기 단계일 때는 Carrie에게 감독이나 지원을 제공해 주는 비계를 제공하는 것이 적절하다. 간결한 과제 분석, 즉 행동을 작은 구성요소로 나누어 분석하는 것이 측정의 문제를 해결해 줄 수 있다(수행을 위한 기본 조건을 파악하는 것도 도움이 된다). 다음 예시를 살펴보자.

> 직접교수와 모델링을 제공해 주었을 때, 길을 안전하게 건널 수 있는 일련의 규칙을 제공하고, 그리고 성인의 감독하에서 Carrie는, 첫째, 도로변에 멈추고, 둘째, 양쪽 길을 모두 확인하며, 셋째, 오는 차가 없을 때까지 기다린 뒤, 넷째, 신체적인 지원을 통해 이동하는 것부터 독립적으로 이동하도록 하는 것까지, 촉진을 점차 줄여 나가면서 5번의 기회 중 4번 길을 건넌다.

다양한 역할극 상황에서 과제를 수행하기 위해 먼저 단기목표를 작성할수 있다.

이 목표에서 다루는 네 가지 특정 행동은 직접적으로 지도하는 것이고, 연간목적을 향한 학생의 진전도도 시간이 지남에 따라 측정된 결과일 것이다. 이 목적에는 다른 중요한 특성도 포함되어 있다. 점진적으로 촉진을 줄인다는 것은, 즉 '신체적 지원에서부터 독립적으로 과제를 수행하는 단계로 옮겨가는 과정'으로, 학생이 독립적인 수행을 해낸다는 것으로 진전도를 결정할 수 있다는 것이다. 이에 더하여, 기본 조건은 안전하게 거리를 건넌다는 목적을 달성하기 위해 Carrie에게 필요한 지원의 유형을 명확히 하여 보호자에게 지침으로 제공한다. 측정의 대상 행동을 구체적으로 기술하고 수행을 위한 지원이 명확하게 정의된다면 5번 중 4번이라는 기준은 비현실적이거나 무의미하지 않다. 특히 단기목표가 먼저 역할극을 통해 기술(행동) 습득 부분을 다루는 경우라면 더욱 그렇다.

또한 이 예시에서는 내적 관련성이 높고 중요한 포인트 두 가지를 보여 주고 있다.

- 준거(criteria)가 유용하게 쓰이려면, 의미 있는 방법으로 학생의 수행을 측정할 수 있어야 한다.
- 가끔은 기능적인 수행을 의미 있는 방법으로 측정하기 위해서는 다차원적 행동을 세부적으로 분석하는 것, 즉 과제 분석이 필요하다.

마지막으로, 앞서 논의를 통해 분명해진 것은 다음과 같다. 첫째, 측정할 행동은 명확하게 기술되어야 한다는 것, 둘째, 행동을 측정하기 위한 준거는 적절하고 분명하게 세분화하여야 한다는 것, 셋째, 기술(행동) 발달을 위한 지원 또는 촉진의 수준은 독립성을 향상시키기 위한 방향으로 이루어져야 한다는 것을 개별화 교육계획의 목적 또는 목표에서 사용할 준거를 세분화하는 데 영향을 미쳤다는 것이다.

> 많은 목적들이 쉽게 측정 기준 단위를 담고 있을지라도 대개 측정 기준은 그렇지 않다.

이러한 각각의 요소는 다음 장에서 별도로 논의할 것이다.

행동의 윤곽 그리기

연간목적이 너무 광범위하면 그것을 다루는 방법을 선택하는 것이 어려울 뿐만 아니라, 적용하는 사람마다 다르게 다루어질 수 있다. 4세 Sarah의 경우를 생각해 보자. Sarah의 현재수행수준에는 Sarah가 혼자서 동그라미, 삼각형, 사각형을 판에 붙일 수 있으나 다른 도형은 어렵다고 하였다. 개별화교육지원팀은 이런 퍼즐 맞추기 활동은 해당 연령대에 적합한 활동이고 Sarah가 또래들과 함께 유치원 교육과정을 더 잘하게 한다고 판단하였다. 팀은 다음과 같은 연간목적을 설정하였다.

10조각 퍼즐이 주어지면, Sarah는 10번 중 9번 독립적으로 그것을 완성할 것이다.

목표 달성을 위한 구체적인 행동 단계를 설명하는 단기목표 계획이 없으면, Sarah를 돕는 사람들은 Sarah의 능력 이상의 수준에서 접근할 수도 있다. 예를 들어, Sarah의 보조 교사는 Sarah 앞에 빈 퍼즐 판을 놓고 Sarah에게 10조각의 퍼즐을 맞추게 퍼즐 조각을 줄 수도 있다. 또는 선생님이 부분적으로 완성된 퍼즐을 제시하고 Sarah가 마지막 세 조각을 맞출 수 있도록 도와주려고 Sarah의 손 위에 선생님의 손을 얹으며 함께 퍼즐을 맞출 수도 있다. 안타깝게도 현재수행수준에서 언급되었듯이 Sarah가 동그라미, 네모, 세모 외의 다른 도형을 맞추지 못한다는 점을 감안하면, 교사나 보조 교사의 시도는 실패할 가능성이 높다. 왜냐하면 둘 다 Sarah의 기능 수준보다 월등히 높은 수준에서 과제를 시작하였기 때문이다. 이러한 상황(그리고 동반되는 좌절감)은 Sarah가 연간목적을 달성할 수 있도록 수행해야 하는 행동을 일련의 단기목표로 풀어냄으로써 예방할 수 있다. 다음 사항을 고려해 보자.

다양한 형태를 가진 도형 조각이 주어졌을 때, Sarah는 점진적으로 촉진을 줄여 가면서 10번 중 9번 도형조각을 맞출 수 있다.

Sarah는 몸짓 촉진부터 시작하여 점진적으로 촉진 수준을 줄여 가면서, 10번 중 9번 주어진 퍼즐 판의 알맞은 자리에 동물 퍼즐 조각을 놓을 것이다.

Sarah는 최소한의 몸짓 촉진 단서를 활용하여 주어진 퍼즐 판에 10번 중 9번 알맞은 자리에 5개의 퍼즐 조각을 놓을 것이다.

Sarah는 주어진 10조각의 퍼즐을 10번 중 9번 독립적으로 완성할 것이다.

다양한 10조각의 퍼즐이 주어지면 Sarah는 10번 중 9번 독립적으로 퍼즐을 완성할 것이다.

마지막 단기목표를 성취해 냄으로써 Sarah는 나열된 연간목적을 달성한다.

학생이 목표를 달성할 수 있도록 단기목표를 설정하는 것은 다음의 세 가지 장점이 있다. 첫째, 목표를 달성해야 하는 학습자의 능력 수준(그 또는 그녀가 없는 곳이 아닌)에서 시작할 수 있다. 둘째, 기술(행동)을 가르치는 접근방법에 있어 교사 간의 일관성을 보장한다. 셋째, 목표 도달에 필요한 로드맵(연간목적 달성)을 그릴 수 있다.

다음은 개별화교육지원팀이 공유해야 할 유의사항이다.

첫째, 여러 가지 구성요소를 지닌 행동인 경우, 측정할 구성요소를 각각 나누어서 나열한다. 다중 구성요소 행동의 몇 가지 예는 다음과 같다.

- 시각화된 스케줄 사용하기
- 예술 프로젝트 완성하기
- 이야기 쓰기
- 일상생활하기(ADL: 옷이나 그릇 씻기, 진공청소기로 청소하기, 이부자리 정리하기 등)
- 자조 기술 익히기(화장실 가기, 양치질하기, 옷 입기 등)
- 가게에서 물건 사기
- 음식점 이용하기
- 대화하기

- 문제 풀기

둘째, 기술(행동)을 몇 단계의 수행 수준으로 세분화할 수 있을 때, 다음 예시의 괄호 안에 표시된 것처럼 학생이 수행할 것으로 예상되는 수준을 기술하여 목표 또는 목적의 의도를 명확히 하라.

- 지시사항 따르기(1단계 vs. 2단계 vs. 3단계)
- 개념 이해하기(핵심 vs. 구체적 vs. 추상)
- 대화하기(얼마나 많은 대화를 주고 받을 것인지?)

앞에서 언급한 것에 대해 신중하게 고려한다면, 학생의 수행을 성공적으로 이끌어 내는 데 필요한 행동들을 명확하게 설명하는 데 도움이 될 것이다. 또한 이 과정을 거치면 특정 목표를 위해 일하는 모든 사람의 이해를 동일 선상 위에 놓을 수 있다.

측정 준거: 숫자 게임

측정은 chapter 8에서 상세히 논의하겠지만, 여기서 몇 가지 요점을 순서대로 제시하고자 한다. 학생에게 요구되는 행동이 분명하게 기술되면, 다음 단계는 적절한 측정 준거를 결정하는 것이다. 개별화교육지원팀에는 여러 옵션이 있다. 예를 들어, 행동이 시도 기반(학생이 특정 횟수만큼 행동을 수행할 것으로 예상되는 경우)인 경우, 다음과 같은 방법을 사용하여 기준을 정의할 수 있다.

- 백분율(예: 시도의 80%)

- 분수(4/5번)
- 시간에 대한 특정 횟수(1일 5회)

다른 행동의 경우, 명시적으로 시간대가 더 적절할 수 있다. 다음과 같은 시간 기반 측정을 고려하라.

- 특정 시간의 양(최소 10분 중 1분, 5초 이내 등)
- 상대적인 시간 프레임(시간당 5분, 출석일당 4시간 등)

또 다른 예시에서 양적 측정은 진전의 질적 지표에 영향을 미칠 수 있다. 예를 들어, 리커트(Likert) 또는 다른 등급 척도는 성과에 대한 질적 정보를 제공한다. 이는 운율 및 명료도와 같이 정량화하기 어려운 말하기를 측정하여 수행 정도를 판단하는 데 사용할 수 있다.

> 희망하는 학생 행동이 분명하게 기술되고 나면, 다음 단계는 측정에 적합한 준거를 결정하는 것이다.

촉진 수준 세분화하기

대부분의 학부모와 전문가는 학생의 성공적 수행이 특정 기술(행동)의 발현에 근거하기보다는 기술(행동)을 독립적으로 수행할 수 있는 정도에 기반을 두고 있다. 사실, 기술(행동) 숙달은 독립적인 수행을 요구한다.

일반적으로 발달 중에 있는 아동은 굉장히 쉽게 독립성을 향하여 발달해간다. 예를 들어, '두 살배기'는 '감당하기 어려운' 나이로 특징 지어지곤 하는데, 이 단계에 있는 아동들은 독립성을 향한 움직임이 눈에 띄게 분명해지기 때문이다. 즉, 두 살배기 아동들이 하는 "내가 할 거야!" 같은 결정적인 선언과 유사하다.

그러나 특별한 도움이 필요한 일부 아동은 지원되는 기술(행동) 습득에서부터 독립적으로 기능하는 과정이 꽤나 어려운 경우도 있다. 특히 자폐스펙트럼장애(ASD)학생은 더욱 그렇다. 이러한 아동들은 종종 성공적인 수행을 위해 특정 단서나 촉진에 과도한 의존성을 보이기도 한다. 따라서 자폐스펙트럼장애학생에 대해 흔히 촉진 의존성을 언급하기도 한다. 십여 년을 지나오면서, 이 용어는 자폐스펙트럼장애와 거의 동의어로 사용되곤 한다(Carr & Kologinsky, 1983; Rincover & Koegel, 1975; Woods, 1987). 즉, 비록 그것이 매우 경미한 수준이라고 하더라도 자폐스펙트럼장애인들은 신호나 촉진이 있어야 수행할 수 있는 기술(행동)을 가지고 있다.

개별화교육계획 목표 또는 목적에 촉진 수준을 구체적으로 명시하지 않으면, 아동에게 대상 행동을 유도하기 위해 많은 성인이 서로 다른 수준의 다양한 단서를 사용하게 된다(일부는 매우 간섭적일 수 있다). 이것은 종종 촉진 의존성을 형성하거나 악화시키기도 하고, '학습된 무기력'을 야기하기도 한다. 후자는 촉진 의존성의 최종 단계로 간주될 수 있으며, 학생은 촉진 없이는 사실상 아무것도 하지 않게 된다. 자폐스펙트럼장애학생의 촉진 의존성과 학습된 무기력 경향성에 대해 잘 알려져 있기는 하지만, 두 행동 모두 성인이 촉진을 점차 소거하면서 독립적으로 수행하도록 촉진시키기 위한 세심한 주의를 기울이지 않는다면 학생에게 다른 조건이 나타날 수 있다. 기술(행동) 숙달에 대한 이러한 노력의 중요성을 고려할 때, 개별화교육지원팀은 연간목적 및 단기목표에 대한 촉진 수준을 구체화하는 것뿐만 아니라 학생의 독립성과 자기효능감을 향상시키기 위한 계획을 체계적으로 수립하는 것이 중요하다.

개별화교육계획 양식에는 촉진 수준을 나열할 수 있는 공간이 있다. 이 책 전체에서 아우르는 것처럼, 그것들은 연간목적과 단기목표(목적) 안에 가장 이로울 수 있게 열거되어 있다. 이러한 배치는 그만큼 중요하기 때문이다.

그러나 많은 개별화교육계획 양식에는 준거와 촉진 수준을 구분해 놓은 것이 있다. 기억해야 할 중요한 점은 개별화교육계획 문서에 나열된 위치에 관계없이, 개별화교육계획에 이러한 필수요소(준거 및 촉진 수준)는 반드시 포함되어야 한다는 것이다.

촉진 위계

효과적으로 촉진을 소거하기 위해서는 각 연간목적 및 단기목표에 대한 촉진의 위계를 세분화하여야 한다. 다음은 독립성에서 종속성으로, 즉 내림차순으로 정렬된 일반적인 촉진 수준의 목록이다(비록 우리가 몸짓 단서, 수화 및 시각 단서를 동일한 촉진 수준으로 여긴다고 해도, 여기서는 독자의 편의를 위해 이를 구분한다).

- **독립적인/주도적인**: 학생이 과제를 독립적으로 수행해야 하기 때문에 학생에게 촉진이 제공되지 않는다.
- **예상된 대기 시간/예상된 시간 지연**: 성인이 잠시 멈춰 학생에게 기대하는 표정과 팔을 들어 올리며 추가 시간과 응답할 수 있는 자극을 준다.
- **몸짓 단서**: 성인은 다음과 같은 신체 움직임을 사용한다.
  - 학생에게서 사물이나 활동으로 시선을 옮기거나 머리를 돌림으로써 사회적 참조 활동하기
  - 손가락으로 가리키기
  - 어깨를 으쓱하기
  - 머리를 좌우로 흔들면서 '아니'라고 하기
  - 머리를 끄덕이며 '예'라고 하기
- **수화**: 수화에서 사용된 것과 같이 손짓 기호 사용하기

- **시각적 단서**: 학생에게 특정 행동을 수행하는 데 단서가 될 만한 대표성 있는 물건이나 사진 보여 주기
- **언어적 단서**: 성인이 말로 학생에게 단서를 제공한다. 다음과 같이 할 수 있다.
  - 지시 반복하기
  - 구어로 설명하기(직접: "일정을 확인해 봐.", 간접: "뭘 해야 할까?")
  - 말로 하는 구어적 모델을 보여 주기
  - 음소/소리 단서 제공하기
  - 미완성 문장(자동적으로 답변을 채워 넣는 방법: '누군가가 ……에 있다.')
  - 질문하기
- **복합 단서 제시하기**: 학생이 행동을 수행하기 위해 간헐적으로 여러 가지 서로 다른 단서(촉각, 말, 몸짓 등)가 필요할 수 있다. 이러한 것들은 다음과 같이 설명할 수 있다.
  - 다감각적 단서 신호
  - 촉각 및 시각적 단서
  - 시각 및 구어적 단서
- **신체적 단서/지원**: 성인이 학생에게 손을 대 주거나 학생이 원하는 행동을 하는 동안 교사가 신체적으로 안내해 준다[손 위에 손을 얹어서 지원(Hand-over-hand assistance)하는 것은 신체적 촉진 중 가장 직접적인 유형이다].

<표 5-1>에는 독자들이 연간목적과 단기목표를 작성할 때 즉각적으로 사용할 수 있도록 촉진 수준의 범주를 소개하였다. 경우에 따라서는 각 범주 간에 중복되는 영역이 있을 수 있다. 그 외에는 중간 단계 또는 추가 단계를 넣어서 개별화하여 제공할 수 있으며, 개별화에 관한 결정을 개별화교육지원팀에서 결정할 수 있다.

■ 표 5-1 ■ 촉진 위계

level 0	독립적인 수행/시작
level 1	예상된 대기 시간/예상된 시간 지연
level 2	몸짓, 수화, 또는 시각적 단서
level 3	구어적 단서
level 4	복합 단서(구어 및 수화)
level 5	신체적 단서/지원

참고: Level 0은 독립적인 수행/시작을 하게 되므로 촉진을 사용하지 않는다.

필요한 촉진의 수준을 결정하려면, 원하는 행동을 이끌 수 있는 최저 수준의 촉진을 선택하고, 시간이 지남에 따라 더 독립적으로 행동할 수 있도록 나아간다. 이때, 촉진 수준은 학생의 수행에 따라 선택되어야 함을 명심해야 한다.

다음은 <표 5-1>의 정보가 어떻게 적용될 수 있는지에 대한 예시이다. 만약 한 학생의 현재수행수준에 그 아이는 원하는 음식물을 적절하게 요청하지도 않고 손으로 덥석 잡으려 한다고 진술하고 있다면, 그 학생의 연간목적은 학생이 교사에게 개별적으로 그림 카드를 주며 음식물을 요청하도록 하는 것이다. 단기목표는 기술(행동) 습득에 필요한 여러 측면을 표적으로 삼아야 하고, 독립적 수행을 위하여 점진적으로 촉진을 줄여 나가야 한다. 어떻게 촉진의 수준을 줄여 나가는지를 설명하기 위해, '요청하기'와 관련된 연간목적에 일련의 하위 목표를 제시하였다. 이 기술(행동)을 가르치기 위해서 간식 일과 공동 활동을 활용하였다. 첫 번째 목표는 가장 직접적인(간섭 정도가 강한) 촉진을 사용하고 이후의 목표는 덜 간섭하는 촉진 수준을 사용한다.

> 필요한 촉진의 수준을 결정하려면 원하는 행동을 이끌 수 있는 최소 수준의 촉진을 선택하고 시간이 지남에 따라 점차 독립적으로 행할 수 있도록 나아간다.

목표 1-Level 5 촉진(신체적인 도움): 교사는 말하거나 신호를 준다. "어떤 걸

원해?” 보조 교사는 학생이 10번 중 9번, 원하는 간식의 사진을 교사에게 줄 수 있도록 신체적 도움을 준다.

목표 2-Level 5 덜 간섭적인 신체적 도움 촉진: 교사는 말하거나 신호를 준다. “어떤 걸 원하니?” 보조 교사는 아동이 10번 중 9번, 교사에게 원하는 간식의 사진을 줄 수 있도록 아동들의 팔을 가볍게 톡톡 쳐서 신호를 준다.

목표 3-Level 4 촉진(복합 단서): 교사는 “어떤 걸 원하니?” 라고 말하며 유인물을 제시한다. 그리고 학생은 원하는 간식의 사진을 10번 중 9번 건넨다.

목표 4-Level 3 예상된 시간 지연을 포함한 촉진: 교사는 기다리는 동안 “어떤 걸 원하니?” 라고 말한다.

목표 5-Level 2 촉진: 교사는 간식 쟁반을 향해 몸을 돌리고는 예상된 반응을 기다린다.

목표 6-Level 1 (시작): 교사가 간식 쟁반을 보여 주고 아동이 요청하도록 기다린다(즉, 아동이 원하는 음식물을 요청하기 위해서 교사에게 독립적으로 사진을 건넨다).

목표 6이 분명하게 이루어졌다면 연간목적을 이루었다고 볼 수 있다.

위 내용은 직접적인 촉진에서부터 독립적 수행에 이르기까지 체계적인 진행 과정을 구체적으로 설명한 것이다. 엄격한 권장사항에도 불구하고 정규평가를 받아야 하는 학생을 위해 단기목표 설정을 완강히 거절한 독자들을 위해서는 다음과 같은 문구를 연간목적의 끝에 삽입해야 할 것이다. 예를 들어, 언어적 촉진에서부터 시작하여 독립적으로 행하는 것으로 이행해 갈 수 있도록 점진적으로 촉진을 감소시킨다. 다음과 같은 준거와 촉진 수준은 연간목적에서 촉진의 소거로 설명될 수 있음을 보여 주고 있다.

• 주당 10회 중 8회, 구어적 단서부터 신체적 단서로 점차 촉진 수준을 소

거해 나가면서 아동이 독립적으로 수행할 수 있을 거라고 예상되는 만큼 대기 시간을 준다.

- 손짓 신호부터 시간 지연의 4점 평정 척도에서 적절한 반응을 자발적으로 행할 수 있게 발전하였다.

촉진이 학생의 수행에 대한 기대치와 교수 전략에 유용한 정보를 제공하고 있다는 것을 분명히 보여 줘야 한다. 이것은 또한 학생의 교육 프로그램을 감독하는 성인들이 학생이 필요로 하는 수준 이상의 직접적인 촉진 수준을 유지하는 것을 불만스러워하고 있음을 인지해야 한다. 마지막으로, 성공적으로 수행해 낸다는 것은 특정 기술이 발현된 것에 의해서뿐만 아니라 그 기술을 독립적으로 수행해 내는 정도에 의해서도 결정된다는 것을 명심해야 한다.

요점 정리하기

- IDEA 2004는 개별화교육계획 연간목적은 측정 가능해야 한다고 명시하고 있다. 따라서 연간목적 및 단기목표를 측정하기 위해 기능적이고 의미 있는 기준을 개발하는 것이 무엇보다 중요하다.
- 개별화교육지원팀은 학생이 연간목적을 달성할 수 있도록 특정 행동에 대해 구체적으로 서술하고, 또한 진전도를 측정하기 위해 준거를 상세화하여야 한다.
- 촉진 수준 상세화, 즉 수행을 할 때 단서로 활용할 수 있는, 간섭을 최소화한 촉진에서 시작하여 기술(행동)을 숙달해 나갈 수 있도록 체계적으로 촉진을 소거해 나가는 계획을 개발하는 것이 가장 중요하다.

chapter 06 일반화 사례

"끝을 생각하며 시작하라."

- Stephen R. Covey, 『성공하는 사람들의 일곱 가지 습관』 중에서

Stephen Covey의 베스트셀러인 『성공하는 사람들의 일곱 가지 습관』에서는 "끝을 생각하며 시작하는 습관"의 중요성을 강조하고 있다(p. 95). 이러한 습관의 중요성은 적절한 교육 서비스를 제공할 때도 중요하다. 끝을 생각하며 시작하는 것의 의미는 기술(행동)을 일반화하는 데 각별한 주의를 기울어야 할 뿐만 아니라, 교수 과정의 마지막 단계에 가서 뒤늦게 이를 실행하는 것이 아니라 교육을 시작할 때부터 이를 실행해야 한다는 것을 의미한다. 기술(행동) 일반화가 강조되는 이유는 특별한 상황이나 특정 개인 또는 특정 유형의 활동에만 적용되는 기술(행동)은 기능적이라고 할 수도 없고 진정으로 숙달되었다고 보기 어렵기 때문이다.

'일반화'라는 용어는 습득한 기술(행동)을 다른 환경이나 활동, 그리고 대상(사람)에게도 동일하게 적용될 수 있어야 한다는 것을 전제로 한다. 잘 알려진 것처럼 자폐스펙트럼장애(ASD)학생에게 기술(행동) 일반화는 매우 어

려운 과제이다. 따라서 이러한 학생을 위해 기술(행동)의 일반화에 대한 각별한 주의가 필수적이다. 주의력결핍장애/주의력결핍 과잉행동장애(ADD/ADHD), 단순/언어장애(S/LI), 비언어성 학습장애(NLD)와 정서 · 행동장애(EBD)학생의 일반화 문제에도 관심을 가지는 것이 중요하다.

일반화에 대한 관심 부족으로 기술(행동) 일반화의 중요성이 간과되고 있다. 예를 들어, 학생이 교실에서 간식 시간에 교사에게만 음식을 요청한다거나 말굽 모양의 테이블에 앉아 있을 때만 음식을 요청할 수 있는 것은 기능적이라 할 수 없다. 자폐스펙트럼장애학생은 특정 상황에 국한하여 경직된 학습 양식을 가지고 있기 때문에 대상, 환경 및 활동 전반에 걸쳐 적용될 수 있는 일반적인 기술(행동)을 사용하지 못한다. 마찬가지로 주의력결핍 과잉행동장애 또는 사회 · 정서적 어려움이 있는 학생은 학교에서만 문제해결 전략을 적용하고, 비언어성 또는 언어성 학습장애학생은 치료실에서만 준언어학적 단서를 인식할 수 있다면 이것이 무슨 의미가 있다는 것인가?

> 일반화라는 용어는 습득한 기술(행동)이 다른 환경, 다른 활동 그리고 다른 대상(사람)에게도 적용될 수 있어야 한다는 것을 전제로 한다.

자폐스펙트럼장애학생의 일반화에 대한 특별한 주의가 필요하다는 것은 분명하지만, 대상(사람), 활동 및 환경에 있어서 제약이 없는 기술(행동) 숙달과 기능 수행을 할 수 있기 위해서는 모든 장애학생에게 일반화를 위한 프로그램이 실행되어야 한다.

자폐스펙트럼장애와 기타 조건의 학생 간 일반화 차이점

이와 관련된 막대한 양의 연구는 자폐스펙트럼장애학생에게 기술(행동)의 일반화가 반드시 필요하다는 것을 뒷받침한다(Gaylord-Ross, Haring, Breen,

& Pitts-Conway, 1984; Gena, Krantz, McClannahan, & Poulson, 1996; Koegel, Koegel, & O'Neill, 1989; Ihrig & Wolchik, 1988; Taylor & Harris, 1995). 사실, 일반화 문제는 자폐스펙트럼장애학생에게는 고질적으로 나타난다. 그렇다고 해서 다른 장애학생이 모두 기술(행동)의 일반화에 성공적이었다고 가정할 수 있는 것은 아니다. 그러나 자폐스펙트럼장애학생이 보이는 일반화 문제는 다른 장애학생과 다르고, 다른 장애학생이 지닌 일반화 문제의 범위를 넘어선다. 특히 주의력결핍장애/주의력결핍 과잉행동장애, 단순/언어장애, 비언어성 학습장애와 정서 · 행동장애학생은 특정 기술(행동)을 일반화하는 데 문제를 보이는데, 이는 기술(행동)의 전이 문제보다는 부주의, 건망증, 산만함 또는 작업기억 문제와 같은 외부 조건에 의한 '외부적인' 상황에 놓임으로써 발생하는 것으로 보인다.

이와는 대조적으로, 자폐스펙트럼장애학생은 장애와 '연결'된 것으로 보이는 일반화에 대한 체계화 문제를 고질적으로 가지고 있다. 개인이 일반화된 개념을 형성하기 위해서는 서로 다른 정보를 독립적으로 연결시킬 수 있어야 하는데, 자폐스펙트럼장애학생은 자체적으로 이를 불가능하게 하는 선천적 결함을 지니고 있다. 예를 들면, 자폐스펙트럼장애의 잘 알려진 특성 중 하나인 자극 과다 선택성(stimulus over-selectivity)은 대상이나 사건이 지닌 작은 특징이나 구성요소에 과도하게 집착(집중)하는 것이다. 과도한 집착(집중)을 보이는 영역은 일반적으로 상호 관련성이 없고, 이는 학생의 독특한 관심사와 관련되는 것이다. 이와 같은 편협한 관심사는 맥락을 이해하는 데 필요한 관련 단서들을 무시하게 만들어서 의미 파악을 방해하곤 한다. 자극 과다 선택성이라는 특징을 가진 자폐스펙트럼장애학생은 관련이 없거나/중요하지 않은 세부 사항에 관심을 기울이고 집착하면서 새로운 환경에서 적절한 행동을 하기 위한 관련 단서들을 무시하곤 한다. 이러한 특성이 자폐스펙트럼장애학생이 교실에서 익힌 기술(행동)을 새로운 환경에 일반화하는 것을 저해시킨다. 자폐스펙트럼장애학생에게 나타나는 일반화 문제에는 또 다른 이유가 있는데, 이는 다른 환경이나 활동을 할 때 새로운 행동을 해야 한다는 필요성을 알아차리지 못하거나 적절하게 연관 지어 행동하는 것에 어려움을 겪고 있기 때문이다.

일반화의 어려움은 전통적인 학문적 주제에만 국한되지 않고 실행기능, 의사소통 및 언어, 사회적 기술(행동), 비판적 사고 및 기타 발달 영역과 같은 기능적인 영역에까지 확대된다. Olley와 Stevenson(1989)은 "일반화의 실패"(p. 356)에서 비롯된 학령 전 자폐스펙트럼장애유아의 사회적 기술(행동)의 진전에 대한 심각한 한계에 대해 이야기한다. 두 연구자는 다음과 같이 두 가지 유형으로 일반화를 구분하고 있다.

> 일반적으로 어떤 한 상황에서 익힌 사회적 행동은 다른 상황에서 행해지지 않는다. 어떤 아동 또는 성인이 익힌 기술(행동)은 다른 사람(대상)들에게 쓰지는 않는다. 한번 습득한 행동(기술)은 이를 습득한 환경이나 조건과 정확하게 일치하지 않으면 금방 잊어버리거나 잃어버린 것처럼 보인다. 이것은 자극 일반화에 대한 실패 사례이다. 반응 일반화는 자극 일반화와 비슷하지만 더 어려운 문제이다. 학생은 어떻게 반응해야 하는지 한 가지 반응을 배우고 일관성 있게 사용하기는 하지만 다소 다른 반응을 요구하게 되면 일반화가 적용되지 않는다(Olley & Stevenson, 1989, p. 356).

Berkell(1992)은 Olley와 Stevenson의 취지를 거듭 상기시키며 일반화와 학습 간의 연결고리에 대한 강력한 사례를 발표하였다. "상황, 자료 그리고 사람(대상) 간의 기술을 지도하는 것을 포함한 일반화 전략은 **성공적인 지도(교수)를 하는 데** 매우 중요하다(italics added; p. 101). 마찬가지로 Klin과 Volkmar(2000)는 아스퍼거 증후군 학생을 위한 프로그램의 적합성을 판단할 때 '긍정과 필요'로 여겨지는 여섯 가지 기준 중 하나로 다음을 제시하고 있다. "이 프로그램의 중요한 우선순위는 학습된 전략과 사회적 기술(행동)의 일반화를 촉진하는 것이다. …… 프로그램 관점에서 가장 중요한 것은 달성 가능한 목표로서 일반화에 대한 정의를 명확하게 하는 것인데, 이는 여러 가지 세부 전략 및 프로그램의 성공 여부를 사전에 측정할 수 있어야 하기 때문이다."(p. 348)

일반화에 대한 결론은, 학생을 위한 교육 프로그램의 성공 여부가 학생이 상황, 대상 및 활동 중에 획득한 기술(행동)의 일반화 달성 정도와 직접적으로 연관되어 있다는 것을 보여 주는 명백한 근거가 된다는 것이다. Powers(1992)가 한 말에 우리는 강력히 동의하게 된다. "자폐스펙트럼장애 학생(또는 다른 장애학생)이 습득한 기술(행동)을 훈련받지 않은 새로운 상황에서 일반화하지 못한다면, 제 아무리 수년에 거쳐 개발된 강력한 교수법이라 하더라도 장기적으로 보았을 때 그 가치는 인정받을 수 없다."(p. 237) 분명한 것은 자폐스펙트럼장애와는 다른 조건을 지닌 장애학생에 대한 일반화의 필요성에 관해 연구 문헌에서 잘 설명되어 있지는 않지만, 그럼에도 이 학생의 기술(행동) 일반화에 더 많은 관심을 기울여 많은 장애학생이 혜택을 볼 수 있도록 해야 한다는 점이다. 따라서 우리는 적합화의 목표가 실현되기 위해서 모든 장애학생, 특히 자폐스펙트럼장애아동의 일반화 전략과 조건이 개별화교육계획에 포함되고 직접적으로 다루어져야 한다고 생각한다.

이런 정보로 회의론자에게 일반화에 대한 중요성을 일깨우는 데 불충분하다면, Drew P. v. Clarke County School District(1989)의 연방정부 사례를 참고하면 도움이 될 것이다. 이 사례에서 학부모는 아들을 다니던 공립학교에서 자퇴시키고 자폐스펙트럼장애학생을 위한 사립 주거 프로그램에 등록시켰는데, 학교에서 익힌 기술(행동)이 가정에서 일반화되지 못한 것이 문제였다. 법원은 'Rowley' 기준(Board of Education v. Rowley, 1982)을 적용하여 학생에게 교육적 혜택을 주기 위해 이러한 교육적인 배치가 필요하다고 결정하였다.

교육 프로그램의 성공 여부는 학생이 습득한 기술(행동)을 상황, 대상(사람) 및 활동 전반에 걸쳐 일반화시킨 정도와 직접적으로 연관된다는 것을 보여 주는 명백한 연구 근거가 있다.

그동안 우리는 일반화 문제에 대해 많은 고민의 시간을 보냈다. 그러나 그동안 연구자들과 임상연구자들에 의해 제공받아 왔던 일반화 개념을 교육 개념과 어떻게 적절하게 연관지어 해석할지는 우리 몫이다. 어찌되었든, 일반화에 관한 구체적인 정보를 개별화교육계획에 포함시켜야 한다는 우리의 주장은 확실한 교육적 근거에 기반을 두고 있다.

너트와 볼트

교사와 임상가들이 종종 저지르는 실수는 학생이 특정 기술(행동)을 습득한 후에야 일반화를 고려한다는 것이다. 많은 경우, 이런 경우 그 결정적인 시기를 놓치는 결과를 초래한다. 이 chapter의 시작에서 언급한 격언을 명심해라. "끝을 생각하며 시작하라."(Covey, 1989, p. 95) 특히 자폐스펙트럼장애학생이 기술(행동)의 일반화를 매우 어려워한다는 점을 감안했을 때, 교육을 시작하는 시점부터 시간 및 노동 집약적으로 고려하는 것이 바람직하다. 더구나 우리는 이것이 모든 학생에게 좋은 성과를 낼 수 있는 실제라고 생각한다.

일반화하는 구체적인 실행 방법을 안내해 주는 것은 이 책의 범위를 벗어나므로 개별화교육지원팀 구성원들에게 일반화의 원칙과 이를 촉진하는 구체적인 전략에 대해 찾아볼 것을 권한다. 여기서 Stokes과 Osnes(1988)는 교육자와 임상가들이 일반화를 위한 효과적인 프로그램을 계획할 때 다음의 네 가지 상호 관련 요소를 고려하는 것이 필요하다고 하였다. 첫 번째 요소는 **시간**이다. 간단히 말해, 장애학생은 여러 가지 상황, 활동 및 대상(사람)에 따라 기술(행동)을 습득하기 위해서 많은 시간이 필요하다. 두 번째 요소는

구조화된 기회이다. 다른 상황, 활동 및 대상(사람)에의 노출만으로는 충분하지 않다. 대신 교육자는 각 목표 상황에서 기술(행동)을 적용할 수 있도록 체계적으로 기회를 만들어야 한다. 마지막 두 요소는 모든 장애학생에게는 물론이고, ASD 학생에게 가장 중요한 요소라는 점에 대해 반박의 여지가 없다. 교사와 임상가들은 학생이 스스로 연계성을 찾거나 만들 수 없을 때 **연계성을 구축**할 수 있도록 지원할 뿐만 아니라 필요한 지원을 제공함으로써 학생들이 **기술을 개발할 수 있는** 비계를 마련해야 할 것이다.

교사와 임상가들은 학생이 스스로 연계성을 찾거나 만들 수 없을 때 기술(행동)을 발달시킬 수 있도록 도움뿐만 아니라 비계를 놓아 필요한 지원을 제공하여야 한다.

프로토콜을 문서화하기

일반화 관련 정보를 개별화교육계획에 포함시키는 방법에는 여러 가지가 있다. 가장 직접적인 방법은 연간목적 및 단기목표에 이를 포함시키는 것이다.

- 일주일에 최소한 세 가지의 서로 다른 상황, 활동 및 대상(사람) 속에서 구조화한 기회 10개 중 8개를 구체적으로 제시하라.
- 각각의 개념에 대한 이해를 80% 수준에서 일관성을 보일 때까지 매일 최소한 세 가지 서로 다른 상황, 활동 및 대상(사람) 중에 여섯 가지 구체적인 개념 이해를 위해 구체적으로 제시하라.
- 6개의 서로 다른 이야기 속에 각각의 이야기마다 최소한 세 가지 서로 다른 대상과 상황을 설정하여 10번 중 9번은 구체적으로 제시하라.

반복을 피할 수 있는 방법으로, 일반화 준거는 연간목적 및 단기목표에서 분리하여 부록에 '목표'를 구체적으로 밝힐 수 있다.

다음에 대해 고려하라.

일반화 목표: 일반화 목표의 90%에 달하는 성과 수준에 도달할 때까지 하루 동안 대상(사람), 활동 및 환경에 걸쳐 7~10번의 구조화된 연습 기회를 제공해야 한다.

요점 정리하기

- 기술(행동)을 일반화하기 위한 과정은 시간 및 노동 집약적인 과정이기 때문에 교육의 말미에 고려하기보다는 교육을 시작할 때부터 시작하는 것이 필요하다.
- 연간목적 및 단기목표 또는 부록에 일반화 준거에 대해 표기하는 것과 같이 특별한 방법(the particular manner)을 선택하는 것은 개별화교육지원팀의 몫이다. 경우에 따라서는 개별화교육계획 작성 양식에 의해 결정되기도 한다.
- 일반화 관련 정보는 사람들에게 주의를 끌고, 대상, 상황, 활동 전반에 걸쳐 기술(행동)을 숙달케 하기 위해 명확하게 서술해야 한다고 강력하게 권장하고 있다.
- 시간의 경과에 따른 기술(행동)의 유지는 일반화와 밀접하게 관련되어 있다. 기술의 일반화에 대한 특별한 관심을 기울이지 않고, 특정 활동이나 상황이 어떤 특정 한 사람—예를 들면, 치료실의 언어재활사—과 함께 있을 때만 나타난다면 학생은 그 기술을 유지할 수 없다.
- 학생이 여러 가지 상황, 활동 및 대상(사람)들 속에서 새로운 기술을 습득해야 한다는 필요성에 대한 연결고리를 찾아내어 제시할 수 있게 되면 해당 기술이 그 상황에서 기능적이고 유용하게 사용될 수 있기 때문에 시간이 지남에 따라 그 기술을 유지할 가능성이 훨씬 더 높아진다.
- 1년 내내 정기적으로 서로 다른 상황, 활동 및 대상(사람)에게 '숙달된' 기술(행동)을 활용하도록 권장하고 있다.

chapter **07**

문제의 핵심에 도달하기:
의미 있는 목적과 목표를 작성하는 방법

"목적 없이 도달할 계획을 하는 것은, 목적지 없이 항해하는 배와 같다."

- Fizhugh Dodson

우리가 문제의 '핵심'에 도달하기 위하여 왜 이 책의 chapter 7까지 기다렸어야 했는지에 궁금해하겠지만 이는 계획적이었다고 말하고 싶다. 개별화교육지원팀은 학생의 교육 프로그램 성공 여부에 매우 중요하기 때문에 학생의 성취에 필수적인 요소들을 면밀히 검토한 후에 연간목적(goal)과 단기목표(objective), 그리고 벤치마크를 고려해야 한다. 이러한 취지에서, 이전의 장에서 우리는 특수교육대상자의 요구에 근거하여 연간목적과 단기목표들을 적절하게 설정하기 위해 개별교육계획을 개발할 때 중요한 구성요소(현재수행수준, 조건, 교수학습 방법, 기준 및 촉진 수준, 일반화)에 대해 논의하였다. 우리는 연간목적과 단기목표를 작성하기 위해 이미 논의했던 정보를 적용할 준비가 되어 있다. 그 전에, IDEA 2004에서 가장 중요한 변화가 무엇인지에 대해 보다 충분히 논의할 필요가 있다. 즉, 학년 수준의 정규평가

(standard assessment)와는 달리 대안평가(alternate assessment)를 받는 학생에게만 단기목표와 벤치마크를 요구하였는데, 이 논란이 될 수 있는 결정에 대해 이야기하고자 한다. 그리고 이 chapter의 후반부에서, 단기목표와 벤치마크의 차이점을 정의하고 목적과 목표를 작성할 때 피해야 하는 위험요소에 대해 다룰 것이다.

우리가 생각하기에 완전히 퇴보하고 있다고 생각하는 IDEA 2004는 학생이 대체 평가를 받을 필요가 있는 경우를 제외하고, 개별화교육계획에 단기목표와 벤치마크를 포함하는 요건을 삭제하였다. 이를 통해 IDEA 2004가 「낙오방지법(NCLB)」을 얼마나 존중하는지 알 수 있다. 개별화교육계획에 단기목표와 벤치마크를 없애는 결정에 찬성하는 사람들은 이러한 결정이 서류 작업을 최소화할 것이라고 주장하였고, 이는 교육적인 실패보다 더 합리적인 것으로 받아들여졌다. 진전도를 구분할 수 있는 구체적인 의도인 단기목표와 벤치마크가 없는 경우, 시기적절한 때에 중간 과정에서 수정의 필요성을 알려 주는 변수를 인지하지 못하여 진전도를 파악하는 데 주의를 기울이지 않을 수 있다. 명확히 말하면, 일부 학생에게 진전도를 측정하는 구체적인 방법은 간과되지만 진전도를 파악하고 보고해야 하는 실질적인 요구는 없어지지 않았다. 특히 진전도를 보고해야 한다는 필수 요건은 비장애학생과 장애학생의 경우 모두 동일하다. 따라서 진전도 점검은 최소한 매 평가 시기마다 자주 진행되어야 한다. 경험에 비추어 볼 때, 6주 또는 9주마다 진전도 보고를 하는 것이 일반적이다.

정규평가 대상인 학생에게 단기목표와 벤치마크를 없애기로 한 결정의 문제점은 이것이 IDEA 2004가 새롭게 강조한 책무성과 충돌한다는 점이다. 왜냐하면 목표를 달성하기 위한 진전도 보고를 결정하는 가장 최선이자 효율적인 방법은 단기목표와 벤치마크를 활용하여 이루어지기 때문이다. 이 두 가지가 없다면 학생의 성장을 결정하기 위해 더 주관적인 기준(예를 들어, 교사의 판단이나 관찰)을 사용할 가능성이 높아지기 때문이다. 게다가 단기목표와 벤치마크를 제거하는 것은 IDEA 2004가 의도하고 있는 책무성 향상에 위배될 뿐만 아니라 학교가 속한 교육청에서 법적인 문제가 발생했을 때 더 취약하게 만드는 결정이다. 가장 중요한 것은, 주관적인 진전도 보고는 학생에 대한 최선의 교육적 관심을 가지지 못하게 한다는 것이다. Bateman과 Herr(2006)는 이 문제를 간략히 요약한다. "모든 개별화교육계획에서 단기목표 또는 벤치마크를 포함하지 않는 것은 근시안적이고 법적으로 위험하며 매우 미흡한 관행이다"(p. 12). 우리는 이 의견에 전적으로 동의한다. 그리고 사실상 IDEA 2004가 학년 수준 정규평가를 받는 학생에게 분별없이 'pass'를 주는 것과 별개로, 모든 개별화교육계획에서는 진전도를 나타내는 하나 또는 다른 표식(marker)을 사용할 것을 권고한다.

단기목표, 벤치마크 및 목적 간의 구별

단기목표는 일반적으로 연간목적 달성을 향한 중간 단계로 간주된다. 이와는 대조적으로, 벤치마크는 특정한 보고 주기 동안 달성된 주요 이정표(milestone)를 나타낸다. 단기목표, 벤치마크 모두 연간목적을 향해 가는 것을 돕는다.

플로리다 주 교육부(2000)에 따르면, 벤치마크 및 단기목표는 다음과 같은 측면에서 비슷하다. "단기목표와 벤치마크는 학생의 연간목적을 달성하기 위한 지도(map)나 경로(path)을 제공한다. 또한 단기목표와 벤치마크는 미리 조정된 교육 수행 수준과 연간목적을 연결시킨다. 그것들은 효과적이고 적절한 수정과 전략 개발을 안내한다."(p. 50)

랜덤하우스의 Webster's College 사전에서는 목적(goal)을 목표(aim)와 마침(end)처럼 노력으로 정해지는 결과나 성취로 정의하였고(Costello, 1991, p. 571) 목표(objectives)는 의도(purpose)나 목적(goal)처럼 무언가를 달성하거나 성취하기 위해 의도된 노력이나 행동을 의미한다고 하였다(p. 933). 두 단어(목표와 목적)의 유사어들은 사실상 동일하다. 그러면 어떻게 그들은 서로 구별될 수 있을까? Lawrene M. Siegel(2001)은 그의 책 『완벽한 개별화교육계획 가이드: 특수교육대상학생의 권리 옹호 방법(The Complete IEP Guide: How to Advocate for Your Special Ed Child)』에서, '목적'은 학생을 대상으로 한 교육 목표에 대한 광범위한 진술로, '목표'는 '진술(stated)된 목적'에 도달하기 위해 학생이 완전히 익혀야 하는 기술로 설명하였다(p. 9/2). 우리는 Siegel의 '목적'과 '목표' 간의 예리한 구분에 동의한다. 그럼에도, 2004년에 IDEA의 개정 이후, '목적'이 더 구체성을 가지고 있다는 것에 주목해야 한다. 실제로 '목적'은 Siegel가 정의한 '목표'와 많은 유사점을 가지고 있다.

단기목표, 벤치마크 및 목적의 측정

IDEA 2004에 따르면, 측정 가능성은 단기목표, 벤치마크, 목적 모두 반영되어야 한다. IDEA 개정 이전에는 연간목적은 측정 가능성을 반드시 반영하지는 않아도 되었지만(Sigel, 2001) IDEA 2004에서는 그러한 유연성을 전혀 찾아볼 수 없게 되었다. 새로운 조항에 따르면, 개별화교육계획은 학업적과 기능적 영역에서의 연간목적과 그것들을 충족하는 진전도가 어떻게 측정될 것인가에 대한 설명을 포함해야 한다. 게다가 IDEA 2004의 규정은 연간목적 달성 여부를 확인하는 아동의 진전도에 대한 정기적인 보고에서 구체적인 언어를 사용할 것을 요구한다. 그리고 NCLB를 존중하는 측면에서 비장애학생의 성적표를 발급하기 위해 주기적인 진전도 보고를 규정화하고 있다.

비록 IDEA 2004는 학생의 진전도를 결정하기 위해 측정 가능한 목적을 요구하고는 있지만 '측정 가능성'에 대해 정의하고 있지는 않다. 기술 영역을 양적으로 표현할 수 있을 때(예를 들어, '주어진 시간 내에 「Dolch Sight words」를 모두 읽을 수 있다.')는 우려가 거의 없다. 하지만 이 책의 chapter 2에서 제시된 많은 목표가 보여 준 경우와 같이, 양적인 측정과 쉽게 연결되지 않을 때 측정 가능성은 훨씬 더 어려워진다. 측정 가능성에 관한 문제는 chapter 8에서 좀 더 자세하게 논의될 것이다.

비록 IDEA 2004는 학생의 진전도를 결정하기 위해 측정 가능한 목적을 요구하고는 있지만, 문장 속 기술이 그 자체로 양적 측정이 쉽지 않을 때 측정 가능성은 어려워진다.

목적(goals)

개별화교육계획의 연간목적은 개별화교육지원팀이 당해 연도에 교육 영역, 교수 영역에서 무엇을 달성하기를 원하는지의 진술이다. IDEA 2004에서는 목표가 측정 가능한 용어로 명시되어 있기 때문에 학생이 목표로 향하도록 고안된 일련의 단기목표 또는 벤치마크의 최종 산물로 해석될 수 있다. 예를 들어, 목표가 학생에게 문제해결 전략 네 가지를 사용하도록 가르치는 것이라면 3개의 단기목표에서 첫 번째 단기목표는 한 가지 문제해결 전략 사용을, 두 번째 목표는 두 가지 문제해결 전략 사용을, 마지막으로 세 번째 목표는 세 가지 문제해결 전략 사용을 이야기할 것이다. 그리고 사실상 언급했던 연간목적인 네 번째 단기목표(문제해결 전략 네 가지 사용)로 이끌게 된다. 3개의 단기목표를 사용하는 것이 많은 학교가 사용하는 9주 동안 진행되는 진전도 보고서에 잘 들어맞는다는 점에 주목해야 한다.

여기서 연간목적을 서술하는 데 있어서 공통의 문제를 살펴보는 것이 중요한데, 즉 '애매하거나 추상적인' 단어 사용에 관한 것이다. 이러한 문제는 결과와 산출 및 과정을 혼동하는 경우에 생겨난다. 몇 가지 애매한 단어가 있는데 '~에 대한 이해를 발전시킨다.' '~에 대한 감상을 발전시킨다.' '~을 인식하는 것을 배운다.'이다. 정확하게 말하면, 이러한 각각의 어구는 결과

지향적이라기보다 과정 중심이다. 왜냐하면 이해, 인식에 대한 공감과 학습을 개발하는 것은 시간이 지남에 따라 함양되며 객관적인 분석에 반하는 매우 주관적인 행동이기 때문이다. 애매한 단어의 사용은 명백한 수행(결과)을 모호하게 하고 객관적인 판단을 불가능하게 만든다. '~에 대한 이해나 평가를 발전시킨다.'라는 말 대신, 학생이 맞는 답을 선택할 수 있다고 말하는 것(그것을 발전시킨다는 것보다는 오히려 이해한 것을 보여 주는 것)이 더 정확하다. 만약 애매한 단어가 사용된다면 그 단어에 해당되는 행동이나 결과에 대한 설명이 있어야 한다. 따라서 '이해'라는 단어에 해당하는 설명은 맞는 '답을 선택할 것이다'가 되어야 한다. 마찬가지로, '인지하는 것을 학습한다'는 '학생이 선택할 수 있는 것'으로 다시 작성되어야 한다. 해당 문구는 배우는 과정과는 달리 원하는 결과를 바로 가리킬 수 있는 행동적인 단어로 표현된 것이다.

목표(objectives)

IDEA 이전 P.L. 94-142의 초기에 교수 목표들은 그들이 마땅히 받아야 할 생각과 보살핌, 그리고 존경을 가지고 쓰였다. 불분명한 언어, 이해하기 어려운 애매한 용어, 측정이 불가능한 요구사항은 수용할 수 없는 것으로 간주되었다. 무엇보다 1970년대 중반은 행동주의의 영향으로 관찰 가능한 성과와 측정 가능한 수행에 중점을 두었다. 그 당시에 목표 작성의 과학적 측면을 예술적 측면보다 더 강조하는 시기였다. 거의 예외 없이, 목표는 명료하게 쓰여졌고 명확하게 명시되어 있었다. 목표는 또한 성과를 판단하기 위한 조건과 진전도를 판단하는 규준들을 포함하고 있다. 이 모든 것에 대한 한 가지 단점이 있었다. 즉, 어떤 경우에는 행동으로 관찰 가능하고 측정 가능한 것을 지나치게 요구하여 몇몇 개인이 관찰 가능하거나 측정 가능한 용어로 제시할 수 없는 중요한 교수 목표가 무시되는 경우가 나타났다. 그럼에도 그날의 목표는 "그들이 의미하는 바를 말하고, 그들이 말한 것을 정의한다." 였다.

그러나 시간이 지남에 따라 개별화교육계획이 사회 분위기를 거침없이 반영하여 점점 더 자유방임주의를 지향하는 쪽으로 변화하면서 개별화교육계획은 약화되어 갔다. 결국, IDEA 2004는 표준 사정을 받는 학생을 위해 단기목표를 완전히 없앨 것을 요구하였다. 대안평가를 받는 학생의 개별화교육계획에는 단기목표가 부실하게 쓰이거나 중요한 요소들이 누락되었다. 예를 들면, 조건의 구체성이다. 교수 목표의 중심은 조건에 달려 있는데, 오늘날 이러한 구체성은 계획성 없이 제시되거나 완전히 빠지기도 한다. 마찬가지로, 관찰 가능한 행동에 따른 측정이 필요함에도 많은 개별화교육계획은 (예술 감상을 발달시키는 것과 같이) 측정이 불가능한 행동을 목표로 포함하고 있다.

더 나쁜 상황은, 그 비율이 계속해서 임의로 할당된다는 것이다. 많은 경우에서 터무니없이 그렇다. 실제로 다음 개별화교육계획의 예를 살펴보자.

> Mark는 요청 받을 때 80%만큼 다른 사람들의 필요, 권리 그리고 요구를 독립적으로 존중할 것이다.

80%가 무엇을 나타내는지, 존중한다는 것을 어떻게 측정하는지 혹은 어떻게 사람들의 필요와 권리와 요구를 결정짓는지의 목표와 목적의 성취를 생각해 보기도 전에, 이 문장에서 나온 모순어법(독립적으로/요청을 받을 때)은 목적과 목표의 성취를 무의미하게 만들 뿐이다. 아쉽게도 부적합하거나 부적절한 수행에 대한 측정 표준이 있을 경우(불가능한 요구사항을 언급하지 않기 위해서), 결과에 대한 신뢰는 없어질 것이다.

목표와 목적이 제대로 명시되지 않았거나 측정될 수 없을 때는 목표들을 적절하게 교육프로그램화시키는 것과 효율적인 서비스의 전달이 어렵다. 그러므로 개별화교육지원팀은 학생의 개별화교육계획을 면밀히 살피고 스스로에게 다음과 같은 질문을 해야 한다. 이 개별화교육계획은 교직원이 적절한 교육 프로그램을 구축하고 학생에게 효과적인 교육 서비스를 전달할 수 있는 필요한 설명을 제공하는가? 만약 이 질문에 대해 '예'라고 답할 수 있다면, 이 책에 나온 정보는 이 상황을 바로잡기 위한 보다 진보된 답변을 줄 수 있을 것이다.

상호 의존적인 구성요소 체계로서의 개별화교육계획

랜덤 하우스 사의 Webster's College 사전에는 용어 '시스템(system)'을 "조합 또는 복잡하고 단일한 전체를 구성하는 부분의 합"으로 정의하고 있다(Costello, 1991, p. 1356). 개별화교육계획에 이 용어의 적용 가능성은 반박할 수 없다. 다음을 생각해 보아라. 연간목적 및 단기목표는 의도했던 교육 결과를 도출하기 위한 매개체이다. 따라서 그것들은 매우 중요한 목표(적절한 교육)의 수단이 된다. 하지만 이 목표가 중요한 만큼 혼자서 존재할 수 없다. 실제로 하나의 뼈가 다른 뼈와 연결되어야만 골격 체계를 구성되는 것과 같이, 적절한 교육의 '움직임'이 일어나기 위해 개별화교육계획 체계의 구성요소 부분들은 반드시 서로 연결되어 있어야 한다. 다음에 나오는 구성요소 부분들이 어떻게 하나로 결합되는지 살펴보자. 첫째, 학생의 연간목적은 현재 수행수준(PLP)으로 표현되는 교육적 요구의 우선순위에 기초하여 도출된다. 둘째, 단기목표는 학생의 연간목적 달성을 향한 과정의 구성요소가 된다. 이러한 중요한 구성요소 중에서 하나라도 바뀐다면, 학생의 교육 프로그램 전체가 위험에 빠질 것은 분명하다.

개별화교육계획의 연간목적과 단기목표에 대한 진술과 맞아떨어지는 또 다른 상호 의존적인 구성요소는 이전 장에서 논의했던 방법론에 해당한다.

훈련과 교육에 관해 전 세계적으로 저명한 작가이자 교수 목표의 권위자로 여겨지는 Robert F. Mager는 목표와 방법론의 상관관계에 대해 이렇게 말한다. "명확하게 정의된 목표가 부족할 경우, 교수 자료와 절차를 선택할 수 있는 확고한 근거는 없다. 만약 당신이 어디로 가야 할지를 모른다면, 어떤 길이 그곳으로 가는지 어떻게 알 수 있겠는가?"(Mager, 1997b, p. 14). Mager의 논리는 반박할 여지가 없다. 이 논리를 따르면 목표가 명확하게 정의되지 않으면, 표준 사정(평가)을 실시하는 학생의 개별화교육계획에 단기목표와 벤치마크를 사라지게 만들고 모든 개별화교육계획에서 명확한 목표 설정을 계속해야 하는 데 대한 다른 이유를 찾아야 할 것이다.

연간목적처럼 단기목표는 직접적으로 성과 기준에 관련되어 있기 때문에 측정될 수 있어야 한다. Mager(1997b)에 따르면, "명확한 목표가 없다면, 어떤 측정 도구로도 명확한 기준을 제시할 수 없으므로 당신이 어떻게 해야 하는지를 알아내는 것은 불가능하다(p. 15)." 이 chapter의 나머지 부분에서는 명확한 목표의 세 가지 핵심 특징을 다룬다. 중요한 것은 IDEA 2004가 이전에 있었던 목표와 목적 사이의 차이를 불분명하게 해 왔기 때문에 목표에 대한 정보가 연간목적에도 적용되어 왔다는 점이다.

> 연간목적처럼 단기목표가 직접적으로 성과 기준에 관련되어 있기 때문에 측정될 수 있어야 한다.

목표는 유용해야 한다

이 책을 통해 우리는 효과적인 교육 서비스 제공이라는 말을 사용해 왔으며, 이것은 적절한 교수(instruction)와 동의어이다. 비록 모든 개별화교육계획의 필수요소들이 교수의 효과성에 기여하지만, 그것은 "일을 완수하는 것"이라는 측면에서 목적과 목표이다.

교수가 효과적이라는 것은 학생 행동이 변화되어야 함을 의미한다. 만약 교수가 그저 현재의 상황을 유지하는 수준이라면 그것은 효과적이라고 할 수 없다. 변화는 양쪽 방향으로 진행될 수 있다. 그것은 말할 필요도 없이 이익(gain)을 얻거나 바람직하지 않은 결과를 초래하거나이다. 만약 교수가 바람직하지 않은 결과를 초래하였다면 그것은 비효율적일 뿐만 아니라 해롭기까지 하다. 목표가 해로운 경우는 다양하다. 예를 들어, 그들의 장애로 인해 달성이 불가능한 기준에 맞춘 목적과 목표는 진전을 막을 뿐만 아니라 좌절감과 불안감을 초래한다. 이것은 주로 학생의 장애에 대한 지식이 부족한 상황에서 발생한다.

비효율적인 교수나 부작용을 피하기 위해 적절한 목표의 특성을 고려하는 것이 중요하다. 다음과 같이 Mager(1997b)는 목표가 적합하기 위해서는 목표가 반드시 유용해야 한다고 지적한다.

- 목표는 교수가 '적절하고 성공적'일 수 있는 (교수학습) 방법으로 이끌어야 한다.
- 목표는 '교수 과정 자체를 관리'하는 데 도움이 되어야 한다.
- 목표는 교수가 성공적이었는지를 결정할 수 있는 적절한 수단으로 교수를 이끌어야 한다(Mager, 1997b, p. 43).

또한 Mager(1997b)는 효과적인 교수를 이끌기 위해 목표에 포함되어야 하는 특성으로 다음 세 가지를 나열한다.

- **수행**: 학습자가 할 수 있다고 기대되는 것을 기술한다.
- **조건**: 수행이 발생할 것으로 기대되는 상황을 기술한다.
- **기준**: 도달해야 하거나 넘어서야 하는 역량의 수준을 기술한다(Mager, 1997b, p. 51).

이러한 동일한 특성들이 IDEA 2004가 요구하는 연간목적에 적용되어야 한다. 수행에 대한 근본적인 조건뿐만 아니라 수행에 대한 기준은 이미 이전 chapter에서 심도 있게 논의하였으므로 여기서 다시 논의할 필요가 없다. 수행에 대한 조건과 기준은 단지 수행뿐만 아니라 개별화교육계획의 다른 모든 필수요소와도 연관되어 있다. 그러나 수행에 관한 더욱 명확한 설명이 필요하다.

목표는 명확해야 한다

수행에 관한 두 가지 내용이 특히 중요하다. 첫째, 가장 명백한 것은 수행은 무엇인가를 '하는 것'을 의미한다는 것이다. 목표가 무엇인가를 **행동**(doing)하고, 중심 생각을 **선택**(selecting)하고, 혹은 문장을 **쓰는 것**(writing)이라면 학습자가 무엇을 해야 하는지는 분명하다. 왜냐하면 모든 고딕체 단어(행동, 선택, 문장을 쓰는 것)는 관찰된 행동과 직접적인 관련이 있는 수행을 나타내는 단어들이기 때문이다. 그러나 직접 관찰할 수 없는 행동에 따른 수행은 어떻게 다룰 수 있을까? 앞서 언급한 바와 같이, 몇몇 사람은 이 문제를 회피해 왔고 이로 인해 중요한 것을 놓쳐 왔다. 하지만 인간의 삶에서 가장 가치가 있는 것들은 대개 측정할 수 없는 것—정직함, 책임 등—에 뿌리 내리고 있기 때문에 이것은 용납될 수 없는 일이다. 단순히 그것들이 쉽게 평가할 수 없다는 이유로 다루지 않는다는 것은 근시안적인 행동이다. 다행히도 Mager(1997a, 1997b)는 이 딜레마에 대한 간단한 답변을 제시하였다. 그는 목표가 불분명한 용어로 명시될 때, 직접적인 정보를 제공할 수 있는 행동 또는 활동을 나타내는 '행동 지표'라는 용어를 사용한다. Mager(1997b)에 따르면, "수행이 양호한지 여부를 파악할 수 있는 직접적인 방식이 존재하는 한, 목표(목적)가 분명하지 않은 수행에 대하여 작성할 수 있다(p. 77)". 다음 예는 단어 선택 변화의 의도에 대해 명확히 보여 준다.

- **단순 표현**: 도형을 구분한다.
- **행동 지표**: 원과 사각형(또는 삼각형 및 직사각형 등)을 분류한다.

- **단순 표현**: 동사를 이해한다.
- **행동 지표**: 동사에 동그라미를 치거나 밑줄을 긋는다.

행동 지표를 구별하는 가장 좋은 방법은 스스로에게 질문을 던지는 것이다. 학생이 목적이나 목표를 습득했음을 증명하기 위해 무엇을 해야 하는가? (Mager, 1997a, 1997b). 리스트를 만드는 것은 수행이 명확하게 되었는지 보여 줄 것이다.

연간목적 또는 단기목표에 행동 지표를 포함하는 것은 실행하기에 번거로운 일이라, 이러한 경우에는 행동 지표에 대한 설명을 포함하도록 하고 있다. 당신이 그렇게 하기로 했다면, 중요한 것은 수행이 분명하지 않을 경우에 해당하는 행동 지표에 대해 개별화교육계획 문서 내의 어딘가에 구체화되어 있어야 한다는 것이다.

목표는 일관된 방식으로 다뤄져야 한다

우리는 일관성을 단순하게 보이는 것만 의미하는 것 같지만, 개별화교육계획의 필수요소들이 설계 목적대로 잘 만들어진 시스템처럼 기능하기 위해서는 요소들이 상호작용을 할 때 '일관성'이 나타나야 한다. 실제로 일관성은 효과적인 서비스 제공을 이끄는 모든 필수적인 요소들의 부산물이다. Thomas라는 아동의 사례에서 제시된 두 가지 목표 간의 차이를 예로 들어보자.

(ㄱ) Thomas는 관용어에 대한 이해를 향상시킬 것이다.

(ㄴ) Thomas는 네 가지 보기 중에 관용어가 무엇을 의미하는지 가장 잘 설명한 문항을 선택할 것이다.

이러한 두 가지 목표 중 어느 것이 사람과 활동에서 일관된 방식으로 수행될 수 있는 더 좋은 기회를 제공할까? 이 질문에 대한 답은 분명하다. 목표가 명확하게 명시되고 포괄적이며 이해될 수 있는 경우, 목표는 의도된 방식으로, 다양한 환경을 통해, 다양한 사람에 의해 더 쉽게 달성될 수 있다.

요점 정리하기

- 개별화교육계획은 교육적인 '움직임'이 발생하기 위해 각각의 구성요소들이 상호 연결되어야 하는 체계와 같다.
- 잘 작성된 목표는 수행에 대한 정보(학생이 무엇을 할 수 있을 것이라고 기대하는가?)와 수행이 발생할 것으로 예상되는 조건과 진전도를 판단하는 기준이 포함되어야 한다.
- 수행이 불분명할 때, 진전도를 판단하는 행동 지표를 세분화하는 것이 중요하다.
- 적절한 목표의 세 가지 중요한 특징은 유용하고 명확하게 명시되어야 하며, 모든 사람이 일관된 방식으로 다룰 수 있어야 한다.

chapter 08

학생의 수행 능력 측정하기: 단순한 숫자 놀이 이상으로

"당신은 당신이 측정한 것을 얻을 것이다. 잘못된 것을 측정하면 잘못된 행동을 하게 한다."

- John H. Lingle

chapter 7에서는 개별화교육계획의 핵심 요소가 어떻게 효과적이며 기능적이고, 측정 가능한 연간목적 및 단기목표로 결합될 수 있는지를 설명했다. 이 chapter은 측정, 자료 수집 그리고 평가라는 '3관왕(triple crown)'의 효과적인 개별화교육계획 설계 과정을 다룬 '대단원'이라고 할 수 있다. 이 chapter에서는 교수 방법, 과제에 대한 기대, 측정과 다른 지원에 대한 학생의 반응 평가 및 평가 일정을 검토한다.

불행하게도 많은 전문가들은 수집할 자료를 찾고 있지만 그 자료들은 엄청나게 방대하다. 결국 바쁜 세상 속에서 자료 수집은 서류 업무, 분석, 해석 등과 관련되고 이를 위해서는 많은 시간이 소요된다. 더욱이 많은 사람들은 자료 수집이 자연스러운 상황에서 기능적 기술을 지도하는 교수 과정에 방해가 될 수 있다고 주장한다(예: 간식 시간에 너의 팔꿈치가 바나나에 닿았을 때!). 방해와 간섭의 문제는 많은 학생의 다양한 목표 관련 자료를 취합해야 할 때에만 나타난다. 결과적으로, 자료 수집은 종종 무계획적이며, 주관(교사 관찰에 기초하여)적으로 제공되어 학생의 학업 진전도를 측정하는 데 있어 매우 부적절하다. 이와 관련된 중요한 주제에 대한 질문이나 우려를 다루기 위해 다음 몇 가지 이슈에 대해 논의하고자 한다.

자료 수집의 목적은 무엇인가

표면적으로 이 질문에 대한 답은 분명하다. 대부분의 사람들은 자료 수집의 주된 목적이 학생의 연간목적 달성 여부를 확인하기 위해 학업 진전도를 측정하는 것이라고 이해한다. 단기목표와 벤치마크가 측정 가능한 용어(실제로 모든 학생에게 사용되는 것은 물론이고)로 분명하게 언급되지 않는다면, IDEA 2004에서 요구하듯이 연중 내내 주기적으로 진전도를 측정하는 것은 매우 어려울 것이다. 따라서 측정 가능한 단기목표를 사용하는 것은 개별화교육지원팀이 다음의 내용과 관련하여 적절하게 정기적으로 보고할 시기를 결정할 수 있도록 한다.

- 학생의 학습 속도
- 사용 중인 교수 방법에 대한 학생의 반응
- 촉진이나 단서에 대한 학생의 반응과 기술 발달에서 독립성을 증가시키기 위해 소거해야 하는 정도
- 기대했던 진전보다 느리게 나타나거나, 조기 성취의 결과 혹은 다른 요소 결과에 따른 목적이나 목표를 수정해야 하는지에 대한 여부
- 기술의 일반화에 충분한 관심이 있는지 여부

정기적인 자료 수집은 학생 성취도에 직접적으로 연관된 중요한 정보를 산출하며, 수집된 정보는 임상 및 교육적인 의사결정을 유도하는 역할을 한다. 더 나아가, 정기적으로 자료 수집을 하게 되면 그러한 의사결정이 적시에 이루어지도록 해 주어서 필요하다고 판단되는 경우에 각 영역의 중간 과정에서도 실시할 수 있다.

자료를 얼마나 자주 수집해야 하는가

이 질문에 대한 간단하면서 보편적인 답은 없다. 다양한 요인에 따라 자료 수집이 달라진다. 경우에 따라 방법에 따라 자료는 달리 수집될 수도 있다. 예를 들어, 많은 시험 또는 응용행동분석(ABA) 훈련 프로그램에서는 학생의 중재 회기 중 항상 자료 수집이 진행된다. 다른 중재 방식에서 자료 수집은 학생의 학습 속도에 맞추어 진행되기도 한다. 따라서 높은 수준의 학습율을 보이는 학생은 더 빠르게 진전할 것으로 예상할 수 있으므로 상대적으로 더욱 빈번한 자료 수집이 필요하다. 마찬가지로 학습 속도가 느린 학생은 자료 수집이 빈번하지 않아도 될 것이다. 다음은 자료 수집 빈도를 결정하는 상황 시에 고려해야 하는 지침이다.

- **방법론**: 일반적으로 더 많은 중재 시간이 구성될수록 더 자주 자료 수집이 이루어진다(개별 시도 훈련). 반대로 환경이 구조적이지 않을 때(예: 지역사회 환경 또는 다른 자연스러운 환경) 자료 수집은 일반적으로 덜 빈번하게 이루어진다.
- **학생의 학습 속도**: 이미 언급한 것처럼 학생의 진전도가 빠를수록 자료 수집 빈도가 높아진다. 느린 속도로 학습하는 학생은 비교적 빈번하지 않은 자료 수집을 할 수 있다.

- **학습 상황에 대한 요구사항**: 일대일 상황에서 교사의 요구사항이 낮을수록 자료 수집 빈도가 높아질 수 있다. 요구가 많은 상황(집단 학습, 지역사회 또는 자연적인 환경 등)은 교수, 모니터링 및 자료 수집 간에 세심한 조율을 필요로 한다. 이러한 상황에서는 연중 내내, 정기적으로 주기적인 간격(즉, 매주 또는 격주)으로 자료를 수집하는 것이 더 효율적이다.
- **목적과 목표가 다뤄지는 빈도**: 매일 목적과 목표가 다루어지는 경우, 자료를 매일 또는 매주 주기적으로 수집할 수 있다. 언어나 작업 치료처럼 일주일에 한 번씩 덜 빈번하게 다뤄지는 목표는 학생과의 만남이 제한되어 있기 때문에 일반적으로 목표가 다루어지는 순간마다 자료 수집을 요구한다.
- **행동 발생의 빈도**: 행동이 드물게 발생하는 경우, 행동이 발생하는 모든 사례를 기록하는 것은 쉽다. 그러나 행동이 자주 발생하는 경우, 팀은 시간당 특정 시간 간격(하루에 한 시간, 시간당 5분 등) 동안 자료를 수집하는 시간 표집 절차를 사용할 수 있다.
- **수집된 자료의 유형**: 단순한 양적 시스템은 쉽고 빈번하게 자료를 수집할 수 있다. 그러나 질적 시스템은 일화적 서술이나 주관적인 수행 척도를 요구할 수 있는데, 이러한 요인들은 자료 수집의 복잡성을 더해 주며, 더 많은 시간과 노력을 필요로 한다. 결과적으로는 빈번하지 않은 주기로 서술된 자료를 수집하는 것이 현실적일 수 있다.

이러한 지침은 최선의 사정(assessment) 일정을 정하기 위해 연간목적과 단기목표의 어떤 내용이 평가될 것인지 말고도, 높은 빈도의 자료 수집 계획과 낮은 빈도의 자료 수집 계획까지 자료 수집의 스펙트럼이 넓다는 사실을 보여 준다. 개별화교육계획에서 나타나는 일반적인 자료 수집 일정은 매일, 매주, 격주, 월 단위로 이루어진다.

자료 수집 일정에서의 핵심은 목적과 목표에 부합하는 행동 유형(contours)

이 적절해야 하며, 개별화교육계획 문서에 명시되어야 한다는 것이다. 많은 교육청에서는 이러한 목적을 위해 개별화교육계획 양식에 해당 내용을 구체적으로 언급하고 있다. 이러한 경우가 아니라면, 해당 정보는 목적과 목표가 제시된 본문에 포함되어야 한다.

> 자료 수집 일정에서의 핵심은 목적과 목표에 부합하는 행동 유형(contours)이 적절해야 하며, 개별화교육계획 문서에 명시되어야 한다는 것이다.

양적 측정은 언제 적절한가

양적 측정은 자료를 수집하고 분석할 수 있는 가장 쉬운 유형일 뿐만 아니라 대부분의 개별화교육지원팀에서 선택하는 방법이기도 하다. 다른 방법보다 양적 측정 방법을 선호하는 주된 이유는 수량화한다는 것이 다른 정밀하지 못한 자료 수집 시스템으로는 제공하지 못하는 어떤 안도감을 주기 때문이다. 무엇보다 양적인 자료는 명확한 정보를 제공한다. 학생이 목표를 달성하고 있는지, 없는지의 여부를 한눈에 파악할 수 있다. 일반적으로 옳고 그름의 분명한 구별이 있기 때문에 수행의 질에 대한 판단은 불필요하다(예를 들어, Johnny는 돌체 시력 단어를 모두 읽는다는 목표를 달성하였다).

몇몇의 양적 측정 방법은 개별화교육지원팀에서 이용할 수 있다. 가장 일반적인 두 가지 방법은 다음과 같다.

- **Tally (점수) 기록 체계**: 양적 측정의 가장 쉬운 형태로 정확한 혹은 부정확한 응답을 집계하는 것을 의미한다. 수집 후 올바른 응답 비율이 계산되는데, 이러한 유형의 시스템은 수행 측정 기준으로 퍼센트, 숫자 또는 분수 단위를 가장 많이 사용한다.
- **시간 측정**: 소요된 시간 또는 시간 단위로 구체화하는 것을 의미하고, 시

간 기반의 자료는 시계, 스톱 워치, 손가락으로 시간 세기 또는 이러한 유형의 정보를 기록하기 위한 다른 방법으로 수집할 수 있다.

양적 자료는 수치로 된 점수를 산출하는 구체적인 평가 절차를 사용하여 얻을 수 있다. 예를 들어, 언어재활사는 평균 발화 길이(mean length of utterance)를 기준 수치로 구체화할 수 있다(예: MLU: 2.5). 이 평균 발화 길이는 언어표본분석을 통해 양적으로 계산할 수 있다.

유감스럽게도 양적 자료 수집을 선호하는 것에도 단점은 있다. 다시 말해, 가끔 (혹은 자주) 양적 자료 수집이 수치화할 수 없는 상황에서 적용되기 때문이다. 다음의 예를 살펴보자.

> Heather는 필요한 단서가 주어졌을 때, 어른 또는 또래와 80% 정도의 대화를 할 수 있다.

누군가는 80%가 무엇을 뜻하는지 물어볼 것이다. 80%가 그녀가 어른 또는 또래와 보낸 시간인지, 대화의 정확성인지(그것이 무엇을 의미하든), 얼마만큼 대화에 참여했는지, 그렇다면 최종 질문은 누가 그것을 측정할 것인지가 확인되어야만 한다. 즉, 양적 자료 수집을 수치화될 수 없는 행동을 평가하기 위해 사용해서는 안 된다. 마찬가지로 추정된 자료에 근거한 터무니없는 확률을 진전도의 증거로 보고해서는 안 된다.

질적 측정은 언제 적절한가

일반적으로 개별화교육계획에서 다루고 있는 많은 유형의 행동에 대한 양적 측정의 적절성에도 불구하고, 일부 행동은 양적 수단으로 다뤄질 수 없으며, 다뤄져서도 안 된다. 이 주제는 chapter 5에서 간략히 언급하였지만, 다시 논의될 가치가 있다. 매우 중요한 부분을 장황하게 이야기하게 될까 우려되지만 IDEA 2004에서는 연간목적을 측정 가능해야 하나 달성해야 할 수단을 명시하지는 않는다. 자료 수집을 위해 특정 방법을 선택하는 것은 개별화교육지원팀에 달려 있으며, 이 선택은 타당성과 상식에 근거한 것이어야 한다. 양적 측정에 비해 질적 측정의 방법을 폄하하지 않도록 하고, 질적 자료의 유용성에 대한 증거로서 다음과 같은 사항을 제공한다. 자폐스펙트럼장애(ASD) 자체의 진단은 개개인의 행동의 양적 판단이 아닌 질적 판단을 통하여 이루어진다. 더욱이 자폐스펙트럼장애학생 중 상위 능력을 지닌 학생을 비장애 친구들과 비교했을 때 가장 두드러진 차이점은 자폐스펙트럼장애학생의 정보처리와 행동 표현에서 미묘하지만 질적인 방식의 차이가 있다는 것이다. 여기서 필요한 것은 원하는 구체적인 기술 유형이나 행동 정보에 따라 양적 · 질적 자료를 모두 사용하는 절충적인 평가 시스템이다.

질적 자료는 주관적이기 때문에 주의를 기울여야 한다. 행동의 적절성에 대한 판단은 보는 사람의 눈 또는 귀에 달려 있다. 즉, 결과를 평가할 객관적 매개 변수가 없는 경우, 허용 가능한 수행 기준이 사람마다 다르기 때문에 특정한 행동의 적합성에 대해 개별화교육지원팀원들 사이에 이견이 존재한다. 게다가 매우 미묘한 판단을 수반하는 행동은 훨씬 더 큰 혼란을 야기한다. 이러한 어려움을 극복하기 위한 첫 번째 단계는 그것들을 미리 염두에 두어야 한다는 것이다. 또 다른 단계는 개별화교육지원팀이 계획과 배치 회의에서 잠시 시간을 할애하여 판단할 행동에 대한 적절성을 정의하는 것이다.

> 대부분 개별화교육계획에 작성되는 많은 행동의 유형은 양적 측정이 적절하지만, 몇몇 행동은 단순하게 양적 측정으로만 접근할 수도 없고 해서도 안 된다.

일단, 개별화교육지원팀은 측정해야 할 행동을 명확히 정의한 후에 자료 수집 시스템을 구분해야 한다. 행동의 질적 측면을 분석하는 주된 방법은 다음과 같이 두 가지가 있다.

- **평정 척도**: 미리 정해진 척도는 특정한 행동과 관련하여 학생의 수행에 대한 질적 판단을 내리기 위한 목적으로 만들어진다. 척도는 주어진 행동이 다른 사람들과 유사한 방식으로 판단할 수 있도록 충분한 정보를 포함해야 한다. 평정 척도는 학생 행동의 적절성을 판단하는 질적인 과정을 수치화하는 방법을 제공한다. 다음의 평정 척도는 말할 때 말소리 크기가 부적절한 언어 장애가 있는 학생에게 사용하도록 설계된 평정 척도이다.
  - **1수준**: 학생은 일상 대화에서 사용되는 적절한 목소리 크기를 사용한다(예를 들면, 학생과 근접한 위치에 있는 사람은 지장을 받지 않는다).
  - **2수준**: 학생의 목소리 크기가 적당히 크다(학생의 목소리의 크기에 의해 7~10피트 거리 반경 내에 있는 사람들이 방해를 받는다).
  - **3수준**: 학생의 목소리 크기가 지나치게 크다(10피트 이상의 거리에 있는 사람들이 방해를 받는다).

말소리 크기가 너무 부드럽거나 말소리의 속도가 부적절한 학생을 위해 유사한 척도가 만들어질 수 있다. 또한 평정 척도는 질적 판단이 필요한 다른 다양한 행동에서 사용될 수 있다.

- **서술적 기술**: 이 자료 수집 방법은 종종 사회적 기술 개발, 마음 이론, 문제해결 등과 같은 무형의 기술 영역에서의 진전도를 평가하기 위해 사용된다. 특히 서술적 기술은 수행의 질에 대한 판단을 내릴 때, Tally 기록과 같이 양적 판단을 보완하기 위해 사용할 수 있다. 다음의 예시를 고려하라.

문제해결 전략의 복습시간 전에, Philip은 직업과 관련된 환경에서 5번 중 4번은 특정한 문제에 문제해결 전략을 독립적으로 적용하거나, 그를 도와줄 수 있는 다른 사람들에게 도움을 구할 것이다.

앞의 예시에서, 서술적 기술은 학생이 다른 사람의 도움을 받을 수 있는 (또는 없는) 시기와 타당성을 제공할 뿐만 아니라 문제해결 전략을 적용하는 방식을 반영하는 효과적인 방법을 제공할 수 있다. 게다가 양적인 용어로 기술된 추가 목표는 학생이 해당 문제를 해결하는 데 성공한 횟수를 다루게 된다.

요점 정리하기

- 측정 가능성은 선택사항이 아니라 요구사항이다. 양적 또는 질적 자료 수집 측정의 여부는 측정하고자 하는 특정 행동의 성격에 따라 달라질 수 있다.
- 서술 기록은 해석에서 가장 개방적인 자료 수집 방법이기 때문에 논쟁의 여지가 있다.
- 서술 기록이 제공하는 자료 수집의 유연성은 개별화교육계획이 개발되거나 검토될 때 행동 기대치에 대한 명확하고 상세한 정의가 필요하다.
- 분명한 정의는 서술자가 관찰하여, 적절한 행동을 기술했다는 확신을 줄 수 있다.

chapter **09**

「아동낙오방지법」의 그늘 아래에서

"인과(因果)는 돌고 돈다."

– William Shakespeare

이 chapter에서는 우리의 목적을 위해 IDEA 2004에서 다루어지는 요소들, 즉 최소제한환경(LRE) 규정, 주 또는 지역 사정 참여, 조정과 수정이란 용어의 구별, 그리고 관련 서비스와 보충 지원과 서비스를 다룬다.

'최소제한환경'이라 불리는 장소

앞서 언급되었듯이 최소제한환경(LRE) 규정은 IDEA 2004에서 변화되지 않았다. 그럼에도 불구하고 IDEA 2004가 NCLB와 맞추어 진행되다 보니 최소제한환경이 더욱더 강조되는 상황이 만들어졌다. 그러나 흥미롭게도 앞서 다루어진 개별화교육계획의 요소가 실행에 옮겨지면서 실제에서는 덜 강조되곤 한다(예: 조건을 제시하지 않는 것). 혹은 IDEA 2004의 직접적인 주장을 빌어 표현하자면 표준 사정(standard assessment) 대상 학생을 위해 단기목표와 벤치마크를 없애는 것을 허용함으로써 '쓰레기 더미'로 향하는 더 나쁜 길을 가게 되었지만 최소제한환경 규정은 매년 더 큰 영향력을 키워 가고 있다. 새천년의 시작에서, IDEA의 최소제한환경을 향한 선호는 1980년대 중반에 통합교육 운동의 인기로 작은 눈덩이 수준에서 시작되었으나 세기말에는 산사태 수준이 되었다.

최소제한환경에 대한 책무성은 2002년 1월 8일 법으로 제정된 NCLB에 의해 더욱 강화되었다. 해당 책무가 너무 강해져서 전국의 많은 학교 지역들이 통합학급 환경을 선호하여 특수학급을 폐지하였다. 의회는 "특수교육은 특별한 요구를 지닌 아동들이 보내지는 장소라기보다는 해당 아동들을 위한 서비스를 의미한다."라는 것을 보장하려고 노력하였다(Wright & Wright, 2006, p. 46). 이러한 논리에도 불구하고 역설적인 것은, 많은 경우 최소제한환경은 각 학생의 요구에 따라 정해지는 프로그램의 선택이 아닌 주류라 불리는 장소가 되었다는 것이다. Wright와 Wright(2006)에 의하면 최소제한환경의 요구사항에 따르면, "특수교육 서비스는 '아동의 장애 상태 또는 정도가 일반교실에서의 보충 지원과 교육 서비스로 만족스럽게 충족되지 않을 때'를 제외하고 일반교육 배치 안에서 실행되어야 한다"(p. 46).

장애학생이 최소제한환경에서 교육을 받아야 한다는 요구사항이 IDEA 2004의 핵심이라는 것이 사실이고, 더 나아가 주류에 진입하는 것이 장애학생의 절대적인 권리이지만, 이 혼란 속에서 적절성의 문제는 길을 잃었다. 특별한 요구가 있는 학생에게 적합한 교실 환경을 결정하기 위해서는 다음의 질문이 필요하다. '학생은 어디서 가장 잘 학습하는가?' 만약 그 답이, 학생이 덜 복잡하고 특별한 환경, 즉 소수의 학생과 덜 산만한, 그리고 더 많은 학습과 성공하기 위해 필요한 기술을 더 많이 연습할 수 있는 환경에서 가장 잘 배울 수 있다면, 그곳이 학생에게 적절한 무상의 공교육(FAPE)을 받을 수 있는 최소제한환경이다. 따라서 특정 배치(통합학급)를 학생의 구체적인 요구보다 더 중요하게 여기는 것은 학생의 교육적 성공을 저해하는 실체를 비화하는 것이라 굳게 믿고 있다.

우리는 이제 최소제한환경 문제가 확실한 법적(논리는 말할 것도 없이) 근거를 가지고 있다고 생각한다. 우리는 이 주장이 IDEA 2004에서 통합교육을 선호함에도 불구하고, 몇몇 장애학생에게는 통합학급이 최적의 교육 효과를 이끌어 낼 수 있는 최소제한환경이 아닐 수도 있다는 점을 인정하는 것이라고 보고 있다. 구체적으로, IDEA 2004는 특별한 요구를 지닌 학생의 배치 결정에서 최소제한환경을 결정하는 상대적인 기준을 부여하기 위하여 '최대한의 적절한 정도'는 요소를 사용한다. 추가로, Siegel(2001)는 다음과 같이 정의한다.

- 최소제한환경는 구체적인 장소라기보다는, 배치나 프로그램을 묘사한 것이다.
- 아동을 위한 최소제한환경 배치는 주로 프로그램의 장소에 관한 것이긴 하지만 프로그램적인 요소들—예를 들면, 교실의 크기, 학생의 유형 그리고 학교의 종류—또한 포함시켜야 한다.

적절성과 학생을 위한 최고의 교육적 관심의 측면에서 보았을 때, 우리는 Siegel 변호사가 옳다고 생각한다.

최소제한환경에 대한 주제를 마치기 전에, 우리는 학생을 주류(mainstream)에 두는 것 말고 다른 방안이 없을 때 어떻게 해야 할지에 대해 잠시 이야기하고자 한다. 즉, 학교의 최소제한환경과 관련하여 특별한 환경이 요구되는 학생에게 통합교육 교실 말고는 선택사항이 없을 때 부모는 어떻게 해야 할까? 학생을 위한 최선의 교육적 측면에서는 명백하게 이것을 용납할 수 없다. 이는 학생을 프로그램에 맞추기보다 학생의 개별적 요구를 고려한 프로그램의 개발을 강조하는 IDEA 2004의

> 학생의 특정 요구에 대해 통합학급을 지나치게 우선시하는 것은 학생 교육의 성공을 해칠지도 모르는 형식만을 강조하는 것이다.

의도에 반하는 것처럼 보일 것이다. Wright와 Wright(1999)도 이러한 입장을 지지하는데, "모든 경우에서 배치 결정은 필히 각 학생의 능력과 요구에 기반하여 개별적으로 결정되어야 하고, 장애의 종류나 장애의 정도, 특수교육과 관련 서비스의 유효성, 서비스 전달체계의 구성, 공간의 유효성, 또는 행정상 편의와 같은 요소에만 의지하지 말아야 한다"(p. 211).

주 그리고 지역별 사정

IDEA 2004의 요구사항은 사정에 참여하는 것을 논의할 때보다 NCLB 요구사항을 가장 가깝게 반영하고 있다. 법에 적혀 있는 내용에 의하면, "모든 장애학생은 필요한 부분에서 적절한 조정과 대안평가[1]를 통해 모든 주(state)와 지역 사정 프로그램에 속해 있으며, 이 사항에 대한 부문 6311는 설명된 사정에 대한 내용을 포함하여, 각각의 개별화교육 프로그램에 기술하고 있다"(Wright & Wright, 2006, p. 80). 적절한 조정을 위한 지침은 주 또는 지역 사정, 지방교육청(LEA)에 의해 개발되었다. 대안평가에 참여하기 위한 지침서도 제시되었다. 확실히 IDEA 2004와 NCLB가 나란하다는 것은 조정과 대안평가를 표현하기 위한 언어에서 명백하게 나타난다. 더 정확히 말하면, IDEA 2004는 대안평가가 "주(state)에서 제시하고 있는 도전적인 학업 내용 기준과 장애학생의 학업 성취 기준을 일치시키도록" 요구하고 있다(Wright & Wright, 2006, p. 80). 이러한 요구사항은 대단히 유감스러운 일로, 그 이유는 각 학생의 학습을 개별적 요구에 기반하거나 이를 고려하기보다는, 일반학생에게는 적합하지만 특별한 요구를 가진 이들을 임의적이거나 혹은 심지어

1) 대안평가(alternate assessment)와 대안적 평가(혹은 대체평가, alternative assessment)는 다른 개념이다. 대안적 평가는 관찰, 면접, 포트폴리오 등의 지필평가가 아닌 방식의 평가 방법을 뜻하고, 대안평가는 일반학생의 정규평가(regular or standard assessment)에 상응하는 개념이다.

부적합한 교육과정 내용에 '묶어 두고 있기' 때문이다.

마지막으로, 경고의 한마디를 덧붙이자면 개별화교육지원팀이 특정 학생이 주 또는 지역의 정규평가에 참여하기보다 대안평가를 꼭 받아야 한다는 결정을 내리기 위해서는 반드시 다음 질문에 대한 답을 문서화해야 한다. 첫째, 왜 해당 학생이 표준 사정에 참여할 수 없는지, 둘째, 왜 해당 학생을 위해 선택된 대안평가가 학생의 요구에 적절한지, 셋째, 앞서 언급했듯이 개별화교육계획은 대안평가를 요구하는 학생을 위한 단기목표와 벤치마크에 대한 구체적인 설명을 포함해야 한다. 우리는 우리가 이미 모든 학생을 위한 단기목표와 벤치마크를 개별화교육계획에 포함시키는 사례를 만들어 놓았기를 바란다.

사정의 참여를 논의할 때, IDEA 2004 필수사항은 어디에도 NCLB 필수사항을 반영하고 있지 않다.

조정 대 수정

'조정'과 '수정'이라는 용어는 서로 자주 대체되어 사용되지만, 두 용어 간에는 장애학생에게 중대한 영향을 끼칠 수 있는 차이가 있다. 조정이라는 용어에는 우리가 학생을 보조하고 지원하며 또는 돌봐 줌으로써 학생이 학습에서 더 나아가고 교육과정에서의 이점을 이끌어 낼 수 있다는 의미가 강조되어 있다. 성공을 가로막는 장애물을 가능한 한 많이 없애거나 또는 성공적인 수행을 할 수 있도록 그에 맞는 환경을 이끌어 내는 것이라 할 수 있다. 조정은 교육이나 사정과 관련하여 마련할 수 있다. 예를 들어, 조정은 다음의 방법으로 성취될 수 있다.

- 교수적 방법, 교수 전달 방식, 그리고 교육과정 매체
- 교실과 숙제

- 사정 도구와 반응하는 방식
- 시간적인 요구
- 환경 설정
- 학생 결과물의 방식과 유형(예: 구두 낭송하기 또는 소근육 사용이 어려운 경우 컴퓨터 사용하기)

조정(accommodation)과 수정(modification) 용어는 대체로 상호 교환적으로 사용되는 경우가 많지만, 두 용어 사이에 중요한 차이점이 있음을 기억해야 한다.

Twachtman-Cullen(2001, p. 10)에 의하면, "조정은 장애학생이 교육 프로그램과 성공을 입증할 수 있는 방법으로 똑같이 접근할 수 있게 조절해 주는 것을 의미한다. 조정이 이루어지고 나면, 특별한 요구가 있는 학생이 모든 학생에게 적용되는 기준에 도달할 수 있을 것이라고 기대한다". 이와 같은 설명에서 조정은 장애학생에게 다른 (낮은) 기준을 만들기 위해 의도된 것이 아니라, 오히려 모든 학생에게 기대하는 수준에 그들을 맞추는 것이다. 기본적으로, 조정은 학교 관계자들에게 학생의 장애에 의해 주어진 제한을 '해결할 수 있도록' 하는 것이다. 이와 같이, 조정은 통합학급 상황에서 특히 중요하다. 왜냐하면 특별한 요구를 지닌 학생에게 성공과 실패의 차이를 드러낼 수 있기 때문이다. 보충 지원과 서비스 형태로 제공되는 조정은 특별한 요구를 지닌 학생이 더욱 제한된 환경으로 이동되기 전에 반드시 일반교육 환경에서 제공되어야 한다. 다음과 같은 점들이 중요하다.

- 조정은 앞의 목록에 언급된 분야에 제한되어 있지는 않지만 개인의 창의성과 상상력의 경계선 안에서만 국한되어 있다.
- 학교가 특별한 요구를 지닌 학생에게 조정을 제공하는 것은 학교의 책임일 뿐만 아니라 의무이다.
- 조정은 개별화교육지원팀에 의해 면밀히 검토되어야 하고 개별화교육

계획의 본문 안에 문서화되어야 한다.

이와 반대로, 수정이라는 용어는 변화를 내재하고 있다. 따라서 조정과는 근본적으로 다르다. Twachtman-Cullen(2001, p. 10)에 의하면, "수정은 장애 학생에게 다른 기준을 만드는 코스/수업 전달, 내용 혹은 교수 수준에서의 실질적인 변화를 뜻한다". 두 용어 간에 어느 정도의 공통되는 부분이 있을지라도 한 가지 중요한 차이점이 있다. 교육적 성과이다. 즉, 조정과는 달리, 수정은 특별한 요구를 지닌 학생의 다른 (낮은) 성취의 기준을 만들고, 그 학생이 일반교육과정 요구사항과 교육 기준에 맞추도록 기대하지 않는다는 것이다.

수정은 대개 대안평가에 적격인 학생의 교육 프로그램을 위해 만들어졌는데, 왜냐하면 그들은 표준 학년 수준 사정에 참여하는 일반학생과는 매우 다른 학습이 필요하기 때문이다. 더 나아가, 수정에 대한 결정은 더 낮은 학업적 기준을 포함하기 때문에 보조 지원 인력이 아닌 검증된 전문가 권한 안에 있다. 따라서 개별화교육지원팀은 수정과 관련하여 어떤 것을 의도하는지에 대해 의논하고 확실히 기술하는 것이 매우 중요하다. 마지막으로, 조정과 같이 수정 또한 개별화교육계획에 문서화해야 한다는 것도 매우 중요하다.

관련 서비스 그리고 보충 지원과 서비스

책 『Roadmap to IDEA 2004: IEPs, Highly Qualified Teachers & Research Based Instruction』(Wrightslaw, 2010)에 따르면, 이 주제와 관련된 IDEA 2004의 주요 변화는 관련 서비스, 보충 지원과 서비스가 '가능한 실천 가능한 정도까지 동료들이 검토한 연구에 기반이 되어야 한다'는 것이다. 확실히 이것은 개별화교육계획 요소들의 기대치를 높였고, 동시에 증거에 기초한 실천에 관해서는 지역 학교에 더 높은 기준을 적용하게 하였다.

관련 서비스와 보충 지원과 서비스에 관하여 서로 어떤 의미를 지니고 있는지에 대해 많은 혼란이 있다. Wright와 Wright(2006)에 의하면, "관련 서비스는 한 아동이 특수교육에서 받을 수 있는 혜택을 누릴 수 있게 하는 서비스이다"(p. 54). 언어치료와 작업치료 서비스가 관련 서비스라고 할 수 있다. IDEA 2004는 보충 지원과 서비스를 "일반교육 교실 혹은 다른 교육 관련 환경에서, 그리고 교외 활동이나 비학업적인 환경에서 장애학생이 비장애학생과 함께 가장 적합한 환경에서 교육받을 수 있도록 제공되는 지원, 서비스 그리고 다른 지원들"(Wright & Wright, 2006, p. 203)이라고 정의하고 있다.

요점 정리하기

- 장애학생이 최소제한환경에서 교육받도록 요구하는 것은 IDEA 2004의 핵심이지만, 적절성의 문제는 여전히 혼란 속에서 방향성을 잃고 있다.
- 적합한 교실 환경을 결정하기 위해서는 다음의 질문을 확인할 필요가 있다. 해당 학생은 어디서 최선의 학습을 하는가? 만약 학생이 특별한 환경에서 가장 잘 배운다면, 그곳이 적절한 무상의 공교육을 받을 수 있는 최소제한환경이다.
- 이 책의 Part 1은 개별화교육계획의 핵심 요소들에 대해 다루었다. 이에 대한 종합적인 이해는 개별화교육지원팀이 핵심 학업적 영역 혹은 학생의 요구에 따른 개별화된 기능적 영역을 연간목적과 단기목표 혹은 벤치마크를 설정하고 그러한 내용을 수행할 수 있도록 책임지는 것이다.
- 이 책은 학업적인 목적이나 목표보다는 인지적, 그리고 사회 인지적 기능 분야에 집중한다. 왜냐하면, 첫째, 해당 분야들이 학업적 성공에 모두 도움이 되거나 중요하기 때문이고, 둘째, 이 책에서 다루어지는 학생 특성은 인지, 사회 인지적 기능의 많은 영역에서 특정 손상을 겪고 있으며, 셋째, 개별화교육계획은 종종 이러한 발달의 분야를 다루는 연간목적에서 매우 부족한 모습을 보이기 때문이다.

Part 2
이론에서 실천으로의 이동

chapter 10 사정과 결정을 위한 도구

> 의미있다고 해서 모두 셀 수 있는 것은 아니고 셀 수 있다고 해서 모두 의미있는 것은 아니다.
>
> – Albert Einstein

이 책의 Part 1에서는 2004년에 개정된 IDEA에 포함된 개별화교육계획의 중요한 요인들에 대하여 이야기해 왔다. 그리고 이제는 법의 의도를 실제 적용으로 바꾸어 의미를 해석하려고 한다. 우리가 가지고 있는 좋지 못한 실례들이 보여 준 것처럼 종종 실천하는 것보다 말하는 것이 더 쉽기 때문에 이 chapter에서 이론(법)과 실천(효율적인 개별화교육계획을 계획하는 것)사이에 다리를 놓아 줄 지침을 제공하고자 한다. 또한 남은 chapter들을 통해 독자에게 '안내된 여행'을 제공해 줄 것이다.

다음의 내용이 효과적인 교육 서비스를 전달하는 데 적절하고, 학생 개인에게 맞춰지고 측정 가능한 연간목적 및 단기목표를 작성하는 데 필요한 전제조건이 될 것이라고 생각한다.

- 개별화교육계획의 핵심 요인들에 대한 폭넓은 이해
- 학생의 장애와 그 장애가 학업 및 기능 수행에 어떠한 영향을 미치는지에 관한 연구를 기반으로 한 지식
- 학생의 독특한 강점, 약점 그리고 장애로 영향을 받은 기능의 구체적인 영역에 걸친 학생 요구에 대한 사정(assessment) 정보
- 차기년과 학생의 우선적 교육요구를 결정하기 위한 방법
- 연구 기반 방법론에 대한 지식

앞서 이야기했지만, 이 책은 장애에 대한 구체적인 정보(그리고 학생의 지원 요구에 필요한 연구 기반 방법들에 대한 설명)는 제공하지 않는다. 하지만 이러한 주제와 관련된 쟁점들을 이야기하는 데 사용된 몇 가지 좋은 자료에 대한 출처는 부록 B에서 찾아볼 수 있다.

적절한 사정 방법

학생의 강점과 약점을 결정하는 것은 적절한 연간목적과 단기목표를 작성하는 데 중요하기 때문에, 사정에 관한 몇 가지 사항을 고려해야 한다. 비록 표준화된 사정 방법이 여러 기술 영역의 기능 수준을 결정하는 데 선호된다고 할지라도, 이 책에 언급된 표준화된 사정 방법이 항상 적절한 것은 아니다(예를 들어, 마음 이론). 이를 나타내는 사례들 중 어떤 사례는 다른 선택사항을 고려해야 하는데 그중 몇 가지를 여기에서 다루어 보고자 한다.

많은 장애학생을 위한 사정에서 고려해야 할 또 다른 사항은 학생이 지닌 지식과 실제 상황에서의 적용을 동일하게 생각해서는 안 된다는 것이다. 예를 들면, 분노를 조절하는 데 문제가 있는 학생은 화가 나는 상황에서 정확하게 무엇을 해야 할지 말로 이야기할 수는 있을지 모르지만, 화가 나는 순

간에 그러한 전략들을 적용할 수는 없을 것이다. 마찬가지로 불안장애가 있는 아동은 문제해결에 대한 형식적 시험에서 제시된 문제들을 해결하는 방법을 능숙하게 설명하여 평균 점수를 받을 수 있을지 모른다. 하지만 실제로 극심한 스트레스를 받는 상황에서는 상당히 낮은 문제해결 능력을 보일 수 있다.

> 비록 표준화된 사정 방법이 여러 기술 영역의 기능 수준을 결정하는 데 선호된다고 할지라도 이 책에 언급된 기술 영역에 표준화된 사정 방법이 항상 적절한 것은 아니다.

최근 몇 년 동안 훌륭한 비공식적 사정 도구들이 기능적인 의사소통과 사회적 상호작용에서 측정하기 어려운 능력을 찾아낼 수 있도록 고안되어 왔다. 한 가지 예로 자폐진단관찰척도(Autism Diagnostic Observation Schedule: ADOS; Lord, Rutter, DiLavore, & Risi, 2002)를 들 수 있는데, 이 도구는 문제를 관리하는 능력과 상호작용에서 느껴지는 기쁨, 대화 그리고 의사소통을 하는 데 필요한 수단과 눈 마주침의 협응과 같은 연속적인 행동 조작 능력과 일을 처리하는 능력을 알아낼 수 있다. 자폐진단관찰척도가 원래는 자폐스펙트럼장애(ASD) 진단 도구로 개발되었지만(이 도구는 기능적 의사소통에 대한 척도를 제공하기 때문에) 다른 장애인의 사회 영역과 의사소통 발달 정도를 측정하는 데 또한 사용될 수 있다. 기능적 수행 능력을 측정하는 도구에는 실행기능행동 측정검사(Behavior Rating Inventory of Executive Function: BRIEF, Gioia, Isquith, Guy, & Kenworthy, 2000)가 있다. 이 도구는 평정 척도를 사용하여 실행기능 기술을 측정할 수 있는데, 측정은 부모와 교사용이 따로 있으며 8개의 실행기능 기술로 측정한다. 따라서 학생에게 필요한 구체적인 영역을 파악할 수 있을 뿐만 아니라 하위 척도를 통해 기능의 발달 정도를 측정할 수 있다.

여기에서 우리는 독자에게 규준 참조나 공식적 사정 측정만 선호하는 '사정 우월주의자'가 되는 것을 주의하라고 요청하고 싶다. 한 가지 이유는 루브릭으로 평가된 의사소통이나 인지 이론에 포함되는 기술과 같은 다차원적인 기술들은 정적이고 1차원적인 공식 사정으로는 판단하기 어렵기 때문이다. 또한 여러 기술을 나타낼 수 있는 공식적인 척도들이 학생의 약점이 무엇인지 명확하게 드러내기보다 애매한 결과를 도출해 내기 때문이다. 예를 들어, 자폐스펙트럼장애를 가진 많은 학생은 표현한 단어(단어 1개)그림 어휘 테스트와 같은 단어회상검사(Expressive One-Word Picture Vocabulary Test: EOWPVT)에서는 좋은 점수를 받지만 대화를 주고받는 데 인지적인 요구가 필요한 시점에서는 단어 회상에 심각한 어려움을 겪는다. 그러므로 표현 단어-그림 어휘 테스트 점수에 의존하는 것은 학생의 기능적 언어 회상의 문제점이 무엇인지 드러내지 못한다. 실제로 공식적 사정이 자폐스펙트럼장애학생이나 다른 장애로 발생한 인지 기능에 어려움을 가진 학생에게는 도움이 되지 않을 수도 있는 것이다. 이러한 경우, 비공식적인 사정이 기능적 수행을 결정하는 유일한 합리적 방법일 수 있다.

이 주제를 넘어가기 전에, Vygotsky가 자신의 고전서인 『Mind in Society (1978)』에서 인용한 용어, '역동적인 사정'의 개념에 대해 생각해 보도록 하자.

이것은 화용론, 마음 이론 그리고 단계별 자기조절(EF, Vygotsky 고전서에 나오는 용어)과 같은 다차원적 사고 영역 손상에 특정한 연관성을 가진다.

완전히 발달된 능력만을 측정하는 혹은 아무것도 측정하지 못하고 기술의 맥락적 상황을 고려하지 않는 전통적인 사정과는 달리 '역동적인 사정'은 기술의 발달 수준을 결정하는 데 필요한 맥락적인 요소를 고려한다(Bodrova & Leong, 2007). 기술의 발달 수준에 초점을 맞추면 학생에게 필요한 지원 수준과 학생이 할 수 있는 독립적인 수행 능력이 어느 정도인지에 대한 정보를 얻을 수 있다. 이러한 유형의 사정(기술 발달 수준에 초점을 맞추는)들은 복잡하고 다면적인 기술을 평가하는 데 더 적합하다. 그리고 지원 강도에 상관없이 단기목표를 연간목적으로 바꾸어 이를 성취할 수 있는 방법을 보여 준다.

요약하면, 모든 고려사항(특히 학생에게 개별적으로 필요한 것)과 비공식적인 것부터 공식적인 것에 이르기까지 다양한 사정 척도를 사용하는 것, 그리고 역동적인 사정 방법을 사용하는 것은 복잡하고 다면적인 영역에서 학생의 기술 수행과 기술 수준에 대한 보다 정확하고 포괄적인 그림을 줄 수 있다.

마지막으로 우리는 교육자들과 의료 전문가들이 사정을 역동적이고 지속적인 과정으로 보아야 하며 심각한 인지 또는 사회-인지 장애가 사정 절차를 절충시켜 진단 결과를 불분명하게 만들 수 있다는 사실을 염두에 두어야 한다는 견해를 지지한다.

교육적 요구의 우선순위를 정하는 것

경도 장애의 경우 주의집중이 요구되는 모든 결함 영역의 연간목적과 단기목표를 세우는 것이 가능할지도 모른다. 하지만 대부분의 경우 교정이 필요한 문제 영역이 많기 때문에 목표를 세우는 것이 불가능하다. 왜냐하면 개별화교육계획은 학교가 설정한 특정 기간 내에 달성해야 하는 목적과 목표를(그러므로 용어를 연간목적이라 함) 다루도록 계획되어 있기 때문에, 개별화교육계획을 결정하는 데 중요한 부분은 개별화교육계획팀들이 다른 영역은 일시적인 대기 상태에 놓으면서 즉각적인 교정이 요구되는 기능적인 영역을 우선시해야 하는 것이다. 몇몇의 경우, 우선순위를 결정하는 과정은 상대적으로 쉽다. 특히 이는 학생과 학생이 속한 반 친구들에게 위험을 주는 행동을 다루어야 할 때에 그렇다. 왜냐하면 자연적으로 그러한 행동들은 즉각적인 주의를 요구하기 때문이다. 하지만 대개 우선순위가 되는 교육적 요구가 무엇인지 정하는 업무는 과학적인 노력보다 예술적인 형태에 더 가깝다.

다음에 나오는 일반적인 지침서들이 개별화교육지원팀이 학생을 위한 단기목표와 연간목적을 위한 기반으로서 제공될 우선순위가 되는 교육적 요구를 결정하는 데 도움을 줄 것이다.

- **논리적으로 하라!** 초기에 발견되는 발달 행동과 기술들을 먼저 선택하라.
- **분별력 있게 하라!** 학생이 한 해 동안 학습하는 데 합리적인 기회를 가질 수 있는 행동과 기술을 선택하라.
- **현명해라!** 학생의 생활에서 중요하고 의미 있는 변화를 만들 수 있는 행동과 기술을 선택하도록 하라.

이러한 가이드라인에 따라 행동하는 것은 어려운 일은 아니다. 하지만 어려운 것은 발달적 고려사항에 대한 평가와 기능성의 역할에 대한 민감성 그리고 장애학생의 생활 속에서의 연관성이다. <양식 10-1>, 교육적 요구 분석표는 독자에게 연간목적에 기초를 두는 교육적 요구의 우선순위를 만드는 데 필요한 체계적인 접근 방법을 제공한다. 사용자들이 사용하기에 편한 평정 척도는 다음의 변수들을 고려한다.

- 장애의 정도
- 빈도
- 기능성/관련성
- 발달 준비 정도
- 가족들이 중요하게 생각하는 목표

개별화교육계획 필수 요인들에 관하여 주의하기

지금까지 IDEA 2004에 나와 있는 개별화교육계획의 중요 요인들에 대해 알아보았다. 파트 1에서 다루어진 요인들은 적절한 교육과 효과적인 서비스를 전달하는 데 중요하다. 이 chapter에서는 개별화교육계획의 중요 요인들을 점검하는 표(<양식 10-2>)를 제공하고 있다. 이 표는 중요한 2개의 기능을 수행하도록 만들어진 것이다.

- 개별화교육지원팀이 주요 요인 및 주요 요인이 될 수도 있는 것을 상기할 수 있도록 하는 역할
- 전체적인 개별화교육계획 개발의 책무성을 높일 수 있도록 돕는 것

나머지 장에 대한 개관

이후 제시되는 다섯 chapter는 이론을 실천으로 바꾸려는 우리의 노력이라고 할 수 있다. 그러므로 우리는 Part 1에서 제시한 정보를 자폐스펙트럼장애, 주의력결핍장애/주의력결핍 과잉행동장애, 비언어성 학습장애, 단순/언어장애, 정서 · 행동장애를 가지고 있는 학생에 대한 단기목표와 연간목적들을 작성하는 데 실질적으로 적용해 보려고 한다. 나머지 chapter들에서 우리의 목표를 두 가지 방면에서 이야기할 수 있다.

- 장애학생을 위해 개별화교육계획에서 중요한 요소들이 어떻게 측정 가능한 단기복표와 연간복적들을 만들 수 있는지 설명하는 것
- 기능적 요소들에 대한 단기목표와 연간목적의 사례들을 보여 주는 것 (기능적 요소들은 장애학생이 손상을 입은 것을 말하며, 이 요소들은 개별화교육계획을 할 때 종종 무시되기도 한다.

다음의 다섯 chapter는 구체적인 기능 영역에 중점을 두었다. 그리고 각 chapter들은 연간, 그리고 단기목표 양식을 보여 주는데 일반적인 내용의 영역 안에서 하위 영역에 일치하는 양식을 보여 준다. 각 chapter는 다음과 같은 요소들을 포함한다.

〈양식 10-1〉 교육 요구의 우선순위 분석

학생 이름: ____________________ 생년월일: ____________________

주요 영역 및 범위: ______________ 개별화교육계획 날짜: ____________

제시된 연간목적: ____

제시된 연간목적과 가장 적합하다고 생각되는 숫자에 동그라미를 치세요. 문항에 답한 후 동그라미 친 숫자를 모두 더한 다음 5로 나누면 교육적 요구 점수가 나올 겁니다. 이 점수를 다른 연간목적이 설정된 워크시트와 비교하여 우선시되는 교육적 요구를 결정하세요. 이 워크시트는 우선순위를 결정하는 데 도움을 주도록 만들어진 것이므로 의료적 판단을 대체할 수 없습니다.

A. 심각성

경미한 어려움 1 2 3 4 5 심각한 어려움

B. 빈도

드물게 요구되는 기술 및 행동 1 2 3 4 5 자주 요구되는 기술 및 행동

C. 기능성/관련성

비기능적/관련 없는 1 2 3 4 5 기능적/관련 있는

D. 발달 준비도

늦은 발달 기술/ 아직 선행기술이 습득되지 않은 1 2 3 4 5 초기 발달 기술/ 선행기술이 습득된

E. 가족이 생각하는 중요도

덜 중요한 1 2 3 4 5 매우 중요한

결과: ____________________

점수 합계: ____________________ 점수/5 = 교육적 요구의 합산 결과

우선순위 요구 분석(예: 낮음, 보통, 높음):

____

〈양식 10-2〉 개별화교육계획 중요 요소 검목표

- ☐ 개별화교육계획이 아동의 현재 학업 성취와 기능적 수행의 정도를 나타내는 진술을 반영하고 있는가?
- ☐ 아동의 현재수행수준을 나타내는 진술이 학생의 진전을 판단하는 기준과 연간목적을 설정하는 기준이 될 수 있을 만큼 충분히 정보를 가지고 있는가?
- ☐ 아동의 현재 수행을 나타내는 진술이 일반교육과정에서 학생의 장애가 학생 개인이 교육과정에 참여하는 경우 및 학습 진전에 어떤 영향을 주는지와 미취학 장애 아동의 경우, 아동에게 적절한 활동에 참여하는 데 어떤 영향을 주는지에 대한 내용을 전달하는가?
- ☐ 학생의 주목할 만한 상태가 단기목표 및 벤치마크, 그리고 적절한 연간목적 설정을 위해 명확히 기술되어 있는가?
- ☐ 사용된 절차나 방법이 적절한지 결정할 만한 정보가 충분한가? 절차와 방법들이 관련된 연구에서 발췌한 것인가?
- ☐ 연간목적과 단기목표 또는 벤치마크에 해당하는 준거들이 의미 있고 적절한가? 또한 학생의 수행을 판단할 만큼 충분한가?
- ☐ 평가와 자료 수집 시, 연간목적이나 단기목표에 맞추어 의미 있고 적절하게 하였는가?
- ☐ 평가와 자료를 수집할 때 비장애 동급 학생들과 동일하게 구체적이고 주기적인 보고 주기를 맞추었는가?
- ☐ 촉진 수준이 구체화되어 있는가? 시간의 흐름에 따라 체계적인 용암법에 대해 지속적으로 주의를 기울이고 있는가?
- ☐ 기술의 일반화와 유지에 대해 유념하고 있다는 증거가 있는가?
- ☐ 장기적인 연간목적이 현재 학생의 수행 수준을 따라가고 있는가? 또한 장기적인 연간목적이 잘 기술되어 있고, 측정 가능하고, 1년 내에 성취가 가능한가?
- ☐ 단기목표가 연간목적과 논리적으로 연결되어 있는가? 목표들이 의미 있으며 명백하게 기술되어 있고 측정이 가능한가?

〈계속〉

- □ 학생이 단기와 연간목적을 달성할 수 있기 위해 최소제한환경에 위치하고 있는가? (조정과 지원 서비스가 이루어지는 환경)
- □ 학생들이 최소제한환경과 비교과 활동에서 기능할 수 있도록 필요한 조정과 지원이 제공되는가? 그리고 그것이 개별화교육계획에 구체적으로 기록되어 있는가?
- □ 모든 관련 서비스와 보충 서비스들이 개별화교육계획안에서 명백하게 구체화되는가?
- □ 개별화교육계획이 학생들에게 차기 년도의 우선적인 교육적 지원을 반영해 주는가?
- □ 개별화교육계획이 적절한 교육 프로그램을 전달하기 위해 비용을 합리적으로 사용하는가?

- 언급된 장애 영역을 포함하는 우리의 결정에 대한 간략한 설명과 그에 맞는 합리적인 이유
- 현재수행수준에서 요구하는 구체적인 정보의 유형을 나타내는 목록
- 장에서 다루어진 내용 영역
- 개별화교육지원팀이 학생을 위한 그들의 개별화된 목표와 목적을 설정하기 위해 그들이 수정할 수 있거나 참고하여 만들 수 있는 수행 수준과 연간 및 단기목표들이 포함된 단순한 표, 양식

우리는 '양식(template)'이라는 용어를 연간목적과 단기목표를 강조하기 위해 사용하지만 양식은 각 목표 안에 있는 요인들이 목표에 얼마나 잘 맞으며 그것들이 어떻게 체계적으로 연간목적으로 향하는지에 대하여 설명해 준다.

개별화의 중요성을 계속해서 이야기하였기 때문에 우리는 목표와 목적을 단순히 설정하지 않는다. 말해 왔듯이, 만약 학생의 개별적인 요구를 고려한

후에 특정 목표와 목적을 글에 쓰인 그대로 찾았다면 무슨 수를 쓰더라도 그 것(목표와 목적)을 적용하고 사용하라. 하지만 대부분의 경우 개별적인 요구와 상황에 맞는 구체적인 내용뿐만 아니라 즉각적인 학생의 수준과 기준에 적응하는 것이 필요하다. 그러므로 독자들은 단순한 연간목적과 단기목표가 제시된 양식을 도입 부분에서 이야기한 건축 용어인 '건축가의 모델'로 이해해야 할 것이다.

또한 이 양식이 가지고 있는 특성 때문에 우리는 실제 이름 대신에 비개별적 명칭인 '학생'이라는 용어를 사용한다. 마지막으로 Part 2에서 언급한 책 내용의 각 영역에 나온 유용한 교육 자료를 부록 B에 제시하였지만, 다음의 각 5개 chapter에서 용어 '의식의 흐름'으로 전달되는 개념들로 구성된 일반적인 교수 팁과 전략을 포함하였다.

요점 정리하기

- 이 chapter에서 제시한 정보와 표는 결정 과정을 능률적으로 만들고 개별화교육지원팀이 보다 체계적으로 개별화교육계획을 개발하기 위해 필요한 요소들을 이야기하는 데 도움이 될 것이다.
- 이 책의 나머지 chapter들은 우리가 지금까지 이야기해온 것들을 연간 그리고 단기목표를 설정할 때 적용시킬 것이고 그 목표들은 IDEA 2004의 정신에 충족시키면서 자폐스펙트럼장애, 주의력결핍장애/주의력결핍 과잉행동장애, 비언어성 학습장애, 단순/언어장애, 정서・행동장애에게 적절한 교육서비스를 전달하는 데 도움을 줄 것이다.

chapter 11 이해력: 표현을 북돋는 힘

"무엇이든지 이해할 수 없다면 소유하지 못한 것이다."

—Johann Wolfgang von Goethe

기술 범주 포함에 대한 이유

- 이해력은 언어 표현을 북돋는 힘이며, 일반 및 발달장애가 있는 아동 모두에서 의미 있는 생성을 촉진한다(Sevcik & Romski, 1997). 게다가 화용론적 결함은 수용과 표현 수준의 모두에서 나타난다(Twachtman-Cullen, 2000c).
- 이해력과 개념 발달은 자폐스펙트럼장애(ASD)(Goldstein, Minshew, & Siegel, 1995; Minshew, Goldstein, Taylor, & Siegel, 1994), 주의력결핍장애/주의력결핍 과잉행동장애(ADD/ADHD)(Rief, 2005), 비언어성 학습장애(NLD)(Tanguay, 2001)와 일부 특정 단순/언어장애(S/LI)학생에게 어려움이 있는 영역이라는 것이 연구를 통해 드러났다.
- 비구어적 단서와 신호 이해의 어려움은 비언어성 학습장애학생에게 핵심 결함이며, 자폐스펙트럼장애학생에게도 상당히 문제가 된다(Landa,

2000; Mundy & Sigman, 1989; Tantum, 2000).

수행 수준

이해력

이해력에 대한 현재수행수준(PLP)은 다음 사항을 포함해야 한다.

- 이해력 기술에서, 특히 학업 성취와 기능 수행에 관련된 학생의 강점을 나타내는 진술
- 이해력의 특정 영역에서, 특히 학업 성취와 기능 수행, 차기년도의 교육적 요구의 우선순위에 관련된 학생의 약점 진술
- 이해력에서 학생의 장애가 일반교육과정의(학령기 이전 아동의 경우, 적절한 활동에의) 참여와 진전도에 어떠한 영향을 미치는지에 대한 진술
- 현재수행수준 진술의 자료(선택적)
- 현재수행수준 다음 두 가지 중요한 기능을 이행할 수 있도록 하는 추가 정보. 첫째, 요구에 기반한 개별화교육계획 목적(goal)과 목표(objective)을 작성하는 데 기초로서 기능. 둘째, 학생의 수행과 진전도를 판단하는 기준으로서 기능

내용 영역

개념 발달

구체적 개념 이해하기

중증 자폐와 지적장애가 있는 6세 학생의 현재수행수준 예시

관찰 자료와 부모 보고에 기초할 때, 학생은 2세 아이와 동일한 수준의 수용언어 기술을 보인다. 학생은 몇 가지 핵심 개념의 기능에 기초할 때 이해력(즉, 학생은 호루라기, 컵, 양말과 신발을 어떻게 사용하는지 안다.)이 나타나는 반면, 해당 사물의 이름을 알지는 못한다(즉, 사물에 대해 물으면 확인이 어렵다). 구체적 개념의 이해력에서 심각한 결함은 수정이 반영된 센터 중심의 프로그램에 학생이 효과적으로 참여하는 것을 방해하고, 또래와의 상호작용 또는 놀이와 관계된 능력을 상당히 제한한다.

현재수행수준에 기초한 목표/목적 템플릿

단기목표 1 직접교수와 반복, 수신호를 함께 제시하면, 학생은 맥락적으로 관련된 활동에서 5번 중 4번(80% 기회), 최소 세 가지 다른 활동과 사람 간에 필요시 손을 번갈아 가며 도움을 받아 개념들에 대한 적절한 지시/언급의 반응을 보임으로써 네 가지 구체적 개념에 대한 이해력을 나타낼 수 있다.

단기목표 2 사물에 대한 다감각적 경험과 수신호를 함께 제시하면, 학생은 맥락적으로 관련된 활동에서 5번 중 4번(80% 기회), 최소 세 가지 다른 활동과 사람 간에, 직접적으로 구어적이며 신체적인 단서와 함께 개념들에 대한 적절한 지시/언급의 반응을 보임으로써 두 가지 추가적인 구체적 개념에

대한 이해력과 이전에 학습한 네 가지 개념에 대한 유지를 나타낼 수 있다.

단기목표 3 사물에 대한 다감각적인 경험과 수신호를 함께 제시하면, 학생은 이전에 학습한 여섯 가지 개념에 대한 유지를 맥락적으로 관련된 활동에서 5번 중 4번(80% 기회), 최소 세 가지 다른 활동과 사람 간에, 신체적 단서를 제시하면 개념들에 대한 적절한 지시/언급의 반응을 보임으로써 두 가지 추가적인 구체적 개념에 대한 이해력을 나타낼 수 있다.

연간목적 학생은 5번 중 4번(80% 기회), 모든 상황과 활동, 그리고 대상자 간에 기대하는 기다림이 있으면 개념들에 대한 적절한 지시/언급의 반응을 보임으로써 열 가지 구체적인 개념에 대한 이해력을 나타낼 수 있다.

추상적 개념 이해하기

단순/언어장애(S/LI)가 있는 4세 학생의 현재수행수준 예시

학생은 유치원 학급에서 잘 지낼 수 있도록 돕는 여러 핵심 및 구체적 개념에 대한 이해력을 보인다. 그녀는 추상적인, 관련 개념(예: 전치사)에 상당한 어려움을 지닌다. 전치사와 관련하여 학생이 겪는 혼돈으로 인해 유치원 통합학급에서의 많은 학업 과제와 기능적 활동에서 지시 따르기가 어렵다.

현재수행수준에 기초한 목표 템플릿

단기목표 1 직접교수와 언어적 지시를 수반한 수신호를 제시하면, 학생은 맥락적으로 관련된 활동과 상황에서 10번 중 7번(70% 기회), 최소 세 가지 다른 상황, 활동, 사람 간에, 직접적인 구어 및 제스처 단서와 함께 적절한 지시 반응을 보임으로써 네 가지 전치사에 대한 이해력을 나타낼 수 있다.

단기목표 2 언어적 지시와 병행하는 수신호를 제시하면, 학생은 맥락적으로 적절한 활동과 상황에서 10번 중 8번(80% 기회), 최소 세 가지 다른 상황, 활동, 사람 간에, 간접적인 구어 단서와 함께 적절한 지시 반응을 보임으로써 두 가지 추가적인 전치사에 대한 이해력과 이전에 학습한 네 가지에 대한 유지를 나타낼 수 있다.

단기목표 3 구어적 지시를 제시하면, 학생은 맥락적으로 적절한 활동과 상황에서 10번 중 8번(80% 기회), 최소 세 가지 다른 상황, 활동과 사람 간에 간접적 구어 단서/기대하는 기다림과 함께 적절한 지시 반응을 보임으로써 두 가지 추가적인 전치사에 대한 이해력과 이전에 학습한 여섯 가지에 대한 유지를 나타낼 수 있다.

연간목적 학생은 맥락적으로 적절한 활동과 상황에서 10번 중 9번(90% 기회) 상황, 활동, 대상자 간 독립적으로 적절한 지시 반응을 보임으로써 여덟 가지 전치사에 대한 이해력을 나타낼 수 있다.

구어적 언어/정보

구어적 지시 이해하기

중증 자폐와 지적장애가 있는 5세 학생의 현재수행수준 예시

관찰 자료와 Peabody Picture Vocabulary Test(PPVT)와 Comprehensive Assessment of Spoken Language(CASL) 수행에 따르면, 수용적 언어 기술은 18~24개월 범주로 나타났다. 학생은 수신호를 동반한 맥락이 제시될 때(예: "앉아." "이리와." "일어서."), 몇 가지 1단계 지시에 대한 이해력을 보이지만 항

상 일관되게 나타나지는 않는다. 이러한 어려움은 학업적 과제에서 지시를 따르거나 유치원 학급에서 또래들과 하루 일과 활동에 완전히 참여하는 데 영향을 준다.

현재수행수준에 기초한 목표 템플릿

단기목표 1 직접교수와 구어적 지시를 수반한 수신호를 제시하면, 학생은 맥락적으로 관련된 활동에서 10번 중 7번(70% 기회), 최소 세 가지 다른 활동, 상황과 사람 간에, 지시사항을 2번 반복하고 신체적 도움을 제공하면 세 가지 새로운 1단계 지시사항에 대한 이해력을 나타낼 수 있다.

단기목표 2 구어적 지시와 병행하는 수신호를 제시하면, 학생은 맥락적으로 관련된 활동에서 10번 중 8번(80% 기회), 최소 세 가지 다른 활동, 상황과 사람 간에, 지시사항을 2번 반복하고 제스처 단서를 주면 두 가지 추가적인 1단계 지시사항에 대한 이해력과 이전에 학습한 세 가지에 대한 유지를 나타낼 수 있다.

단기목표 3 구어적 지시와 병행하는 수신호를 제시하면, 학생은 맥락적으로 적절한 활동에서 10번 중 8번(80% 기회), 최소 세 가지 다른 상황, 활동과 사람 간에, 최대 1번의 반복과 간접적인 구어적 단서 또는 기대되는 기다림을 제공하면 세 가지 추가적인 1단계 지시사항에 대한 이해력과 이전에 학습한 다섯 가지에 대한 유지를 나타낼 수 있다.

연간목적 구어적 지시와 병행하는 수신호를 제시하면, 학생은 맥락적으로 관련된 학급 활동에서 10번 중 9번(90% 기회) 독립적으로 열 가지 1단계 지시사항에 대한 이해력을 나타낼 수 있다.

설명 노트

- 구어적 정보를 처리하는 데 도움이 되는 수신호를 병행하는 것은 (청각에 반대되는) 시각적 영역에서 대체로 강력한 기술을 보이는 자폐스펙트럼장애(ASD)학생에게는 특히나 중요하다. 앞에 기술한 목표에서, 구어적 지시와 함께 짝을 이루는 수신호는 학생에게 추가적인 투입 채널이 되고 수행을 위한 기초가 되는 상태로 여겨진다. 그러므로 이러한 방식으로 수신호가 사용될 때(청각적 처리를 돕는 조절 장치로써) 학생의 수행이 수신호가 없이도 수행이 가능하다는 것을 보여 주는 조사가 있을 때까지 소거하지 않도록 한다.
- "이해력을 나타낼 것이다."라는 표현의 사용은 학생이 해당 과제를 이해하는 것을 보여 줌으로써 행동과 연결된다. 앞선 목표에서 행동을 요구하는 것은 지시사항을 이행하는 것임이 분명해야 한다.

복잡한 정보 처리하기

단순/언어장애(S/LI)가 있는 15세 학생의 현재수행수준 예시

학생의 선생님과 언어재활사에 따르면, 학생의 이해력 기술은 1:1과 소집단 상황에서(예: 특수학급/치료실) 잘 적용된다. 하지만 학생은 Clinical Evaluation of Language Fundamentals, 4th Edition(CELF-4) 수행에서 나타난 것처럼 문장의 길이와 복잡성이 증가할수록 구어를 이해하는 데 어려움을 보인다. 이러한 어려움은 학생의 학업적 활동 참여와 성적 전반에 부정적인 영향을 준다.

현재수행수준에 기초한 목표 템플릿

단기목표 1 사전 교수와 1개 교과목에 대해해 교사가 만든 개요를 제시하면, 학생은 특수학급/치료실에서 5번 중 4번(80% 기회) 직접적인 구어 단서의 도움을 받아 세 가지 질문에 적절히 답함으로써 구어 이해력을 나타낼 수 있다.

단기목표 2 3개 교과목에 대한 교사가 만든 개요를 제시하면, 학생은 특수학급/치료실에서 5번 중 4번(80% 기회) 간접적인 구어 단서의 도움을 받아 세 가지 질문에 적절히 답함으로써 구어 이해력을 나타낼 수 있다.

단기목표 3 교사가 만든 개요를 제시하면, 학생은 2개 교과목에 대해 통합학급 상황에서 5번 중 4번(80% 기회) 간접적인 구어 단서와 개요에 언급한 수신호의 촉진에 따라 세 가지 질문에 적절히 답함으로써 구어 이해력을 나타낼 수 있다.

연간목적 교사가 만든 개요를 제시하면, 학생은 4개 교과목에 걸쳐 통합학급 상황 안에서 자료에 대한 세 가지 질문에 5번 중 4번(80% 기회) 필요시 개요에 언급한 제스처 단서를 제공받아 적절히 답함으로써 구어 이해력을 나타낼 수 있다.

비유적인 언어 이해하기

비언어성 학습장애(NLD)가 있는 12세 학생의 현재수행수준 예시

학생의 언어 이해력은 형식적 검사에 기록된 바와 담당 교사에 따르면, 사실적 질문에 답을 할 때 문자 그대로 이해하는 것은 제법 잘한다. 대상학생은 관용 표현과 비유적인 언어에 상당한 어려움을 지니며, 이는 전반적인 이

해력을 방해한다. 담당 교사는 최근 대상학생이 문자 그대로 이해하고 농담에 대한 공감이 부족하여 일부 또래들로부터 놀림의 대상이 되었음을 보고한다. 이 문제는 영어와 역사 수업에서 학업 기능과 더불어 비교과 상황에서의 기능 수행에 방해가 된다.

현재수행수준에 기초한 목표 템플릿

단기목표 1 선택된 비유적 표현의 의미를 직접 가르치면, 학생은 직접적인 구어 단서를 제공받아 문자 그대로의 정의를 제시함으로써 80% 정확도로 열 가지 관용 표현에 대한 이해력을 나타낼 수 있다.

단기목표 2 짧은 일화를 시리즈로 제시하면, 학생은 다양한 구조화된 역할극에서 간접적인 구어 단서를 제공받아 적절하게 반응함으로써(즉, 문자 그대로 받아들이는 것이 아니라) 80%의 정확도로 맥락에 삽입된 열 가지 관용 표현에 대한 이해력을 나타낼 수 있다.

단기목표 3 짤막한 일화를 시리즈로 제시하면, 학생은 구조화된 다양한 역할극에서 필요시 기대되는 시간 지연을 제공받아 적절하게 반응함으로써 80%의 정확도로 다섯 가지 새로운 관용 표현에 대한 이해력과 이전에 학습한 맥락에 삽입된 열 가지에 대한 유지를 나타낼 수 있다.

연간목적 고안해낸 실제 맥락에 삽입된 열다섯 가지의 익숙한 관용구를 제시하면, 학생은 학업 상황, 활동과 사람에 걸쳐 5번 중 4번(80% 기회) 독립적으로 적절히 반응함으로써 이에 대한 이해력을 나타낼 수 있다.

단어의 여러 가지 의미 이해하기

고기능 자폐가 있는 10세의 현재수행수준 예시

학생은 문자 그대로의 의미로 사용되는 어휘와 철자 사용에 강점을 보인다. 하지만 단어들이 기대하지 않은 방식으로 사용될 때 단어를 이해하는 데 상당한 어려움이 있다. 예를 들어, 이야기 주인공이 금발 머리(fair hair)로 묘사되었을 때 "머리는 공정(fair)할 수 없잖아!"라고 말하며 흥분한다. 일반적인 단어의 다양한 의미를 이해하는 데 어려움이 있는 문제는 대상학생이 또래들과 상호작용을 하는 데 영향을 주고 5학년 통합학급 상황에서 적절한 방식으로 정보를 처리하는 것을 어렵게 만든다.

현재수행수준에 기초한 목표 템플릿

단기목표 1 직접교수를 하기 전에 다양한 뜻과 의미를 제시한 5개의 단어를 포함한 여러 장의 카드 한 세트(예: 기차, 놀이 등), 제시된 각 단어에 대한 두세 가지 다른 사용을 설명하는 시나리오를 제시한다. 각각의 다양한 의미 시나리오에 맞추어 직접적인 구어와 제스처 단서를 학생에게 제공하면, 학생은 다양한 의미에 대한 이해력을 80% 정확도로 단어/정의를 선택함으로써 나타낼 수 있다.

단기목표 2 열 가지 새로운 단어를 포함한 여러 장의 카드 한 세트와 이전에 배운 여러 의미를 지닌 다섯 가지 단어/정의와 제시된 각 단어에 대한 두세 가지 다른 사용을 설명하는 시나리오를 제시한다. 각각의 시나리오에 맞추어 간접적인 구어와 제스처 단서를 제공하면 학생은 단어/정의를 80% 정확도로 말로써 다양한 의미에 대한 이해력을 나타낼 수 있다.

단기목표 3 다섯 가지 새로운 단어를 포함한 여러 장의 카드 한 세트와 이전에 배운 여러 의미를 지닌 열다섯 가지 단어/정의와 제시된 각 단어에 대한 두세 가지 다른 사용을 설명하는 시나리오를 제시하면, 학생은 각각의 시나리오에 맞추어 단어/정의를 80% 정확도로 주어진 시간 안에 말로써 다양한 의미에 대한 이해력을 나타낼 수 있다.

연간목적 여러 가지 의미를 지닌 이전에 배운 스무 가지 단어를 제시하면, 학생은 학업적이고 기능적인 활동 간에 고안된 상황에서 80% 정확도로 독립적으로 반응함으로써 맥락적으로 적절하게 의도한 의미에 대한 이해력을 나타낼 수 있다.

이야기 담화 이해하기

아스퍼거 증후군이 있는 9세 학생의 현재수행수준 예시

학생의 이야기 글 이해력의 강점은 이야기의 세부사항을 기억할 수는 있지만 많은 사항이 주요 이야기 줄거리와 관련이 없다. 대상학생은 무엇에 대한 이야기인지 묻는 일반적인 질문에 답할 수 있는 반면, 주인공이나 장소와 문제를 확인하는 데 상당한 어려움이 있다. 학생의 이야기 이해력 문제는 이야기 정보(예: 읽기, 언어, 사회 등)의 이해를 포함한 교육과정의 모든 영역에서 적절한 수행을 하는 데 영향을 미친다. 또한 또래들과 공동체 활동을 하는 능력에도 영향을 준다.

현재수행수준에 기초한 목표 템플릿

단기목표 1 색깔-코드 이야기보드 사용에 대한 직접교수를 제시하면, 학생은 각 요소별로 80% 정확도로, 필요하다면 직접적인 구어 단서를 제공받고 주인공, 장소와 문제에 대한 세 가지 선택에서 줄거리에 맞춘 적절한 그림을 선택하는데 세 가지 다른 이야기에서 해당되는 이야기 요소를 말하고 나타낼 수 있다.

단기목표 2 색깔-코드 이야기보드 사용을 제시하면, 학생은 다섯 가지 옵션의 그룹에서 스토리라인에 맞추어 적절한 그림을 선택하는데 다섯 가지 다른 이야기에서 해당되는 이야기 요소를 말하고 각 요소별로 80% 정확도로, 필요시 간접적인 구어 단서를 제공받아 주인공, 장소와 문제에 대한 이해력을 나타낼 수 있다.

단기목표 3 교사가 소리 내어 이야기를 읽어 주면, 학생은 일곱 가지 다른 이야기에서 언급되는 요소들을 설명하는 세 가지 세트에서 그림을 선택함으로써 각 요소별로 80% 정확도로, 간접적인 질문과 예상된 대기시간을 제공받아 주인공, 장소와 문제에 대한 이해력을 나타낼 수 있다.

연간목적 학생은 열 가지 다른 이야기에서 나오는 주인공, 장소와 문제에 대한 질문에 각 요소별로 80% 정확도로, 독립적으로 답을 함으로써 이야기 담화에 대한 이해력을 나타낼 수 있다.

어휘 발달

단어 학습하기

단순/언어장애(S/LI)와 지적장애가 있는 5세 학생의 현재수행수준 예시

전하는 바에 따르면, 학생은 올해 들어 구어에서는 최소한의 수준만을 보이지만(즉, 1~2단어 반응 수준), 이해력 영역에서 상당한 진전도를 보였다. 학생이 가다, 멈추다, 밀다, 당기다 그리고 많다/적다의 개념과 같이 경험에

기초한 일부 단어들은 이해하기 시작하였지만 정확한 이해는 아닌 대략적인 수준이다. 이러한 어려움은 지시를 따르는 능력이나 유치원 교육과정의 참여에 영향을 미친다.

현재수행수준에 기초한 목표 템플릿

단기목표 1 놀이 중심 환경에서 시범과 모델링을 해 주면, 학생은 사물에 대한 행동을 요구했을 때 10번 중 8번, 다른 사람과 활동 간에 직접적인 구어와 수신호 단서의 조합을 제공받아 적절히 반응함으로써(예: 자동차를 밀다) 경험에 의한 어휘인 네 가지 단어에 대한 이해력을 나타낼 수 있다.

단기목표 2 놀이 중심 환경에서 다감각적 경험을 제공하면, 학생은 사물에 대한 행동을 요구했을 때 10번 중 8번, 다른 사람과 활동 간에 간접적인 구어와 제스처 단서의 조합을 제공받아 적절히 수행함으로써 세 가지 추가 어휘 단어 이해력과 이전에 배운 네 가지에 대한 유지를 나타낼 수 있다.

단기목표 3 놀이 중심 환경에서 다감각적 경험을 제공하면, 학생은 사물에 대한 행동을 요구했을 때 10번 중 9번, 다른 사람과 활동 간에 제스처 단서를 제공받아 적절히 수행함으로써 세 가지 추가 어휘 단어 이해력과 이전에 배운 일곱 가지에 대한 유지를 나타낼 수 있다.

연간목적 학생은 놀이 활동에서 사물에 대한 적절한 행동을 10번 중 9번, 다른 사람과 활동 간에 기대하는 시간 지연을 제공받아 수행함으로써 열 가지 어휘 단어에 대한 이해력을 나타낼 수 있다.

Wh 질문 이해하기

단순/언어장애(S/LI)가 있는 4세 학생의 현재수행수준 예시

학생은 Peabody Picture Vocabulary Test(PPVT)와 Comprehensive Assessment of Spoken Language(CASL)에서 학년 수준 이하 점수를 보인다. 특히 대상학생은 누구, 무엇, 언제 그리고 어디에 대한 질문에 답을 하는 데 어려움을 지닌다. 이러한 어려움은 이야기 시간 동안에 집중하고 이야기 내용의 이해력을 나타내는 데 영향을 준다.

현재수행수준에 기초한 목표 템플릿

단기목표 1 직접교수와 Wh 질문에 대한 수신호를 함께 제시하면, 학생은 최소 세 가지 놀이 중심 활동에서 각 단어 범주에 대한 70%의 정확도 수준에서 직접적인 구어 단서를 제공받아 적절히 반응함으로써 어디와 누구에 대한 각각 열 가지 질문에 대한 이해력을 나타낼 수 있다.

단기목표 2 Wh 질문에 대한 수신호를 제시하면, 학생은 최소 세 가지 놀이 중심 활동과 세 가지 이야기에서 각 단어 범주에 대한 80%의 정확도 수준에서 직·간접적인 구어 단서를 제공받아 적절히 반응함으로써 언제와 무엇에 대한 각각 열 가지 질문에 대한 이해력과 이전에 학습한 어디와 누구에 대한 열 가지 질문에 대한 유지를 나타낼 수 있다.

단기목표 3 Wh 질문에 대한 수신호를 제시하면, 학생은 최소 세 가지 놀이 중심 활동과 세 가지 이야기에서 각 단어 범주에 대한 90%의 정확도 수준에서 필요시 간접적인 구어 단서를 제공받아 적절히 반응함으로써 어디, 누구, 언제, 무엇에 대한 각각 열 가지 질문에 대한 이해력을 나타낼 수 있다.

연간목적 Wh 질문에 대한 수신호를 제시하면, 학생은 이야기와 학급 활동에서 각 단어 범주에 대한 90%의 정확도 수준에서 독립적으로 적절한 반응을 보임으로써 어디, 누구, 언제, 무엇에 관한 새로운 질문에 대한 이해력을 나타낼 수 있다.

속성 이해하기

고기능 자폐가 있는 16세 학생의 현재수행수준 예시

학생이 풍부하고 상대적으로 세련된 어휘력을 지녔지만 하루 일과 학업 활동과 또래와의 상호작용 모두에서 지시사항을 이해하는 데 어려움을 지닌다. 언어재활사가 학생이 단서를 포함하는 게임에 참여하는 동안 관찰한 결과 대상학생은 또래의 질문에 잘못 반응하는 것으로 보아 많은 속성을 이해하지 못하는 것으로 보고하였다. 학생의 이해력 어려움은 급우들과의 상호작용, 구어적 지시를 이해하는 능력, 10학년 통합학급 환경에서 적절한 방식으로 정보를 처리하는 능력에 영향을 준다.

현재수행수준에 기초한 목표 템플릿

단기목표 1 직접교수와 함께 시각적 단서를 제시하면, 학생은 임상가가 고안한 활동에서 맥락적으로 관련된 질문에 10번 중 8번 직접적인 구어 단서/교정을 받아 적절히 반응함으로써 여섯 가지 속성/설명에 대한 이해력을 나타낼 수 있다.

단기목표 2 시각적 단서를 함께 제시하면, 학생은 임상가가 고안한 활동에서 맥락적으로 관련된 질문에 10번 중 8번 간접적인 구어 단서/교사의 교정을 받아 적절히 반응함으로써 네 가지 새로운 속성/설명에 대한 이해력과 이전에 학습한 여섯 가지에 대한 유지를 나타낼 수 있다.

단기목표 3 시각적 단서를 함께 제시하면, 학생은 다양한 학급 활동에서 관련된 질문에 10번 중 8번 필요시 교사의 교정을 받아 적절히 반응함으로써 두 가지 새로운 속성/설명에 대한 이해력과 이전에 학습한 열 가지에 대한 유지를 나타낼 수 있다.

연간목적 학생은 학급 활동과 맥락적으로 관련된 질문에 10번 중 9번 교사의 교정에 대한 최소한의 요구하에 적절히 반응함으로써 열다섯 가지 속성/설명에 대한 이해력을 나타낼 수 있다.

비구어적 단서와 신호

준언어적인 특징 이해하기

비언어성 학습장애(NLD)가 있는 13세 학생의 현재수행수준 예시

학업 상황에서의 비형식적 관찰과 형식적인 언어검사는 학생의 수용 및 표현 어휘가 정상범위 이내임을 보여 주었다. 특히 이는 풍자와 역설과 관련된 구어적인 투입과 병행되는 비구어적인 단서와 신호를 이해하는 능력과는 꽤나 대조적이다. 교사는 학생이 단어의 의미를 변화하게 하는 목소리 톤이나 몸짓언어를 고려하지 못하고 문자 그대로 받아들이기 때문에 종종 놀림감이 되거나 짓궂은 괴롭힘을 당한다고 하였다. 이 문제는 또래관계뿐 아니라 이야기 속 인물들의 감정을 이해하는 데도 영향을 준다.

현재수행수준에 기초한 목표 템플릿

단기목표 1 비구어적 단서에 대한 직접교수와 열 가지 짤막한 비디오 일화 예시를 제시하면, 학생은 선택 형식(참 의미 또는 풍자) 내에서 각각의 올

바른 특성을 직접적인 구어 단서와 교사의 교정을 제공받아 확인함으로써 80% 정확도로 문자 그대로의 내용과 빈정대는 발언을 변별할 수 있는 능력을 나타낼 수 있다.

단기목표 2 열 가지 친숙한 짧은 일화를 비디오로 제시하면, 학생은 세 가지 가능한 옵션의 그룹으로부터 이미 풍자적인 발언으로 확인된 올바른 반응을 80% 정확도로 간접적인 구어 단서와 필요시 교사의 교정을 제공받아 선택함으로써 풍자에 대한 이해력을 나타낼 수 있다.

단기목표 3 새로운 열 가지 역할극 시나리오를 제시하면, 학생은 80%의 기회와 필요시 예상된 대기시간을 제공받아 이에 적절히 반응함으로써 풍자적 발언에 대한 이해력을 나타낼 수 있다.

연간목적 학생은 80% 정확도로 학급 상황에서 독립적으로 이에 적절히 반응함으로써 문자 그대로의 내용과 빈정대는 발언을 변별할 수 있는 능력을 나타낼 수 있다.

설명 노트

- 학생의 특정한 요구에 개별화된 역할극 비디오를 계속 제공하는 좋은 방법은 학교 연기 동아리에서 자원하는 학생을 찾아 임상가와 교사가 작성해 준 대본으로 연기를 하도록 하는 것이다.

몸짓언어 읽기

비언어성 학습장애(NLD)가 있는 11세 학생의 현재수행수준 예시

학생은 비구어적 정보(예: 사실 다루기)를 다루지 않는 언어의 측면에서 강점을 보인다. 언어치료실에서 다른 사람의 얼굴 표정을 읽는 데 향상을 보이고 있을지라도, 학생은 많은 급우의 몸짓언어와 얼굴 표정이 위협적으로 보인다고 증언한다.

단기목표 1 몸짓언어/얼굴 표정의 특정한 측면에 관한 직접교수와 다섯 가지 비디오 상황극 시나리오를 제시하면, 학생은 관찰한 행동이 호감이 가는지 또는 그렇지 않은지 80% 정확도 수준에서 직접적인 구어 단서를 제공받아 학생의 답에 대한 이유를 세 가지 카드 선택 형식에서 골라 진술함으로써 나타낼 수 있다.

단기목표 2 열 가지 새로운 비디오 상황극을 제시하면, 학생은 관찰한 행동이 호감이 가는지 또는 그렇지 않은지 진술하고 학생의 답에 대한 이유를 수신호 단서를 제공받아 80% 정확도 수준에서 나타낼 수 있다.

단기목표 3 다섯 가지 상황극에 대한 특정 시나리오와 각각에 대한 세 가지 가능한 몸짓언어 스크립트 세트를(매우 적절한, 수용 가능한, 부적절한) 제시하면, 학생은 두 가지 적절한 반응 중 한 가지를 선택할 수 있고 또래와 역할극을 해볼 수 있는데, 80% 시간에 적절한 몸짓언어/얼굴 표정을 사용하며 적절성에 대한 판단은 5점 척도로 평가를 받는다(역할극은 미리 사전 설정을 조정해 두고 임상가로부터 필요시 간접적 구어 단서를 제공받아 비디오 녹화를 진행하며 학생을 분석한다).

연간목적 최소한의 간접적 구어 단서를 제공하면, 학생은 또래와 함께 다섯 가지 역할극 시나리오의 80% 동안 적절한 몸짓언어와 얼굴 표정을 사용한다. 적절성에 대한 판단은 5점 척도로 평가받으며 독립적으로 연기할 수 있다.

이해력을 위한 일반적인 교수 정보와 전략

① 자주, 반복적인 언어 입력과 발화의 단위를 짧게 제공하고, 가능하면 언제든지 청각적인 채널을 보충하는 수신호/시각적 지원을 함께 제공하라.

② 계속 질문하면서 학생을 검사해 보는 것을 피하라. 오히려 의미로 연결해야 할 필요가 있는 정보를 제공함으로써 학생을 지도하라.

③ 학생에게 기능적일 수 있는(즉, 학생의 생활 경험과 직접적으로 관련된) 개념과 어휘로 특수학급 교육과정(통합 환경에서의 과제도 마찬가지)을 조직화하라.

④ 테마(주제)를 가지고 활용할 때, 개념적으로 기초가 되거나 기능적으로 관련이 있는 내용들을 포함하라(저학년을 예로 들면, '끈적끈적한/부드러운' 주제, '큰/작은'의 주제 등, 고학년은 음식점에 가기, 빨래하기 등). 이러한 것들을 적응하는 데 있어서 구체화가 필요하긴 하지만 가능한 한 통합하여 반영하라. 예를 들어, '교통수단' 주제에 빠른/느린의 기본 개념 주제를 보충하라.

⑤ 유치원 학급에서 경험적이고 다감각적이며 조작 중심의 수업을 하여 단어-사물, 단어-행동, 사물-행동 관계에 대한 이해력을 촉진하고 단순한 사물 이름 수준을 넘는 이해력을 증진시키도록 하라.

⑥ 특별히 기술 발달의 초기 단계에서는 어디든 적절하게 학생의 반응을 구조화할 수 있으며 학생이 보다 성공적일 수 있도록 돕는 선다형 문제를 사용하라.

⑦ 학생이 정보를 처리하고 지시사항을 이해할 수 있는 능력을 촉진하는 다음과 같은 기술과 전략을 활용하라.

- 지시하기 전에 학생의 주의를 확보할 것
- 여러 단계의 지시사항을 쪼개어 언어적 정보처리를 단순화할 것
- 지시사항에 다음과 같은 시각적 정보를 추가할 것
  - 사물 또는 장남감 모형
  - 그림 단서
  - 자연스러운 제스처
  - 수어(수신호)
- 가능한 한 불필요한 청각 및 시각적 방해물을 제거할 것
- 학생에게 수정 전략을 사용하도록 격려할 것(반복과 명료화를 요청하도록)

⑧ 관용적인 표현/비유적인 언어의 의미를 직접 가르치고 맥락 내에서 단어의 다양한 의미를 강조하여 이해력을 증진시켜라. 반복과 연습을 위해 고안해 낸 기회를 제공하라.

⑨ 일부러 고안해 낸, 그리고 자연스러운 상황 모두에서 비구어적 단서와 신호의 의미를 이해하도록 학생을 직접적으로 지도하라. 맥락 내에서 구조화된 역할극을 활용해 연습 기회를 제공하라.

⑩ 이해하기 쉽지 않은 이야기 요소를 직접 가르치고 구체화하여 지원하기 위한 색 코딩과 시각적 지원을 활용하라(예: 파란색 = 장소, 주황색 = 주인공).

chapter 12 표현의 여러 가지 다른 얼굴

"기쁨을 창조적인 표현과 지식으로 깨워 내는 것은 교사 최고의 예술이다."

– Albert Einstein

기술 범주 포함에 대한 이유

- 의사소통과 대화 규칙의 실용적 기능으로 구성된 화용론적 발달은 자폐스펙트럼장애(ASD)학생에게 나타나는 의사소통 결함의 주요 영역이며(Twachtman-Cullen, 2000a, 2000b, 1998), 이것은 비언어성 학습장애(NLD) 학생에게도 중요하다(Tanguay, 2001). 더욱이 화용론에 영향을 받는 특정 영역은 인간 기능의 복잡한 영역에서 명백한 어려움을 겪는 다른 장애 범주 학생도 겪어 왔다.
- 세 명 혹은 그 이상의 주의를 포함한 공동으로 주의 기울이기(joint attention)는 상징적 의사소통으로 가는 통로로 고려되며(Twachtman-Cullen, 2008), 자폐스펙트럼장애학생의 경우 손상이 있다(Sigman, Mundy, Sherman, & Ungerer, 1986).

- 자폐스펙트럼장애학생 또한 수정 전략, 협상, 풍자와 역설 다루기와 같은 높은 수준의 화용론적 기능(Gillberg & Ehlers, 1998; Twachtman-Cullen, 2000a, 2000b, 1998) 활용에 어려움을 지닐 가능성이 높다.

의사소통의 어감(뉘앙스) 발달이 어려운 이유는 고유한 것이라기보다는 더 외부적인 이유로 보이며 주의력결핍장애/주의력결핍 과잉행동장애(ADD/ADHD), 단순/언어장애(S/LI), 비언어성 학습장애와 정서·행동장애(EBD)학생에게 다양하게 나타난다.

- 자폐스펙트럼장애학생은 가정적 지식(presuppositional knowledge)으로 알려진 화용론의 추가적인 영역에서 어려움이 보이며(Twachtman-Cullen, 2000a, 2000b, 2000c), 비언어성 학습장애학생에게도 손상된 것으로 입증되었다(Tanguay, 2001).
- 단순/언어장애아동은 확실히 언어 표현의 다양한 측면에서 어려움을 지닌다.
- 이야기 담화 기술은 알려진 바처럼 비판적 사고(Minshew, Goldstein, Taylor, & Siegel, 1994)와 화용론(Twachtman-Cullen, 2000b, 2000c)의 결함으로 자폐스펙트럼장애학생에게 종종 부정적인 영향을 미친다.
- 주의력결핍장애, 주의력결핍 과잉행동장애아동은 수용 언어의 손상과는 대조적으로 좀 더 표현적이고 충동적인 학습 양식을 지녔으며 구어 반응을 억제하는 데 어려움이 있다.

수행 수준

의사소통, 표현, 담화 기술

다음의 사항을 포함해야 한다.

- 의사소통, 표현, 담화 기술의 특정 영역에서, 특히 학업 성취와 기능적 수행과 관련하여 학생의 강점을 나타내는 진술
- 의사소통, 표현, 담화 기술의 특정 영역에서, 특히 학업 성취, 기능적 수행과 차년도 교육 요구의 우선순위와 관련하여 학생의 약점에 대한 진술

만약 학생이 최소한의 비구어적 또는 구어적 능력을 가진 경우, 학생의 현재 의사소통 수단에 대한 진술을 포함하는 것은 매우 중요하다.

- 의사소통, 표현, 담화 기능에서 학생의 장애가 일반교육과정에의(학령기 이전 아동의 경우, 적절한 활동의) 참여와 진전도에 어떠한 영향을 미치는지에 대한 진술
- 현재수행수준 진술의 자료(선택적)
- 현재수행수준이 다음 두 가지 중요한 기능을 이행할 수 있도록 하는 추가 정보: ① 요구에 기반하고 개별화된 개별화교육계획 목표를 작성하는 기초로서 기능, ② 학생의 수행과 진전도를 판단하는 기준으로서 기능

내용 영역

공동으로 주의 기울이기

중등도 자폐스펙트럼장애(ASD)가 있는 5세 학생의 현재수행수준 예시

학생은 그가 원하는 것에 대해 부모, 교사, 언어임상가와 함께 관심을 가질 수 있다. 하지만 학생에게 흥미를 유발하는 것일지라도 직접적인 주의를 기울이도록 하는 어른들의 촉진에 지속적으로 반응하지는 못한다. 이러한 어려움은 학생이 유치원 학급에서 풍부한 교육 경험을 통해 도움 받는 것을 어렵게 한다.

현재수행수준에 기초한 목표 템플릿

단기목표 1 선호하는 사물을 손이 닿을 만하게 배치하면, 학생은 치료실과 소집단 상황에서 1~2회 지시사항의 반복과 적절한 응시 이동을 하도록 촉진을 제공할 때 10번 중 6번, "보세요."라는 지시와 함께 사물을 쳐다보고 시선을 되돌리는 의사소통적인 가리키기를 반응할 수 있다.

단기목표 2 선호하는 사물을 손이 닿을 만하게 배치하면, 학생은 치료실과 소집단 상황에서 최대 1번의 지시사항 반복과 적절한 시선 이동을 하도록 촉진을 제공할 때 10번 중 8번, "보세요."라는 지시와 함께 사물을 쳐다보고 시선을 되돌림으로써 의사소통적인 가리키기에 반응할 수 있다.

시선 이동은 아동이 사물을 획득하고 몇 분간 사물을 가지고 놀 수 있도록 허락하는 두 가지 연속적인 목적으로 즉각적으로 강화되어야 한다.

단기목표 3 선호하는 사물을 손이 닿을 만하게 배치하면, 학생은 치료실

과 소집단 상황에서 적절하게 응시를 하도록 하는 촉진과 구어적 칭찬 및 사물을 제시할 때 10번 중 8번, 사물을 바라보고 성인을 응시하는 성인의 의사소통적인 가리키기에 독립적으로 반응하고 다시 상대방을 응시할 수 있다.

연간목적 학생은 학급에서 필요시 예상된 시간 안에 독립적으로 사물을 쳐다보고 10번 중 8번, 성인으로부터 구어 또는 제스처로 공동으로 주의를 기울이도록 제의를 지시받고 성인을 응시할 수 있다.

의사소통의 화용론적 기능

요청하기/제기하기(거절하기/거부하기)

4세 비구어 중증 자폐학생의 현재수행수준 예시

학생의 교사와 언어임상가는 학생이 상당히 자기주도력이 있다고 보고한다. 즉, 무엇인가 원하는 바가 있을 때 학생은 스스로 그것을 얻고자 노력할 것이다. 예를 들어, 무언가 높은 선반 위에 놓여 있으면 학생은 대개 그곳으로 의자를 가지고 와서 원하는 것을 얻고자 위에 올라가려고 시도한다. 의자를 가져올 수 없으면, 때로 어른을 그 사물로 이끌고 간다. 학생이 무엇인가 요청하고자 단서를 제공받아 교환 형식에서 사진을 건넬 수 있을지라도, 사진을 보려는 것 같지 않고 학생이 받은 물건과 그림을 연결시키지 않는다. 학생의 원시적인 비구어적 의사소통 기술은 종종 상당한 혼란을 야기한다. 게다가 특수학급에서 효과적인 수업 참여를 방해할 뿐 아니라 통합교육의 경험도 제한한다.

현재수행수준에 기초한 목표 템플릿(세트 1: 단순 요청하기)

단기목표 1 선호하는 음식과 음료와 (수신호를 동반하여) "무엇을 원하니?"라고 질문을 제시하면, 한 가지 또는 다른 사물에 해당하는 소형물을 집어 성인의 손바닥에 놓는다. 10번 중 8번 다른 음식과 음료를 선택할 기회를 주고 제삼자(예: 보조 교사)의 손으로 신체적 도움을 받아 원하는 사물을 요청할 수 있다.

단기목표 2 선호하는 음식과 음료와 (수신호를 동반하여) "무엇을 원하니?"라고 질문을 제시하면, 한 가지 또는 다른 사물에 해당하는 소형물을 집어 적절하게 성인을 응시하고 건넨다. 10번 중 8번 다른 음식과 음료를 선택할 기회를 주고 다른 사람에게 최소한의 신체적 도움을(손을 가볍게 두드리기) 받아 원하는 사물을 요청할 수 있다.

시선 이동은 눈높이에서 사물을 집을 수 있도록 자극해야 한다. 아니면 어른은 목청을 가다듬는 것 같은 소리를 내어 아이의 주의를 끌고 요청하기를 시행하고자 응시하는 것을 이동할 때까지 기다려야 한다.

단기목표 3 선호하는 음식과 음료와 "크래커와 주스를 가지고 있어."라고 간접적인 단서를 제시하면, 학생은 두세 가지 다른 음식과 음료들이 놓인 것에서 한 가지 또는 작은 사물을 선택하고 그것을 어른에게 건넨다. 10번 중 8번 다른 음식과 음료를 선택할 기회를 주고, 다른 사람에게 필요시 최소한의 제스처 단서를 제공받아 원하는 사물을 요청할 수 있다.

설명 노트

- 단기목표는 다음의 촉진, 소거 계획을 제공: 어른은 소형물 단서를 받고자 손을 내뻗으며 "무엇을 원하니?"라고 묻는다. 손바닥을 펴지 않고 직접적인 구어 단서(예: "무엇을 원하니?")를 지속한다. 간접적인 구어 단서("치즈와 크래커를 가지고 있어." 또는 "크래커와 주스를 가지고 있어.")를 제공한다. 제스처 단서만 지속하며 예상된 대기시간을 제공하고 마침내 독립적/시작을 하게 한다.
- 간식 시간에 학생으로 하여금 요청하기를 최대한 기능적으로 확실히 하기 위해, 일반화 프로토콜은 다른 음식과 음료 선택사항을 포함해야 하며, 일과는 다른 사람(예: 언어임상가, 교사, 보조 교사 등)에 의해 진행되어야 한다.
- 앞에 진술한 현재수행수준에서 아동이 사진에 주목하지 못하는 것을 보여 주었기 때문에, 첫 번째 단기목표는 작은 소형물의 형태로 좀 더 구체적으로 요청하기로 구체화하였다. 결국 구체물은 사진과 대응되어 학생이 보다 추상적인 것으로 이동할 수 있도록 돕는다.

연간목적 다과가 담긴 쟁반이 제시되었을 때, 학생은 음식과 음료 요청을 위해 세 가지에서 다섯 가지 정도 배열된 것 중에서 한 가지 또는 그 이상의 소형물을 어른에게 건네고 적절하게 시선을 이동하며, 10번 중 9번은 의사소통 파트너와 함께 다양한 음식과 음료를 가지고 선택하여 시작할 수 있다(학생이 요청하기를 주도하는 것이 요구되는 관계로, 촉진 수준을 구체화하지 않았다).

설명 노트

• 자폐가 있는 사람은 상황에 구체적인 학습 양식을 보이는 관계로, 한 가지 장소에서 사물 요청하기를 학습했다고 해서 다른 상황에서 다른 형태의 사물을 요청할 수 있는 전환이 가능할 것이라고 가정해서는 안 된다. 따라서 추가 단기목표로서 장난감 요청하기, 활동 요청하기 또는 휴식 요청하기를 목적으로 연간목적에 기술해야 한다.

현재수행수준에 기초한 목표 템플릿(세트 2: 거절하기/거부하기 결합)

단기목표 1 선호하거나 선호하지 않는 음식과 음료를 제시하면, 학생은 선호하지 않는 것을 (고개를 저으며, "아니요."라고 신호를 보내며, 밀어내는 제스처를 하는 것과 같이) 거절할 수 있다. "무엇을 원하니?"라고 물었을 때 어른에게 적절한 사진을 건네어 한 가지 또는 다른 것을 10번 중 8번 다른 음식과 음료의 선택 사항과 다른 사람 간에 직접적인 구어적 단서를 제공받아 원하는 음식을 요청할 수 있다.

단기목표 2 몇 가지 선호하거나 선호하지 않는 음식과 음료를 제시하면, 학생은 선호하지 않는 두 가지를 거절할 수 있다. "무엇을 원하니?"라고 물었을 때 어른에게 적절한 사진을 건네어 선호하는 것 한두 가지를 10번 중 8번 다른 음식과 음료의 선택사항과 다른 사람 간에 간접적인 구어적 단서를 제공받아 원하는 음식을 요청할 수 있다.

단기목표 3 선호하거나 선호하지 않는 장난감과 활동을 제시하면, 학생은 선호하지 않는 장난감 또는 활동 두 가지를 거절할 수 있다. "무엇을 원하니?"라고 물었을 때 어른에게 적절한 사진을 건네 선호하는 한 가지 장난감 또는 활동을 10번 중 8번 다른 음식과 음료의 선택 사항과 다른 사람 간에 직접적인 구어적 단서를 제공받아 선호하는 것을 요청할 수 있다.

연간목적 학생은 선호하지 않는 것과 활동을 적절하게 거절할 수 있고, 다양한 학급 활동 가운데 성인 또는 또래에게 적절한 사진을 건네어 선호하는 것을 독립적으로 선호하는 것을 요청할 수 있다.

주의력결핍 과잉행동장애(ADHD)와 단순/언어장애(S/LI)가 있는 8세 학생의 현재수행수준 예시

교사와 부모가 보고하는 바에 따르면, 학생이 사물이나 활동을 반대/거절하기 위해 여러 가지 적절한 수단을 활용할 수 있음에도 그의 충동성 때문에 오로지 매우 구조화된 상황에서 차분히 하도록 촉진할 때에만 차분하다. 대부분의 경우에 물건을 집어 던지거나 바닥에 떨어뜨리는 것과 같이 기대되지 않는 행동을 함으로써 활동 종료에 반대하거나 혹은 요청한다. 그의 이 같은 행동은 학급과 스태프의 감독이 없는 비교과 활동 모두에서 또래와 함께하는 활동에 참여하는 능력에 영향을 미치며 덜 구조화된 활동에서는 더 심각해진다.

현재수행수준에 기초한 목표 템플릿(세트 1: 거절하기)

단기목표 1 선호하지 않는 사물 또는 활동이 차분하고 선호하는 환경에서 제공되면, 학생은 기대하지 않는 사물 또는 활동을 10번 중 7번 다른 사물, 활동 그리고 사람 간에 필요시 수신호/제스처 단서를 제공받아 "아니요." 라고 말함으로써 거절할 수 있다.

단기목표 2 선호하지 않는 사물 또는 활동이 차분하고 선호하는 환경에

서 제공되면, 학생은 기대하지 않는 사물 또는 활동을 10번 중 8번 다른 사물, 활동 그리고 사람 간에 기대되는 기다림을 제공받아 "아니요."라고 말함으로써 거절할 수 있다.

단기목표 3 선호하지 않는 사물 또는 활동이 고안된 다양하게 비구조화되고 시끄러운 상황(예: 점심 시간, 휴식 시간, 체육 수업)에서 제공되면, 학생은 기대하지 않는 사물 또는 활동을 10번 중 7번 반응 전에 기다리라는 수신호 단서를 제공받아 "아니요."라고 말함으로써 거절할 수 있다.

연간목적 사물과 활동 선택이 제공되면, 학생은 10번 중 8번 상황과 사람 간에 필요시 최소한의 제스처 단서를 제공받아 "아니요."라고 말함으로써 원하지 않는 것을 독립적으로 거절할 수 있다.

현재수행수준에 기초한 목표 템플릿(세트 2: 활동 종료하기)

단기목표 1 정지 카드와 카드 사용에 대한 설명과 차분하고 구조화된 상황을 제시하면, 학생은 10번 중 7번 다양한 활동과 사람 간에 정지에 대한 직접적인 구어와 수신호 단서를 제공받아 선호하지 않는 활동의 종료를 "그만 하세요."라고 말하거나 카드를 어른에게 건네어 요청할 수 있다.

단기목표 2 비구조화된 상황(예: 휴식 시간 또는 체육 수업)과 잘 아는 참여자를 제시하면, 학생은 준선호 활동의 종료를 10번 중 7번 다양한 활동과 사람 간에 직접적이거나 간접적인 구어 단서를 제공받아 "그만 하세요."라고 말하거나 신호를 보냄으로써 요청할 수 있다.

단기목표 3 비구조화된 상황(예: 휴식 시간 또는 체육 수업)과 잘 아는 참여자를 제시하면, 학생은 선호하지 않는 활동의 종료를 10번 중 8번 다양한 활동과 사람 간에 최소한의 간접적 제스처 단서/예상된 대기시간(예: '네가 무엇을 하기로 되어 있지?'를 가리키고자 손바닥을 올린다)을 제공받아 "그만 하세요."라고 말하거나 신호를 보냄으로써 요청할 수 있다.

연간목적 학생은 상황과 사람 간에 독립적으로 10번 중 9번 활동의 종료를 적절히 요청할 수 있다.

주의 획득하기

중등도 구어의 자폐스펙트럼장애(ASD)가 있는 14세 학생 현재수행수준 예시

치료실 관찰과 교사의 보고에 따르면, 학생은 학급 간식 일과 동안에 스태프가 학생과 함께 있을 때 혹은 학생에게 구체적으로 무엇을 원하는지 물었을 때 선호하는 것을 효과적으로 의사소통을 할 수 있다. 하지만 스태프가 없으면 그저 앉아서 촉진을 기다린다. 학생의 언어임상가와 교사 모두 학생이 상당히 촉진에 의존도가 커지는 것을 우려한다. 이러한 어려움은 특수학급과 학생이 배치된 통합 상황에서 모두 독립적으로 학생의 요구를 충족시키도록 하는 능력에 영향을 미친다.

현재수행수준에 기초한 목표 템플릿

단기목표 1 직접교수, 시범과 모델링을 제시하면, 학생은 근접한 활동(예: 간식 일과 또는 게임) 동안 요청하기 전에 10번 중 7번, 다른 활동과 사람 간에 신체적 도움과 직접적인 구어적 단서를 제공받아 어른의 팔을 톡톡 건드리거나 이름을 말해 어른의 주의를 끌 수 있다.

단기목표 2 계획된 부주의와 대기 시간을 제공하면, 학생은 근접한 활동(예: 간식 일과 또는 게임) 동안 요청하기 전에 10번 중 8번, 다른 활동과 사람

간에 간접적인 구어적 단서 또는 제스처를 제공받아 어른의 팔을 톡톡 건드리거나 이름을 말해 어른의 주의를 끌 수 있다.

단기목표 3 계획된 부주의와 대기 시간을 친숙한 성인이 제공하면, 학생은 10번 중 8번, 다른 활동과 사람 간에 필요시 기다리라는 수신호 단서를 제공받아 손을 들어 요청하기 전에 어른의 주의를 끌 수 있다.

연간목적 학생은 요청하기 전에 10번 중 8번, 상황, 활동, 사람 간에 독립적으로 손을 들거나 어른이 반응하기를 기다림으로써 어른의 주의를 끌 수 있다.

설명 노트

- 앞의 '계획된 부주의'에 대한 참고는 만약 학생이 주의를 요청하는 것을 배운다면, 학생은 이미 어른의 주의를 제공받지 않도록 해야 함을 강조하는 의미이다. 말하지 않고 해도 되지만, 경험해 보니 좀처럼 그리 되지 않았다.
- 제삼자로서 '코치'는 대상 어른에게 주의를 촉진하도록 하여 학생이 성인의 주의를 정당하게 획득할 수 있도록 한다.

알려 주기/명료화하기

주의력결핍장애(ADD)가 있는 10세 학생 현재수행수준 예시

학생은 충동적인 학습 양식을 지녀 구어적 질문에 재빨리 불쑥 답을 하거나 퀴즈나 시험에서 답을 하고자 생각하는 데 실패하는 것으로 보인다. 특히

학생은 어떠한 것, 상당히 비슷하면서도 중요한 부분에서 서로 다른 것에 대해 평가하도록 요청을 받으면 혼란스러워한다. 학생이 속성을 고려하는 데 실패하는 것이 쓰기 과제, 시험 그리고 학급 토론에서 오류에 부주의하도록 만드는 원인이 된다. 결과적으로 몇몇 교과목에서 학생의 성적은 부정적인 영향을 받는다.

현재수행수준에 기초한 목표 템플릿

단기목표 1 지시적 의사소통 과제(장벽 게임, barrier game)에서 직접교수와 열 가지 작은 고정 사물(예: '인형집' 테이블 2, 침대 2, 의자 2, 싱크 2, 바구니 2)인데 한 영역(예: 크기 또는 색)만 다르고 '경청'하도록 지시하면, 학생은 열 가지 움직일 수 있는 사물(예: 신발, 인형, 사과 등)을 각 고정 사물의 안에, 위에, 아래에 놓도록 지시받았을 때 10번 중 6번, 기다림의 수신호와 직접적인 구어 단서, 교사의 교정 또는 칭찬을 제공받아 "어느 테이블(의자 등)?" (답: 큰 것 또는 빨간 색) 질문을 할 수 있다.

설명 노트

- 위 괄호 안 정보는 여기서 명료화를 목적으로만 제공한 것이다. 실제 단기목표에서는 누락될 수 있다.

단기목표 2 장벽 게임과 열 가지 작은 고정 사물로 한 영역(예: 크기 또는 색)이 다른 것과 '경청'하도록 수신호와 병행하여 지시하면, 학생은 열 가지 움직일 수 있는 사물을 각 고정 사물의 안에, 위에, 아래에 놓도록 지시받았을 때 10번 중 9번, 기다림의 수신호와 간접적인 구어 단서("무엇을 잊었을

까?")와 교사의 교정 또는 칭찬을 제공받아 "어느 것(사물 이름?)"을 묻는 질문을 할 수 있다.

단기목표 3 장벽 게임과 열두 가지 작은 고정 사물로 한 영역(예: 크기 또는 색)이 다른 것들과 '경청'하도록 수신호를 제공하면, 학생은 열두 가지 움직일 수 있는 사물을 각 고정 사물의 안에, 위에, 아래에 놓도록 지시받았을 때 10번 중 9번, 교사의 교정 또는 칭찬을 제공받아 "어느 것(사물 이름?)"을 묻는 질문을 할 수 있다(예: "어느 의자?" 질문에 대한 답으로 성인은 "큰 의자"라고 반응한다. 하지만 단지 색만 차이가 있는 큰 의자 2개가 있고 학생은 "어느 큰 의자?"를 묻게 되며, 답은: 빨간색 의자).

연간목적 비슷하지만 다른 영역(예: 빨간 펜/ 파란 펜) 사물을 포함하도록 지시하면, 학생은 10번 중 9번, 학급 활동에 따라 필요한 정보를 얻기 위해 적절한 질문을 독립적으로 할 수 있다.

협상하기

정서 · 행동장애(EBD)가 있는 15세 학생 현재수행수준 예시

학생은 규칙적인 휴식을 하며 학습 과제를 완성할 수 있지만, 학업 과제로 돌아가기 위해 선호하는 사물을 치워 둘 필요가 있을 때 종종 화를 내곤 한다. 또한 그는 사회적 상황에서 또래들과 협상을 하는 데 어려움이 있다. 이 같은 어려움은 고등학교 학급에서 상당한 혼란을 야기하며, 사회적 관계를 손상시키고, 그가 수행할 수 있는 학업의 양과 질을 모두 절충하게 만든다.

현재수행수준에 기초한 목표 템플릿

단기목표 1 협상 기술에 대한 직접교수와 추후 수정할 수 있는 다섯 가지

구조화된 '유연한' 시나리오를 제시하면, 학생은 5번 중 4번, 다른 사람 간에 직접적이며 간접적인 구어 단서를 제공받아 세 가지 옵션으로 제시된 그룹에서 적절한 협상 전략(예: "제발" "좀 더 길게" "한 가지만 할 수 있을까요?" 등)을 선택할 수 있다.

단기목표 2 추후 수정할 수 있는 다섯 가지 구조화된 '유연한' 시나리오를 제시하면, 학생은 다양하게 구조화된 역할극 상황에서 5번 중 4번, 간접적인 구어 단서를 제공받아 각 1명의 또래와 학생과 함께 적절한 협상 전략을 선택할 수 있다.

단기목표 3 추후 수정할 수 있는 일곱 가지 구조화된 '유연한' 시나리오를 제시하면, 학생은 다양하게 구조화된 역할극 상황에서 7번 중 6번, 필요시 최소한의 단서를 제공받아 또래와 함께 적절한 협상 전략을 선택할 수 있다.

연간목적 협상을 위한 몇 가지 기회를 포함한 집단 프로젝트가 제공되면, 학생은 구조화된 역할극 상황에서 80%의 기회로 필요시 간접적인 구어적 단서를 제공받아 또래와 함께 적절한 협상 전략을 적용할 수 있다.

의사소통 문제를 바로잡기

명료화하기

자폐스펙트럼장애(ASD)가 있는 12세 학생 현재수행수준 예시

학생의 언어임상가는 주의 끌기, 요청하기, 반대하기, 논평하기를 포함한 다양한 목적의 의사소통을 한다고 보고한다. 실제로 학생은 대부분 낮은 수

준의 화용론적 의사소통의 기능은 마스터한 것처럼 보인다. 하지만 바로잡기(repairring) 전략(예: 무엇인가 이해하지 못했을 경우 명료화를 요청하기) 사용과 같이 고기능의 의사소통에는 어려움이 있다. 이러한 어려움은 7학년 통합학급 상황에서와 비교과 활동을 하는 능력에도 영향을 준다.

현재수행수준에 기초한 목표 템플릿

단기목표 1 직접교수와 구어적 명료화가 요구되는 다양한 상황을 제시하면, 학생은 명료화의 필요에 대해 듣는 사람에게 알리고 명료화를 하기 위한 세 가지로 구성된 그룹에서 5번 중 4번, 다양한 구조화된 역할극 안에서 다른 사람 간에 필요시 수신호와 직접적인 구어 단서를 제공받아 또래와 함께 적절한 바로잡기 카드를 선택할 수 있다.

단기목표 2 구어적 명료화가 요구되는 다양한 상황을 제시하면, 학생은 명료화의 필요에 대해 듣는 사람에게 알리고 5번 중 4번, 다양한 구조화된 역할극에서 다른 사람 간에 필요시 수신호와 간접적인 구어 단서를 제공받아 각 상황에 적절한 바로잡기 카드를 활용할 수 있다.

단기목표 3 구어적 명료화가 요구되는 고안된 상황을 제시하면, 학생은 명료화의 필요에 대해 듣는 사람에게 알리고 5번 중 4번, 학급 상황에서 필요시 제스처 단서를 제공받아 적절한 바로잡기 카드를 활용할 수 있다.

연간목적 구어적 명료화에 대한 요구가 제시되면, 학생은 명료화의 필요에 대해 듣는 사람에게 알리고 고안된 상황에서 5번 중 4번, 학업 상황에서 기대하는 기다림과 최소한의 간접적인 구어적 확인을 제공받아 적절한 바로잡기 카드를 사용할 수 있다.

단순/언어장애(S/LI)가 있는 9세 학생 현재수행수준 예시

학생은 직접적인 질문에 답을 할 수 있으나, 과제를 수행하는 데 필요한 정보를 얻기 위해 질문하지 않는다. 결과적으로 학생은 중요한 정보를 놓쳐 자주 과제를 잘못 이해한다. 이러한 어려움은 3학년 학급에서 학교생활에 부정적으로 영향을 미치고 과제를 완성하는 능력을 방해한다.

현재수행수준에 기초한 목표 템플릿

단기목표 1 예시, 모델링, 여러 가지 소도구를 제시하면, 학생은 맥락적으로 적절한 상황과 활동에서 필요한 정보를 얻기 위하여 10번 중 8번, 다양한 구조화된 역할극에서 다른 사람 간에 질문을 위한 단서로 수신호(어디와 무엇)를 제공받아(예: 어른은 학생에게 “종이를 폴더에 넣으세요.”라고 지시한다. 학생은 그녀 앞에 세 가지 폴더를 가지고 있기 때문에 “어느 폴더요?”라고 질문할 필요가 있다) Wh와 다른 질문 형식을 사용하여 질문을 할 수 있다.

단기목표 2 여러 가지 소도구를 제시하면, 학생은 맥락적으로 적절한 상황과 활동에서 필요한 정보를 얻기 위하여 10번 중 8번, 다양한 구조화된 역할극에서 다른 사람 간에 기대하는 기다림을 제공받아 Wh와 다른 질문 형식을 사용하여 질문을 할 수 있다.

단기목표 3 고안된 ‘실제 세계’ 상황을 제시하면, 학생은 학급 상황에서 필요한 정보를 얻기 위하여 10번 중 8번, 최소한의 간접적인 구어 단서를 제공받아 Wh와 다른 질문 형식을 사용하여 질문을 할 수 있다.

연간목적 학생은 맥락적으로 적절한 상황과 활동에서 필요한 정보를 얻기 위해 10번 중 8번, 학업 교과 간에 예상된 대기시간하는 기다림을 제공받아 Wh와 다른 질문 형식을 사용하여 질문을 할 수 있다.

설명 노트

- 고안된 '실제 세계' 상황이라는 표현을 사용한 것은 자연스러운 상황에서 과제를 의도적으로 구조화하는 것을 의미한다. 예를 들어, 학급 상황에 일반화를 촉진하기 위해 어른은 의도적으로 중요한 정보를 주지 않거나 학생으로 하여금 추가 정보에 대해 질문을 하게끔 만들기 위한 목적으로 애매한 지시사항을 주어야 한다.

일상적인 대화의 규칙

호혜

자폐스펙트럼장애(ASD)와 단순/언어장애(S/LI)가 있는 5세 학생 현재수행수준 예시

학생은 다른 사람과 상호작용하기를 원하지만 다음에 무슨 말을 해야 하는지 알지 못하기 때문에 종종 물러서곤 한다. 특히 그녀는 또래 아이들의 놀이 활동에서 사용되는 전형적인 사회적 어구가 부족하다. 교사가 그녀에게 무슨 말을 할지 이야기해 줄 때는 따라 말할 수 있지만, 다음 상황에서 종종 적절하게 사용해야 하는 해당 단어나 어구를 사용하지 않는다. 이런 어려움은 학급 활동에 참여하고 또래와 함께 어린 시절에 하는 게임에 효과적으로 참여하는 데 부정적인 영향을 미친다.

현재수행수준에 기초한 목표 템플릿

단기목표 1 세 가지 사회적 어구(예: '알았다' '네 차례' 등)에 대한 직접교수와 수신호 단서를 병행하면, 학생은 맥락적으로 적절한 활동에서 5번 중 4번, 어구 사용에 대한 직접적인 구어 및 수신호 단서를 제공받아 1명의 또래와 함께하는 역할극 상황에서 이러한 어구를 적용할 수 있다.

단기목표 2 두 가지 새로운 공통의 사회적 어구에 대한 직접교수와 이전에 학습한 세 가지를 유지하고자 각각 수신호 단서를 병행하여 제시하면, 학생은 맥락적으로 적절한 활동에서 5번 중 4번, 예상된 대기시간을 제공받아 1명의 또래와 함께하는 역할극 상황에서 이러한 어구를 적용할 수 있다.

단기목표 3 게임 형식을 제공하면, 학생은 5번 중 4번, 예상된 대기시간을 제공받아 2명의 또래와 함께 유사한 게임의 맥락 내에서 이전에 학습한 다섯 가지 사회적 어구로부터 적절한 것을 적용할 수 있다.

연간목적 학생은 또래와의 상호작용을 하는 동안 5번 중 4번, 독립적으로 또는 예상된 대기시간을 제공받아 학급 내 맥락적으로 적절한 활동에서 사회적 어구를 적용할 수 있다.

자폐스펙트럼장애(ASD)와 단순/언어장애(S/LI)가 있는 5세 학생 현재수행수준 예시

교사와 부모의 보고에 따르면, 학생은 다른 사람과의 상호작용을 즐기는 것 같다. 학생은 자주 어른과 또래들을 환영하고자 접근할 것이다. 하지만 반겨 주고 나면, 학생은 대화를 어떻게 지속해야 할지 모르는 것 같다. 학생은 사소한 이야기를 하는 데 가장 어려움이 크고, 이는 학생이 비교과 활동에서 또래와 사회적으로 상호작용하는 능력에 상당한 영향을 미친다.

현재수행수준에 기초한 목표 템플릿

단기목표 1 직접교수와 시범, 몇 가지 시나리오를 제시하면, 학생은 최소한 1명의 친숙한 어른과 구조화된 역할극 상황에서 최소한 세 차례 대화 주고받기를 하며 필요시 직접적인 구어 단서를 제공받아 일상적인 대화에서 학생의 차례를 수행하기 위해 제시된 여섯 가지 옵션으로부터 적절한 '대화 충전제(conversation filler)'를 선택할 수 있다.

단기목표 2 몇 가지 시나리오를 제시하면, 학생은 친숙하지 않은 어른과 함께 구조화된 역할극 상황에서 최소한 네 차례 동안 최소한의 간접적인 구어 또는 제스처 단서를 제공받아 일상적인 대화에서 학생의 차례를 수행하기 위해 제시된 여덟 가지 옵션으로부터 적절한 '대화 충전제'를 선택할 수 있다.

단기목표 3 '대화 충전제'를 촉진하기 위한 수신호를 제시하면, 학생은 친숙하지 않은 또래와 구조화된 역할극 상황에서 네 차례 동안 필요시 예상된 대기시간을 제공받아 일상적인 대화에서 학생의 차례를 수행할 수 있다.

연간목적 학생은 1명의 어른 또는 또래와 함께 학급 상황에서 최소 서너 차례 동안 최소한의 간접적인 단서 제공을 받아 일상적인 대화에서 학생의 차례를 수행할 수 있다.

주제 지속하기

자폐스펙트럼장애(ASD)가 있는 9세 학생 현재수행수준 예시

임상 관찰과 교사 보고에 따르면 학생은 구어적이며 또래와 함께 관심 주제에 대한 논의를 매우 즐기지만, 주제가 선택되지 않았을 때 다른 사람과

대화를 지속하는 데 어려움을 보인다. 이러한 조건하에, 학생은 주제를 유지하는 데 상당한 어려움이 있다는 것이 주제를 변경(대개 그의 관심에 중점을 둔 주제)하려는 학생의 경향으로 나타나거나 별 관련이 없는 언급을 하는 것으로 보인다. 이런 어려움은 학생이 어른과 또래 모두와 효과적으로 소통하는 데 영향을 주며, 특히 또래들이 좋아하기 힘들다. 전반적으로 학생의 어려움은 또래와의 관계를 형성하는 능력에 부정적으로 영향을 미치고 통합학급 상황에서 급우들로부터 격리되도록 만든다.

현재수행수준에 기초한 목표 템플릿

단기목표 1 주제를 지속하는 것이 무슨 의미인지에 대한 직접교수와 그가 중간 정도(적당히)의 흥미를 보이는 요소가 포함된 논의 주제 시리즈를 제공하면, 학생은 주제에 적절한 세 가지 옵션으로 구성된 그룹에서 10번 중 8번, 사람 간에 직접적인 구어 단서와 수신호 단서를 함께 제공받아 대화 문장을 선택하는 능력을 보여 줄 수 있다.

단기목표 2 중간 정도(적당히)의 흥미를 보이는 요소가 포함된 논의 주제 시리즈를 제공하면, 학생은 주제에 적절한 세 가지 옵션으로 구성된 그룹에서 이전에 배운 다섯 가지 주제와 다섯 가지 새로운 주제로 네 차례 동안 10번 중 8번, 사람 간에 간접적인 구어 단서를 제공받아 대화 문장을 선택하는 능력을 보여 줄 수 있다.

단기복표 3 최소한으로 흥미를 보이는 요소가 포함된 논의 주제 시리즈를 제공하면, 학생은 논의하에 주제에 적절한 진술/질문으로 대화의 차례를 수행함으로써 주제를 다섯 가지 새로운 주제로 세 차례 동안 어른과 또래와 함께 구조화된 역할극 상황에서 간접적인 구어 단서를 제공받아 지속하는 능력을 보여 줄 수 있다.

연간목적 최소한으로 흥미를 보이는 논의 주제를 제공하면, 학생은 논의 하에서 주제에 적절한 진술/질문으로 대화의 차례를 수행함으로써 최소 4차례 동안 어른과 또래와 함께 구조화된 역할극 상황에서 5번 중 4번, 독립적으로 주제를 지속하는 능력을 보여 줄 수 있다.

가정적 지식

이 유형의 지식은 사회적 상황의 윤곽을 따라 무엇을 이야기할 것인지(내용), 뿐만 아니라 어떤 방식으로 표현할 것인지(스타일)에 맞출 수 있도록 한다. 예를 들어, 누군가는 병원의 집중치료실에서는 야구 경기에서보다는 부드러운 목소리를 사용해 다르게 말할 것이다. 이와 유사하게 가까운 친구와 함께 이야기할 때보다 권위가 있는 사람에게 말을 할 때 내용과 표현 방식을 조절하게 된다. 언어 내용을 알리고자 상황 요건에 따라 적절한 가정을 할 수 있는 능력은 자폐스펙트럼장애와 비언어성 학습장애학생에게 상당히 부족하다. 하지만 주의력결핍장애/주의력결핍 과잉행동장애(ADD/ADHD)와 관련한 충동성과 자기중심성은 정서・행동장애학생에게도 많이 보이며, 사회적 인지에 대한 이 영역은 이러한 장애 범주에 해당하는 학생에게도 중요하다고 생각한다.

비언어성 학습장애(NLD)가 있는 18세 학생 현재수행수준 예시

형식적인 검사와 교사의 관찰, 부모의 보고에 따르면 학생은 어휘, 문법, 구문 능력이 우수하다. 학생은 학생을 잘 아는 어른과 또래가 사회적으로 특이한 그녀의 성격을 수용해 주는 학업 상황에서는 잘 수행한다. 하지만 문제는 학교 내 직업-학습 프로그램에서 발생한다. 보고된 것처럼, 학생은 감독관과 고객에게 부적절하고 개인적인 지적을 하였다. 학생은 일자리를 잃을 수 있는 위험성이 있는 직장 환경에서 상황 요건에 대한 공감 능력이 부족하다.

현재수행수준에 기초한 목표 템플릿

단기목표 1 '업무적인' vs '개인적인' 대화에 대한 직접교수와 적절하고 부적절한 언급에 대한 시범/모델링, 몇 가지 직무 관련 시나리오를 제시하면, 학생은 10번 중 7번, 간접적인 구어 단서와 교정을 제공받아 시나리오에 적절한 선다형 형식의 언급을 선택할 수 있다.

단기목표 2 몇 가지 직무 관련 시나리오를 제시하면, 학생은 10번 중 8번, 독립적으로 시나리오에 적절한 선다형 형식의 언급을 선택할 수 있다.

단기목표 3 몇 가지 직무 관련 시나리오와 '업무적인' 그리고 '개인적인' 언급을 포함하는 목록을 제시하면, 학생은 성인과 함께 10번 중 8번, 필요시 간접적인 구어 단서 또는 기대하는 기다림을 제공받아 구조화된 역할극 상황에서 적절한 언급을 적용할 수 있다.

연간목적 3 앞서 강조한 것을 기초로 고안된 상황이 제시되면, 학생은 성인과 함께 5번 중 4번, 필요시 최소한의 간접적인 구어 단서와 교정을 제공받아 학생의 직업-학습 상황 대화에서 적절한 언급을 적용할 수 있다.

문장 만들기

단순/언어장애(S/LI)가 있는 8세 학생 현재수행수준 예시

학생은 종종 다른 사람과 구어로 상호작용을 주도할 수 있다. 하지만 형식적인 검사와 비형식적 사정은 학생이 문장 만들기에 상당한 어려움이 있음을 보여 준다. 특히 질문을 했을 때 학생은 종종 팬터마임으로 반응할 것이다. 단어를 사용하도록 단서를 주면, 학생은 한 단어 반응을 하거나 답을 모른다고 말한다. 학생이 언어를 시작할 때 그의 발화가 많은 문법적인 오류를

보이며 단어 순서에 어려움이 있는 특성을 보였다. 이러한 문제는 학급 교육과정에 효과적으로 참여하는 능력에 영향을 주고 학생의 성적과 또래 관계에도 부정적으로 영향을 준다.

현재수행수준에 기초한 목표 템플릿

단기목표 1 주어, 서술어, 목적어에 대한 색 코딩 시각적 템플릿과 템플릿 사용에 대한 직접교수를 제공하면, 학생은 10번 중 7번의 질문에 템플릿 사용에 관해 직접적인 구어와 수신호 단서를 제공받아 올바른 순서로 3~5 단어 길이의 문장을 만들어 답을 할 수 있다.

단기목표 2 주어, 서술어, 목적어에 대한 색 코딩 시각적 템플릿을 제공하면, 학생은 10번 중 8번의 다른 질문에 템플릿 사용에 관해 간접적인 구어와 제스처 단서를 제공받아 올바른 순서로 5~7 단어 길이의 문장을 만들어 답을 할 수 있다.

단기목표 3 주어, 서술어, 목적어에 대한 색 코딩 시각적 템플릿을 제공하면, 학생은 10번 중 8번의 다른 질문에 최소한의 제스처 단서 또는 예상된 대기시간을 제공받아 올바른 순서로 7~10 단어 길이의 문장을 만들어 답을 할 수 있다.

연간목적 주어, 서술어, 목적어에 대한 색 코딩 시각적 템플릿을 제공하면, 학생은 학급에서 구조화된 언어 시간에 10번 중 8번, 필요시 템플릿 사용에 대한 제스처 단서를 제공받아 올바른 순서로 7개 또는 그 이상의 단어 길이의 문장을 만들어 답을 할 수 있다.

이야기 발달

글로 이야기 쓰기

비언어성 학습장애(NLD)와 정서 · 행동장애(EBD)가 있는 11세 학생 현재수행수준 예시

구어 기술에 강점을 보이는 반면, 비공식적 사정에 따르면 학생의 이야기 기술은 4~5세 수준으로 파악된다. 학생의 이야기는 여러 사건을 순차적으로 조직화한 것보다는 정보의 무더기 같이 정리되지 않은 특징을 지닌다. 이러한 어려움은 통합학급에서의 교과목별 이야기 쓰기 능력에도 막대한 영향을 미치고 대체로 퀴즈나 시험에서 그가 아는 것을 나타내는 능력 또한 방해한다.

현재수행수준에 기초한 목표 템플릿

단기목표 1 사진과 함께 색 코딩 이야기 형식과 이를 사용하는 것을 지도하면, 학생은 5번 중 3번, 직접적이며 간접적인 구어 단서를 제공받아 인물, 장소, 시간, 문제 사건과 해결책의 요소를 포함하는 완성된 이야기를 쓸 수 있다.

단기목표 2 사진과 함께 색 코딩 이야기 형식과 이를 사용하는 것을 지도하면, 학생은 5번 중 4번, 다른 이야기에서 간접적인 구어 단서를 제공받아 인물, 장소, 시간, 문제 사건과 해결책의 요소를 포함하는 완성된 이야기를 쓸 수 있다.

단기목표 3 사진과 함께 색 코딩 이야기 형식과 이를 사용하는 것을 지도

하면, 학생은 10번 중 9번, 다른 이야기에서 인물, 장소, 시간, 문제 사건과 해결책의 요소를 포함하는 완성된 이야기를 독립적으로 쓸 수 있다.

연간목적 색 코딩 이야기 형식과 한 쪽 부분으로 인물, 장소, 시간, 문제 사건과 해결책의 단어를 써서 제시하면, 학생은 학급 상황에서 독립적으로 그러한 요소를 포함하는 쓰기 책 보고서를 작성할 수 있다.

설명 노트

- 독립적인 수행은 색 코딩 이야기 형식의 사용이라는 근원적인 조건하에 여전히 임시적이다. 이러한 형식적인 도구를 사용하는 것은 학생의 수행을 성공하게 만들려는 조절로 고려한다.

이야기 담화

주의력결핍 과잉행동장애((ADHD)가 있는 7세 학생 현재수행수준 예시

학생은 우수한 해독 기술을 보이며 이 영역에서 해당 학년 수준에 위치한다. 선다형으로 평가할 때, 학생은 '복잡하지 않은(즉, 사실적인)' 정보를 상당히 잘 이해하는 것처럼 보인다. 하지만 문제는 학생이 이야기 혹은 지난 사건을 다시 말해야 할 때 발생한다. 이러한 상황하에 학생은 "all over the board", 즉 학생은 순서 없이 일일이 언급하거나 전혀 언급을 하지 않는다. 이 어려움은 학생이 2학년 학급에서 언어 시간과 읽기 활동뿐 아니라 이야기 담화를 포함하는 다른 활동까지 참여를 방해한다.

현재수행수준에 기초한 목표 템플릿

단기목표 1 순서에 대한 연대표 템플릿 사용에서 직접교수와 최근에 지나간 사건(예: 현장학습 또는 다른 사건의 사진들)에 대한 시각적 지원을 제공하면, 학생은 사건을 다시 말하면서 다섯 가지 사건에서 5번 중 4번, 모든 요소에 대해 직접적인 구어와 수신호 단서를 제공받아 적절한 순서에 따라 다음의 요소, 즉 참여자, 장소, 시간과 최소 한 가지 활동에 맞추어 사진을 배열할 수 있다.

단기목표 2 연대표 템플릿과 최근에 지나간 사건에 대한 시각적 지원을 제공하면, 학생은 다섯 가지 새로운 사건과 다섯 가지 이전 사건에서 5번 중 4번, 모든 요소에 대해 간접적인 구어와 제스처 단서를 제공받아 사건을 다음의 요소, 즉 참여자, 장소, 시간과 최소 두 가지 활동에 맞추어 다시 말하기를 할 수 있다.

단기목표 3 연대표 템플릿과 이야기 요소에(인물, 장소, 시간과 활동) 대한 체크리스트를 제공하면, 학생은 5번 중 4번, 간접적인 구어 단서를 제공받아 방금 막 읽어 준 이야기를 적절한 순서에 맞추어 템플릿의 이야기 요소에 적절하게 사진을 배열하고 다섯 가지 다른 이야기를 다시 말함으로써 새로 만들 수 있다.

연간목적 연대표 템플릿과 이야기 요소에 대한 체크리스트를 제공하면, 학생은 언어 교육과정에서 열 가지 다른 이야기 또는 사건 간에 10번 중 8번, 템플릿/체크리스트의 사용에 대한 최소한의 제스처 단서를 제공받아 구어적으로 이야기 또는 사건을 적절한 시간 순서에 따라 인물, 장소, 시간, 활동의 요소에 맞추어 다시 말할 수 있다.

의사소통, 표현, 담화 발달을 위한 일반적인 교수 정보와 전략

① 의사소통을 권장하는 상황을 마련하거나 구조화하라. 몇 가지 예시는 다음과 같다.

- 간식 시간(학생이 요청하기를 기다리기, 적은 부분 주기, 학생이 주의를 끌도록 기다리기 등)
- 필요한/원하는 물건(예: 풀, 크레파스, 좋아하는 장난감 등)을 인접하게 위치하여 학생이 의사소통을 할 이유를 갖도록 하기
- 학생이 좋아하지 않는 물건을 제공하여 적절한 거절을 이끌어 내기(화용론적 반대 기능)
- 익숙한 일과의 원하는 부분을 건너뛰어 학생이 필요한 정보를 제공받을 수 있는 기회와 이유를 갖도록 하거나 지속을 요청하게 하기
- 언급하기 행동을 모델링하고 학생의 자발적인 언급을 촉진하기 위해 흥미 있고 동기부여가 되는 활동 제공하기
- 가능하면 언제든지 중요 부분을 두드러지도록 하기(예: 핵심 정보에 색 표기하기, '실제보다 과장하기')
- 동기를 자극하는 장난감, 애완동물 또는 의사소통과 표현을 위한 자극제이며 맥락을 제공하기 위한 흥미로운 물건을 가지고 오기
- 학생에게 확장된 투입을 제공할 필요를 만들고자 '잘못 이해하기' 또는 '멍청하게 놀기'
- 학생의 관심대로 이끄는 것을 따르기

② 동기를 자극하는 맥락에서 의사소통의 힘을 시범 보이고 가르치기 위해 지시적 의사소통 과제(장벽 게임)를 활용하라. 이는 언어임상가에 의해 설계될 수 있고 언어치료와 또래와 함께하는 사회성, 놀이, 여가 활동에서 사용하기 우수한 도구이다.

③ 가능하면 목표 반응(예: 비구어적 행동, 단어, 어구)의 시범과 모델링을 활용하여, 학생이 적절한 행동에 대한 모형을 지니도록 하라.

④ 좀 더 길고 정교한 발언을 촉진하는 문장 스트립과 수신호와 같은 시각적 지원을 사용하라.

⑤ 학생이 상호작용을 시도하는 데 사용할 수 있는 다양한 의사소통의 수단에 접근하도록 하며 반응함으로써 강화될 수 있도록 하라.
⑥ 단어 검색과 문장 확대 모두 촉진하도록 돕는 수신호를 사용하라.
⑦ 자연스러운 제스처, 수신호, 사진, 단어 카드 등을 포함하지만 이에 제한되지 않는 다양한 형태의 언어적 투입과 피드백은 이해와 의미 있는 표현을 위한 기초를 형성하는 정보처리를 촉진하는 데 도움이 되기 때문에 이러한 것을 학생하게 제공하라.

chapter 13 사회성의 모든 것

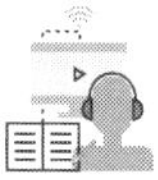

피글렛(Piglet)은 푸우(Pooh) 뒤에서, 옆으로 기대어 "푸우!"라고 속삭였다. "응? 피글렛!" "아무것도 아니야." 푸우의 앞발을 보며 피글렛이 말했다. "난 단지 너를 확인하고 싶었어."

–A. A. Milne

기술 범주 포함에 대한 이유

- 연구는 자폐아동들이 심상(Peeters & Gillberg, 1999; Twachtman-Cullen, 2000a) 발달과 상징놀이(Wolfberg, 2009)에 결함이 있음을 보여 준다. Tanguay(2001) 또한 놀이를 비언어성 학습장애(NLD)에게 교정이 요구되는 영역으로 제시한다.
- 주의력결핍장애/주의력결핍 과잉행동장애(ADD/ADHD)학생은 충동성과 자기조절 문제로 인해 종종 또래 관계에 상당한 어려움을 지닌다(Rief, 2005). 게다가 많은 정서 · 행동장애(EBD)학생을 특징 짓는 화 조절의 어려움과 생각 방해 속성으로 인해 그들은 사회적 관계를 형성하

고 유지하는 데 어려움을 지닌다. 이러한 문제는 어린아이들의 놀이 행동에 부정적인 영향을 미친다.

- 비언어성 학습장애학생은 구어와 비구어 정보를 통합하거나 1명의 청자에게 적절한 행동이 다른 누군가에는 적절하지 않을 수 있다는 것을 선천적으로 이해하는 데 어려워한다(Tanguay, 2001).
- 사회적 행동의 손상은 자폐스펙트럼장애의 잘 알려진 특징으로 사회적 이해와 표현, 사회적 관련성과 사회적 상호작용에 영향을 미친다. Tanguay(2001)에 따르면, 비언어성 학습장애학생은 자폐아동들과 마찬가지로 많은 사회적 인지 문제 유형을 보인다.
- 연구는 자폐스펙트럼장애학생이 마음 이론으로 알려진 사회적 인지 유형에서 폭넓게 결함이 있음을 보여 준다(Baron-Cohen, Tager-Flusberg, & Cohen, 1993; Hobson, 1989; Tager-Flusberg & Sullivan, 1994). 이 영역에서의 결함은 학생으로 하여금 대부분 비구어적인 외향적인 행동을 사용하는 것과 마음의 내적인 상태를 예측하는 것과 행동을 이해하는 것을 어렵게 한다. 마음 이론에서 문제는 학생으로 하여금 타인의 관점을 수용하고 공감하는 것을 어렵게 만드는 것이다.
- 비언어성 학습장애학생은 자폐스펙트럼장애학생과 같이 마음 이론에서 매우 유사한 결함을 지니고, 비구어적 단서와 신호를 이해하는 데 심각한 어려움을 지녀 구어와 비구어 단서를 통합하는 데 실패한다(Tanguay, 2001). 마찬가지로 주의력결핍장애/주의력결핍 과잉행동장애학생과 정서·행동장애학생 또한 부실한 마음 이론 기술을 반영하듯 타인의 관점 수용과 공감에 문제를 보인다.

수행 수준

사회적 인지, 놀이, 여가 기술 발달

다음의 사항을 포함해야 한다.

- 사회적 인시, 놀이(어린아이들에게), 또는 여가 기술 발달의 영역에서, 특히 학업 성취(만약 적절하다면)와 기능적 수행과 관련된 학생의 강점을 나타내는 진술
- 놀이를 강조한다면, 아동의 놀이 기술 발달 수준을 포함하는 것은 도움이 될 것임(독립적인, 평행의, 연합하는 등)
- 사회적 인지, 놀이(어린아이들에게), 또는 놀이 기술 발달의 특정 영역에서, 특히 학업 성취(만약 적절하다면), 기능적 수행과 차기년도 교육적 요구의 우선순위와 관련하여 학생의 약점에 대한 진술
- 사회적 인지, 놀이(어린아이들에게), 또는 여가 기술 발달의 영역에서 학생의 장애가 일반교육과정에의(학령기 이전 아동의 경우, 적절한 활동에의) 참여와 진전도에 어떠한 영향을 미치는지에 대한 진술
- 현재수행수준 진술의 자료(선택적)
- 현재수행수준이 다음 두 가지 중요한 기능을 이행할 수 있도록 하는 추가 정보: ① 요구에 기반하고 개별화된 개별화교육계획 목표를 작성하는 기초로서 기능, ② 학생의 수행과 진전도를 판단하는 기준으로서 기능

내용 영역

사회적 인지

사회적 반응하기/사회적 호혜

중등도 자폐와 지적장애가 있는 3세 학생의 현재수행수준 예시

비공식적 사정과 부모의 보고에 따르면, 학생은 사회적 실용 기술이 3~6개월 범주에 해당하는 것으로 나타난다. 그는 음악적이고 리듬 있는 활동에 가장 주의를 기울이며 거울 놀이를 즐기기 시작한다. 하지만 학생은 다른 사람에게 반응하고 사회적 호혜(사회적 교환을 주고받으며 쌍방의 의사소통 상호작용의 토대)에서 심한 어려움을 보인다. 이러한 어려움은 유치원 프로그램에서 활동에 참여하는 능력, 특히 사회적 상호작용에 참여하는 것에 영향을 미친다.

현재수행수준에 기초한 목표 템플릿

단기목표 1 발달적으로 적절하고 동기를 자극하는 활동을 천천히 위협적이지 않은 속도로 전달하면, 학생은 어른과 함께하는 두 가지 사회적 게임에서(예: 까꿍놀이, 손바닥 치기 놀이) 눈 맞춤 또는 긍정적 영향으로 10번 중 7번, 구어적 칭찬을 제공받아 적절한 사회적 반응하기를 네 차례 할 수 있다.

단기목표 2 발달적으로 적절하고 동기를 자극하는 활동을 천천히 위협적이지 않은 속도로 전달하면, 학생은 어른과 함께하는 네 가지 사회적 게임에서(예: 이전 두 가지 사회적 게임과 Row Row Row Your Boat와 London Bridge Is Falling Down 동요) 눈 맞춤 또는 긍정적 영향으로 10번 중 8번, 구어적 칭찬

을 제공받아 적절한 사회적 반응하기를 다섯에서 일곱 차례 할 수 있다.

단기목표 3 발달적으로 적절하고 동기를 자극하는 활동을 (적절한 속도로) 제시하면, 학생은 눈 맞춤과 긍정적 영향으로 통한 사회적 호혜 모두를, 어른과 함께하는 네 가지 사회적 게임/동요에서 넷에서 여섯 차례, 10번 중 8번, 구어적 칭찬을 제공받아 적절한 사회적 반응하기와 제스처(예: 손바닥 치기 놀이에서 박수치기 시도, 까꿍놀이에서 담요 사용)를 할 수 있다.

연간목적 학생은 유치원 학급에서 세 가지 유사한 사회적 게임과 세 가지 유사한 동요에서 10번 중 8번, 적절한 사회적 반응과 호혜를 나타낼 수 있다.

설명 노트

- 다음 목표들은 아동이 즐길 수 있는 많은 활동으로 좀 더 확장할 수 있다. 적절한 다음 단계로 상호적인 움직임과 동요를 포함한 호혜적 게임에서 또래를 소개할 수 있다.

공유하기

비언어성 학습장애(NLD)가 있는 4세 학생의 현재수행수준 예시

임상 관찰과 교사 보고에 따르면, 학생은 평행 게임 활동에 참여할 수 있지만 또래와 장난감을 공유하는 데 상당한 어려움을 지닌다. 그녀의 언어임상가는 물놀이나 모래놀이 활동에 참여할 때 학생 자신이 선호하는 장난감을 내놓아야 할 때 종종 화를 낸다고 보고한다. 이러한 어려움은 그녀가 유

치원 학급에서 집단 활동과 놀이 활동에 참여하는 능력에 영향을 미치며 또래로 하여금 그녀와 놀이하는 것을 피하게끔 만든다.

현재수행수준에 기초한 목표 템플릿

단기목표 1 두 가지 중립적인 장난감과 3분 타이머를 제시하면, 학생은 10분간 유지되는 모래 또는 물놀이 테이블에서 놀이 상호작용 시 공유하도록 하면, 필요시 직접적인 구어 단서와 신체적 도움과 장난감을 내주는 것에 대해 칭찬을 받아 1분 동안 5번 중 3번, 어른에게 장난감을 건넬 수 있다.

단기목표 2 한 가지 선호하는 장난감과 두 가지 중립적인 장난감, 그리고 5분 타이머를 제시하면, 학생은 15분간 유지되는 모래 또는 물놀이 테이블에서 놀이 상호작용 시 간접적인 구어 단서("무엇을 하는 시간인가요?")와 짝을 이루는 위로 올려 든 손바닥과 장난감을 내주는 것에 대해 칭찬을 받으면 2분 동안 5번 중 4번, 어른에게 장난감을 건넬 수 있다.

단기목표 3 서너 가지 선호하는/선호하지 않는 장난감을 제시하면, 학생은 공유하라는 성인의 촉진이 있을 때, 20분간 유지되는 모래 또는 물놀이 테이블에서 놀이 상호작용 시 예상된 대기시간과 장난감을 내주는 것에 대해 칭찬을 받으면 5번 중 4번, 어른에게 장난감을 건넬 수 있다.

연간목적 유치원 학급에서 20분간 구조화된 놀이 상호작용을 제시하면, 학생은 1명 또는 2명의 또래와 함께 간접적인 단서와 필요시 성인에 의한 촉진을 받아 네다섯 가지 놀이 물체를 공유할 수 있다.

차례 바꾸기

주의력결핍 과잉행동장애(ADHD)가 있는 8세 학생의 현재수행수준 예시

학생은 다른 아이들과 보드게임 놀이를 즐긴다. 하지만 그녀의 부주의와 충동성으로 인해 자신의 차례를 기억하는 데 어려움이 있다. 이것은 차례가 연달아 있는 게임 또는 한 차례를 건너뛰어야 하는 게임에서 특별히 문제가 된다. 이런 행동은 또래들을 혼란시키며 그녀가 학급에서 사회적 관계를 발달시키는 능력을 방해한다.

현재수행수준에 기초한 목표 템플릿

단기목표 1 차례 표시기(예: 종이에 내 차례라고 단어를 쓰고 동그라미를 표시할 수 있도록 함)의 사용에 대한 직접교수를 제공하면, 학생은 적절한 타이밍에 차례 표시기의 순서를 움직이며 2명이 하는 게임에서 또래와 함께 15분 동안 70%, 차례 표시기 사용에 대한 직접적인 구어 단서를 제공받아 순서를 바꿀 수 있다.

단기목표 2 차례 표시기를 제공하면, 학생은 적절한 타이밍에 차례 표시기의 순서를 움직이며 3명이 하는 게임에서 또래와 함께 20분 동안 80%, 차례 표시기에 대한 간접적인 구어 단서를 제공받아 순서를 바꿀 수 있다.

단기목표 3 차례 표시기를 제공하면, 학생은 적절한 타이밍에 차례 표시기의 순서를 움직이며 3명이 하는 게임에서 또래와 함께 30분 동안 80%, 차례 표시기에 대한 제스처 단서를 제공받아 순서를 바꿀 수 있다.

연간목적 차례 표시기를 제공하면, 학생은 1~4명의 또래와 함께, 2명, 3명, 4명 게임에서 30~45분 동안 90% 독립적으로 순서를 바꿀 수 있다.

규칙 있는 게임에 사회적인 참여하기

정서 · 행동장애(EBD)가 있는 12세 학생의 현재수행수준 예시

체육 교사에 따르면, 학생은 스포츠와 집단 게임을 즐기지만 종종 극도로 경쟁적이고 자신이 속한 팀이 이기지 못할 때 화를 낸다. 이것은 학교 또는 공격적인 행동으로부터의 도피를 일으킬 수 있으며, 학생의 안전과 다른 이들의 안전을 위협한다. 학생의 이런 어려움 때문에 종종 팀원 구성 시 또래에게 마지막 선수로 선택을 받곤 한다.

현재수행수준에 기초한 목표 템플릿

단기목표 1 게임에서 지는 것에 대한 세 가지 적절한 특정 반응에 대해 직접교수와 연습, 그리고 리허설 전략(예: 리허설 또는 사회적 이야기에 대한 인지적 사진) 사용을 제시하면, 학생은 또래 1명과 함께하는 게임에서 진 상황이 포함된 다섯 가지 시나리오에서 5번 중 3번, 반응하기 전에 '멈추고 생각하기'에 대한 직접적인 구어와 수신호 단서를 제공받아 각각 적절한 반응을 할 수 있다.

단기목표 2 리허설 전략 사용을 제시하면, 학생은 이전에 배운 역할극에서 적절하게 반응하는 기술을 유지한다. 그리고 또래 2~3명과 함께하는 게임에서 진 상황이 포함된 새로운 다섯 가지 시나리오에서 5번 중 4번, 간접적인 구어와 수신호 단서를 제공받아 각각 적절한 반응을 할 수 있다.

단기목표 3 친숙한 어른이 있고 리허설 전략 사용을 제시하면, 학생은 2주 동안 구조화된 체육 수업 활동에서 또래들과 함께하는 실제 게임에서 진 것에 80%, 최소한의 제스처 단서를 제공받아 할 적절한 반응을 수 있다.

연간목적 참여하기 전에 리허설 전략 사용을 제시하면, 학생은 또래들과 함께하는 구조화된, 그리고 비구조화된 여가 활동에서 실제 게임에 진 것에 90% 독립적으로 적절하게 반응할 수 있다.

'쓰여 있지 않은' 사회적 규칙 따르기

비언어성 학습장애(NLD)가 있는 15세 학생의 현재수행수준 예시

부모와 교사에 의하면 학생은 '매우 사회적'이라고 묘사하며, 적어도 또래들과 함께하기를 원한다. 그럼에도 사회적 담화 시 쓰여 있지 않은 규칙에 대한 지식의 부족은 그녀가 다른 또래들과 적절하게 상호작용하는 능력을 방해한다. 이야기를 나눌 때, 그녀는 종종 어른이나 또래에게 매우 가까이 서 있는 것이 관찰되곤 하는데, 이것은 그들을 불편하게 만든다. 이러한 어려움은 또래와의 관계를 형성하거나 학급 또는 비교과 활동 시 사회적 상황에서 효과적으로 기능하는 능력에 영향을 준다.

현재수행수준에 기초한 목표 템플릿

단기목표 1 직접교수와 연습, 그리고 구체적인 시각 단서(예: 바닥을 가볍게 치기)를 제시하면, 학생은 시리즈 역할극 상황에서 다른 사람과 말을 할 때 3분간, 100% 상기시키는 차원에서 간헐적인 사회적 칭찬과 적절한 행동에 대한 강화를 받아 적절한 사회적 거리를 유지할 수 있다.

단기목표 2 사회적 거리 유지에 대한 식접적이거나 덜 직접적인 시각 단서(예: 학생이 가까이 다가서려고 할 때 대화 파트너 쪽으로 팔을 펴 보이기)를 제시하면, 학생은 시리즈 역할극 상황에서 다른 사람과 말을 할 때 5분간, 상기시키는 차원에서 간헐적인 사회적 칭찬과 적절한 행동에 대한 강화를 세 가지 이하의 상기하기(팔 펴 보이기)와 함께 받아 적절한 사회적 거리를 유지할 수 있다.

단기목표 3 이전에 배운 특정한 구어 상기하기를 제시하면, 학생은 시리즈 역할극 상황에서 다른 사람과 말을 할 때 5분간, 상기시키는 차원에서 간헐적인 사회적 칭찬과 적절한 행동에 대한 강화를 한 가지 이하의 상기하기와 함께 받아 적절한 사회적 거리를 유지할 수 있다.

연간목적 학생은 다른 사람과 말을 할 때 10분간, 상기하기 또는 단서 없이 적절한 사회적 거리를 유지할 수 있다.

사회적 상황 '판단(평가)하기'

주의력결핍장애(ADD)와 비언어성 학습장애(NLD)가 있는 10세 학생의 현재수행수준 예시

교사에 따르면, 학생이 학급 상황에서 상호작용을 하려는 잦은 시도로 판단해 볼 때 또래와 상호작용을 하고자 동기화가 된 듯하다. 그의 관심에도 불구하고 이러한 시도들은 성공적이지 않다. 그의 어려움은 구어적 신호에 대한 사회적 이해가 부족한 것에서 기인한 것처럼 보이며, 주의를 유지하는 문제 때문에 더욱 심해진다. 이러한 어려움은 전하는 바와 같이 또래들이 좋아하기 힘들며, 통합학급 상황에서 일반적인 또래에게서 받을 수 있는 도움에 부정적인 영향을 준다.

현재수행수준에 기초한 목표 템플릿

단기목표 1 과장된 단서를 포함하는 열 가지 관찰 가능한 상황 묘사 글과 직접교수를 제시하면, 학생은 80% 정확도로 직접적인 구어와 제스처 단서를 제공받아 선다형 형식에서 그것을 적절하게 설명하는 것을 선택하고 다양한 사회적 상황을 '판단'할 수 있다.

단기목표 2 다섯 가지 새로운, 그리고 이전에 본 관찰 가능한 열 가지 짤막한 일화와 추가적인 교수를 제시하면, 학생은 80% 정확도로 간접적인 구어와 제스처 단서를 제공받아 이에 대한 구어적인 설명을 제공함으로써 다양한 사회적 상황을 '판단'할 수 있다.

단기목표 3 필요시 Socail Study™과 수신호를 제시하면, 학생은 90% 정확도로 1명의 성인과 1명의 또래와 함께 맥락적으로 관련된 역할극 상황에서 적절한 사회적 반응을 해 보임으로써 최소한의 제스처 단서를 제공받아 사회적인 이해를 나타낼 수 있다.

연간목적 학생은 80% 정확도로 학급 내 구조화된 상황에서 맥락에 적절한 사회적 행동을 보여 줌으로써 독립적으로 사회적 정보/사건에 대한 이해를 나타낼 수 있다.

설명 노트

- Socail Study™(Gray, 2010)에 대한 추가 정보는 부록 B를 참고하라.

마음 이론

관점 따르기: 결정하기/정신 상태 추론하기

정서 · 행동장애(EBD)가 있는 13세 학생의 현재수행수준 예시

교사에 따르면, 학생은 어휘, 철자, 읽기 해독뿐 아니라 몇몇 교과목 학습에서 강점을 보인다. 하지만 교사나 부모는 학생이 다른 사람이 학생에게 동의하지 않을 때 매우 불안해진다는 것을 보고한다. 결과적으로 학생은 집과 학교에서 종종 논쟁적이다. 학생의 청소년용 문제해결검사(Test of Problem Solving-Adolescent)의 결과에서 관점 따르기를 포함한 질문에 대해 40%의 정답률을 보인다. 이러한 어려움 때문에 학생은 친구를 사귀고 적절한 방식으로 성인과 또래와 함께 상호작용하는 데 문제가 있다.

현재수행수준에 기초한 목표 템플릿

단기목표 1 감정 상태(예: 화난, 슬픈, 불안한 등)를 예측하는 것에 대한 직접교수 및 모델링과 과장된 감정적 단서와 예측하기를 허락하는 멈추기-행동하기 일시정지가 포함된 비디오 녹화된 짤막한 일화 열 가지를 제공하면, 학생은 행동을 가정했을 때 감정적 반응을 가장 잘 예측하는 세 가지로 제시된 집단에서 열 가지 중 일곱 가지 짤막한 일화, 직접 및 간접적인 구어 단서를 제공받아 카드를 선택할 수 있다.

단기목표 2 전형적으로 묘사된 감정적인 단서와 예측하기를 허락하는 멈추기-행동하기 일시정지가 포함된 새로운 비디오 녹화된 짤막한 일화 열 가지를 제공하면, 학생은 행동을 가정했을 때 감정적 반응을 가장 잘 예측하는 네 가지로 제시된 집단에서 10번 중 8번, 간접적인 구어 단서를 제공받아 카드를 선택할 수 있다.

단기목표 1에 언급한 과장된 단서를 차츰 평범한 것으로 이동하는 것은 지원적 촉진을 소거하고 진전도를 나타낼 수 있는 좋은 방법이다.

단기목표 3 사회적 상황의 시리즈(예: 또래로부터의 비열한 발언, 학급활동 표결에 실패하는 것)를 제공하면, 학생은 10번 중 8번, 제스처 단서를 제공받아 언어치료실에서 친숙한 또래와 구조화된 역할극 상황에서 묘사될 수 있는 정서적인 반응을 예측할 수 있다.

연간목적 학생은 역할극 시나리오를 선택하고 최소 2명의 또래와 함께 10번 중 8번, 기대하는 기다림을 제공받아 적절한 반응을 나타낼 수 있다.

설명 노트

- 이와 관련한 훌륭한 추가 연간목적은 두 가지 또는 그 이상의 감정적 반응이 적절할 수 있는 상황에서 학생이 역할을 바꾸어 보도록 하는 것이다.

비언어성 학습장애(NLD)가 있는 9세 학생의 현재수행수준 예시

공식적인 사정과 임상 관찰 및 교사의 보고에 따르면, 학생은 그림상에 좀 더 분명한 감정(예: 기쁜, 슬픈, 화난)을 인지할 수 있으나, 일상 속 활동에서 타인이 그러한 감정을 표현할 때 이를 인지하지 못한다. 게다가 그는 감정을 야기시킨 사건 또는 상황과 연결하지 못하는 것처럼 보인다. 이러한 결함은 전반적인 감정 이해를 타협하게 하고 다른 사람의 행동에 대해 예측하고 추론하는 것을 어렵게 만든다.

현재수행수준에 기초한 목표 템플릿

단기목표 1 직접교수와 몇 가지 예시, 그리고 사건에 대한 주인공의 감정적 반응을 묘사한 그림이 포함된 10개의 단락을 제시하면, 학생은 직접적인 구어 단서를 제공받아 주인공이 어떻게 느끼는지와 왜 그렇게 느끼는지에 대한 질문에 10번 중 7번 답할 수 있다(예를 들어, 2명의 아이가 야구 경기를 하고 놀다 창문을 깬 단락을 고려하라. 야구방망이를 든 소년은 매우 슬퍼 보인다. 질문/반응: 11. 소년은 어떻게 느낀다고 생각하는가? [답: 행복하지 않음]. 2. 그가 그렇게 느끼는 이유는 무엇인가? [답: 그가 창문을 깨서]).

단기목표 2 사건에 대한 주인공의 감정적 반응을 묘사한 그림이 포함된 10개의 새로운 단락을 제시하면, 학생은 직접 및 간접적인 구어와 제스처 단서를 제공받아 주인공이 어떻게 느끼는지, 왜 그렇게 느끼는지와, 엄마 또는 아빠가 어떻게 느끼실지에 대해 처음 두 질문에서는 10번 중 8번, 세 번째 질문은 10번 중 6번 답을 할 수 있다(예를 들어, 세 번째 질문은: "엄마랑 아빠가 깨진 창문에 대해 어떻게 느끼실 거라 생각하니?" 답: 화가 난다).

단기목표 3 사건에 대한 주인공의 감정적 반응을 묘사한 그림이 포함된 10개의 새로운 단락을 제시하면, 학생은 필요시 최소한의 제스처 단서를 제공받아 주인공이 어떻게 느끼는지, 왜 그렇게 느끼는지와, 엄마 또는 아빠가 어떻게 느끼실지에 대해 각 질문에 대해 10번 중 8번 답을 할 수 있다.

연간목적 학생은 학업 과제 간에, 예상된 대기시간 또는 필요시 간접적인 구어 단서를 제공받아 이야기 속 주인공이 사건에 대한 반응으로 어떻게 느끼고 그러한 사건이 다른 사람에게 어떠한 영향을 미치는지 80% 정확도로 예측할 수 있다.

정서 · 행동장애(EBD)가 있는 12세 학생의 현재수행수준 예시

학생은 어휘와 읽기 해독에 강점을 보이는데, 이는 관점을 수용하는 데 상당한 어려움을 보이는 것을 막는다. 그녀는 매우 일방적인 생각을 하고, 그녀 자신의 생각 말고 다른 누군가의 관점/의견에 대해서는 신임하지 않는다. 이는 특히 같은 이슈에 대한 다양한 관점이 나타날 수 있는 상황에서 명백하다. 학생의 '내가 하자는 대로 하거나 아니면 떠나라' 식의 고집은 성적과 사회적 관계 둘 다에 부정적인 영향을 준다(이 chapter의 끝에 열 가지 교수법은 다음에 제시한 단기목표와 연간목적에서 강조하는 관점 따르기 기술을 어떻게 가르칠 것인지에 대한 자세한 정보를 제공한다).

현재수행수준에 기초한 목표 템플릿

단기목표 1 관점을 따르는 것이 무엇을 의미하는지에 대한 직접교수/예시와 2명의 인물이 같은 상황에 다르게 느끼는 열 가지 이야기 시나리오를 제시하면(예: 야구 경기에 대해 기쁘거나 슬픈), 학생은 감정적인 상태를 묘사한 것에 대한 적절한 이유를 선다형으로 제시된 형식에서 선택해 70% 수준의 정확도로 직접적인 구어 단서와 옳지 않은 반응에 대한 설명을 제공받아 다른 관점에 대한 이해를 나타낼 수 있다.

단기목표 2 2명의 인물이 같은 상황에 다르게 느끼는 이전의 열 가지 이야기와 새로운 다섯 가지 시나리오를 제시하면, 학생은 다른 관점에 대한 이해를 이전 열 가지 시나리오에서 감정적인 상태에 대한 이유를 진술하고, 다섯 가지 새로운 시나리오에서는 감정적인 상태를 묘사한 것에 대한 적절한 이유를 선다형으로 제시된 형식에서 선택해 80% 수준의 정확도로 간접적인 구어 단서와 필요시 설명을 제공받아 나타낼 수 있다.

단기목표 3 구조화된 역할극 상황에서 고안된 사건이 연출되면, 선다형

형식에서 합당한 가능성의 목록에서 감정적인 상태를 묘사한 것에 대한 최선의 이유를 선택하고 선택에 대한 이유를 진술함으로써 학생은 제스처 단서를 제공받아 같은 상황에 대한 각 인물의 다른 관점에 대한 이해를 80% 나타낼 수 있다.

연간목적 교과목 간에 걸쳐(예: 영어 수업, 역사 등) 진술함으로써 학생은 인물들의 다른 관점에 대한 이해를 최소한의 간접적인 구어 단서를 제공받아 90% 나타낼 수 있다.

놀이 기술 개발

목표에 기초하여 행동 확장하기

자폐스펙트럼장애가 있는 6세 학생의 현재수행수준 예시

학생의 부모와 교사에 따르면, 이 학생은 특정 장난감에 관심을 가지면 장난감을 가지고 즐거움을 찾을 수 있다. 하지만 부모와 교사는 이 학생은 새로운 물건에는 저항을 보이기도 한다고 말한다. 학생이 자신의 물건과 홀로 남겨지면, 장난감을 가지고 놀면서 자기자극 행동을 종종 보이기도 한다. 학생은 특히 반짝이는 물건을 좋아하고, 종종 반짝이는 물건들을 학생의 눈앞에 들고 있기도 한다. 학생은 장난감 차의 바퀴를 돌린다. 또한 이 학생은 놀이터 구석에 있는 장난감 중 2개의 장난감만 가지고 놀려고 시도하고, 다른 물건이 보일 때 저항(protest)을 보이기도 한다. 이러한 어려움은 학생이 핵심 개념을 이해하는 능력과 또래와 함께 어울리는 능력을 방해한다.

현재수행수준에 기초한 목표 템플릿

단기목표 1 학생이 관심을 가질 만한 요소(예: 반짝거림 혹은 회전하는 요소를 가지고 있는)를 가지고 있는 2개의 장난감을 주고, 시범 보이기와 모델링을 제공했을 때, 학생은 학생의 놀이 레퍼토리(repertoire)에 적어도 하나의 새로운 행동을 추가하여 보일 것이다. 장난감 당 3번, 필요에 따라 신체적 지원과 직접적인 언어적 단서를 제공받아 과제를 수행한다.

단기목표 2 학생이 관심을 보일 만한 요소가 있는 2개의 예전 장난감과 2개의 새 장난감을 주고, 새로운 행동의 시범 보이기와 모델링을 제공했을 때, 학생은 이전에 학습한 놀이 행동을 유지하고 1개의 새로운 행동을 더해 놀이를 확장할 것이다. 또한 새로운 장난감들을 가지고 노는 놀이 레퍼토리에 적어도 2개의 새로운 행동을 포함할 것이다. 장난감 당 3번, 필요에 따라 직접적인 언어적 혹은 신체적 지원을 제공받아 과제를 수행한다.

단기목표 3 예전에 가지고 놀던 4개의 장난감이 주어졌을 때, 학생은 장난감별로 적어도 2개의 새로운 행동을 장난감 놀이에 포함할 것이다. 장난감 당 4번, 수화 매뉴얼 혹은 몸짓 단서를 제공받아 과제를 수행한다.

연간목적 이전에 받았던 장난감과 매우 비슷한 4개의 새로운 장난감이 주어졌을 때, 학생은 장난감 놀이에 적어도 2개의 새로운 행동을 즉각적으로 생성할 수 있다. 장난감 당 5번, 간접적인 언어 단서(예를 들어, "나는 차가 언덕으로 내려가면 어떨까 궁금해.")를 제공받아 과제를 수행한다.

놀이 단계 확장하기

자폐스펙트럼장애가 있는 3세 학생의 현재수행수준 예시

학생은 혼자서 놀이 활동을 하는 동안 놀이 활동 영역을 확장하기 시작한다. 그러나 또래가 다가올 때 교실의 외딴 구석으로 가는 것으로 보아, 아직 또래의 접근이 편하지 않다. 평행놀이(parallel play)로 인해 다른 학생과 어울리기 어려운 것은 학생을 고립시키고 학급 활동의 주변에 맴돌게 한다.

현재수행수준에 기초한 목표 템플릿

단기목표 1 모래 혹은 물이 담긴 책상과 학생이 아주 좋아하는 장난감/통을 제공하였을 때, 학생은 5분 놀이 간격 동안 1명의 성인과 1명의 또래 사이에서 평행 방식(parallel fashion)으로 놀게 됨으로써 또래들의 접근에도 편안함을 보일 것이다. 필요한 경우, 10번 중 7번은 말로 하는 칭찬과 격려를 제공받아 과제를 수행한다.

단기목표 2 모래 혹은 물이 담긴 책상과 학생이 아주 좋아하고 적당히 좋아하는 장난감/통을 모두 제공하였을 때, 학생은 10분 놀이 간격 동안 1명의 또래와 또 다른 1명의 또래와 나란히 평행 방식으로 놀게 됨으로써 또래들의 접근에도 편안함을 보일 것이다. 필요한 경우, 10번 중 8번은 말로 하는 칭찬과 격려를 제공받아 이런 모습을 보여 준다.

단기목표 3 모래 혹은 물이 담긴 책상과 학생이 아주 좋아하고 적당히 좋아하는 장난감/통을 모두 제공하였을 때, 학생은 15분 놀이 간격 동안 2명의 또래들로부터 좋아하는 장난감/통을 전해 받으면서 함께 노는 모습을 보여 줄 것이다. 필요한 경우 10번 중 8번은 간접적인 언어 단서와 칭찬을 제공받아 이런 모습을 보여 준다.

연간목적 모래 혹은 물이 담긴 책상과 다양한 장난감/통을 모두 제공하였을 때, 학생은 15분 놀이 간격 동안 2명의 또래와 장난감과 통을 주고 받으면서 함께 노는 방법을 모습을 보여 줄 것이다. 10번 중 9번은 몸짓 단서와 칭찬을 제공받아 이런 모습을 보여 준다.

설명 노트

- 단기목표들은 아이가 혼자 노는 것에서 같이 함께 있으면서 따로 노는 것(평행놀이, parallel play), 함께 노는 행위(associative play, Mildred Parton의 놀이의 단계에 따른 구분)로 이어지게 한다. 다음 단계에서는 기초적인 협력놀이(cooperative play)를 위한 연간목적과 단기목표들을 기술하고자 한다.

초기 수준의 상호 협력놀이

주의력결핍장애/주의력결핍 과잉행동장애(ADD/ADHD)가 있는 4세 학생의 현재수행수준 예시

공식적인, 그리고 비공식적인 사정에 따르면, 학생은 색상, 형태, 숫자 등의 학업 영역에 두각을 나타낸다. 학생은 아주 활동적이고, 이곳저곳 부산하게 옮겨 다닌다. 부모가 보고하기를 학생은 소란스럽게 노는 것을 좋아하고, 격렬한 활동을 좋아한다. 학생은 유치원에서 가끔 또래들에게 다가가지만, 충동적이고 가끔은 공격적인 행동 때문에 또래들은 그 학생과 놀기를 꺼려한다. 게다가 다른 어떤 활동이 학생의 주의를 끌 때는 갑자기 놀이 활동을 그만두어 버린다.

현재수행수준 기초한 목표 템플릿

단기목표 1 학생의 동기를 고취하고 발달과업상 적절한 고강도 활동들이 주어졌을 때, 학생은 적어도 1명의 또래와 함께 그 활동에 적합한 동작을 하면서 상호 간의 놀이 동작에 참여할 것이다. 세 가지 활동에 대해 4분 동안 어른들의 도움과 직접적인 언어 단서를 제공받아 놀이 동작에 참여할 것이다. 고강도 활동은 다음과 같은 것들이 있을 수 있다. Ring-Around-the-Rosie(원을 그리며 노래하고 춤추다가 신호에 따라 웅크리는 놀이), Row, Row, Row Your Boat(같은 제목의 노래에 맞추어서 하는 놀이), London Bridge Is Falling Down(같은 제목의 노래에 맞추어서 하는 놀이), 시소 놀이 등이 있다.

단기목표 2 학생의 동기를 고취하고 발달과업상 적절한 고강도 활동들이 주어졌을 때, 학생은 적어도 2명의 또래와 함께 그 활동에 적합한 동작을 하면서 상호 간의 놀이 동작에 참여할 것이다. 이전의 세 가지 활동과 세 가지의 새로운 활동에 대해 7분 동안 어른들의 도움과 몸짓 단서를 제공받아 놀이 동작에 참여할 것이다.

단기목표 3 학생의 동기를 고취하고 발달과업에 적합한 중간 정도나 낮은 수준의 놀이(예: 장난감, 모래, 물 등을 가지고 놀기)가 주어졌을 때, 학생은 적어도 2명의 또래와 함께 그 활동에 적합한 동작을 하면서 상호 간의 놀이 동작에 참여할 것이다. 세 가지 활동에 대해 5~7분 동안 어른들의 도움과 간접적인 언어 · 몸짓 촉진을 제공받아 놀이 동작에 참여할 것이다.

연간목적 학생의 동기를 고취하고 발달과업에 적합한 높은 수준, 중간수준, 낮은 강도 수준의 활동들이 주어졌을 때, 학생은 적어도 2~3명의 또래와 함께 그 활동에 적합한 동작을 하면서 상호간의 놀이 동작에 참여할 것이다. 열 가지 활동에 대해 7~10분(강도 수준에 따라 다름) 동안 최소한의 몸짓 단서를 제공받아 놀이 동작에 참여할 것이다.

협동 놀이: 사회적 스크립트의 사용

자폐스펙트럼장애(ASD)가 있는 5세 학생의 현재수행수준 예시

학생은 어른과 기차에 대해 이야기할 때 극도로 말이 많다. 학생이 지속적으로 관심을 가진 대상이기 때문이다. 그러나 부모는 걱정이 많다. 학생을 공원이나 다른 아이들이 많은 곳으로 데려갔는데, 도대체 그 아이들이 무엇을 하는지 다른 것에는 아무 관심도 없었기 때문이다. 놀이에 참여시키려고 시도했으나, 학생의 강한 저항에 부딪쳤다. 이러한 어려움은 학생이 또래들과 어울리는 유치원 활동에 잘 참여하지 못하게 한다.

현재수행수준에 기초한 목표 템플릿

단기목표 1 모의 기차 여행, 놀이 규칙, 소품, 각자의 역할에 대한 내용을 포함하는 사회적 스크립트(social script)가 주어졌을 때, 학생은 5~6명의 또래와 함께 10분 동안 필요한 행동을 수행할 것이다. 5번 중 4번의 경우, 직접적인 언어 및 사진 단서를 제공받아 능숙도 3단계(5단계 만점)의 수준에서 필요한 행동을 수행할 것이다.

설명 노트

- 기차와 관련된 시나리오를 선택하게 된 이유는 아이의 기차에 대한 '지속적 관심' 때문이다. 이러한 관심은 아이가 역할극에 참여할 동기를 줄 가능성이 있다.
- 이러한 기술의 발전은 질적 평가를 가능하게 한다. 따라서 다음과 같은 행동들을 리커트 척도에 따라 점수화하는 것은 학생의 진전사항을 점검하는 중요한 정보를 제공한다.

  1 = 반응 없음

  2 = 최소의 반응(5분 혹은 그 이하)

  3 = 중간의 반응(최소 10분, 수동적인 참여)

  4 = 아주 좋은 반응(최소 15~20분, 좋은 정서적 반응)

  5 = 훌륭한 반응(25분이나 그 이상, 활발한 참여, 코멘트/확장된 레퍼토리)

단기목표 2 모의 기차 여행, 놀이 규칙, 소품, 역할의 선택을 포함하는 사회적 스크립트가 주어졌을 때, 학생은 자신의 역할을 선택하고 적어도 6~7명의 또래와 함께 적어도 15~20분 동안 필요한 행동을 수행할 것이다. 5번 중 4번은 간접적인 언어 및 그림 단서를 제공받아 능숙도 4단계의 수준에서 필요한 행동을 수행할 것이다.

단기목표 3 모의 기차 여행 시나리오와 놀이 참여를 위한 규칙, 소품, 역할의 선택이 주어졌을 때, 학생은 자신의 역할을 선택하고 적어도 8~10명의 또래와 함께 적어도 20~25분 동안 필요한 행동을 수행할 것이다. 5번 중 4번은 최소한의 몸짓 단서를 제공받아 능숙도 4단계 수준에서 필요한 행동을 수행할 것이다.

연간목적 모의 기차 여행 시나리오와 놀이 참여를 위한 규칙, 소품, 역할의 선택이 주어졌을 때, 학생은 자신의 역할을 선택하고 적어도 8~10명의 또래와 함께 적어도 25~30분 동안 필요한 행동을 수행할 것이다. 5번 중 4번은 놀이 상호작용을 촉진하고 확장시키는 최소한의 간접적 언어 단서(예: "나는 음식차가 문을 열었는지 아닌지 궁금해.")를 제공받아 능숙도 5단계 수준에서 필요한 행동을 수행할 것이다.

설명 노트

- 미래의 목표는 이러한 협력놀이 활동을 다른 내용 영역(예: 식당놀이 하기)으로 확장하는 것으로 다룰 수 있다.

여가 기술 발달

중도-중증의 자폐스펙트럼장애(ASD)가 있는 16세 학생의 현재수행수준 예시

학생은 구조화가 잘된 직업 교실과 직업 현장에서 아주 열심히 일을 한다. 하지만 학생은 구조화되지 않은 시간(예: 학생이 쉬어야만 하는 15분의 시간)을 보내는 데 어려움이 있다. 학생의 부모님은 학생이 귀가했을 때 시간이 구조화되어 있지 않을 때 학생이 짜증을 내거나 가만히 있지 못한다고 이야기를 한다. 이러한 시간에 학생은 자기자극 행동을 하곤 한다. 구조화되지 않은 시간을 보내면서 겪는 어려움은 학생이 가정, 학교, 직업 환경에서 효과적으로 기능하는 능력에 영향을 미친다.

현재수행수준에 기초한 목표 템플릿

학생이 재미있어 하는 여가 활동의 목록을 개발하기 위해서 생태학적 목록을 고려하도록 권유한다.

단기목표 1 학생이 재미있어 하는 여가 활동과 시각 타이머(예: Time Timer)가 주어졌을 때, 학생은 시각적으로 나열되어 있는 두 가지 선택사항 중 하나의 활동을 선택하고 5~7분 동안 활동에 참여할 것이다. 이 경우, 교실 상황에서 타이머를 사용하도록 직접적인 언어·몸짓 단서를 제공받아 활동에 참여할 것이다(Time Timer 주문 정보는 부록 B를 확인한다).

단기목표 2 학생이 재미있어 하는 여가 활동과 시각 타이머가 주어졌을 때, 학생은 시각적으로 나열되어 있는 세 가지 선택사항 중 하나의 활동을 선택하고 8~10분 동안 활동에 참여할 것이다. 이 경우, 교실 상황에서 타이머를 사용하도록 간접적인 언어·신체 단서를 제공받아 활동에 참여할 것이다.

단기목표 3 학생이 재미있어 하는 여가 활동과 시각 타이머가 주어졌을 때, 학생은 시각적으로 나열되어 있는 세 가지 선택사항 중 하나의 활동을 선택하고 15분 동안 활동에 참여할 것이다. 이 경우, 교실과 직업 상황에서 타이머를 사용하도록 몸짓 언어를 제공받아 활동에 참여할 것이다.

연간목적 학생은 시각적으로 나열되어 있는 세 가지 선택사항 중 휴식 활동을 선택하고 15분 동안 활동에 독자적으로 참여할 것이다.

사회-인지 놀이, 여가 기술 발전을 위한 일반적인 교수 정보와 전략

① 나이가 어린 학생의 경우, 가지고 놀고 싶고 아동의 발달과업에 적절한 장난감을 활용하고, 나이가 많은 학생에게는 발달과업에 적절한 활동을 활용하라.

② 가능할 때마다 기능적이고 자연적인 맥락에서 기술의 일반화를 촉진할 수 있도록 노력하라.

③ 가능할 때마다 학생에게 직접교수를 제공하고, 시범과 모델링을 보여라.

④ 사회 기술, 놀이, 여가 활동을 오랜 시간 동안 반복하는 것은 중요한 기술을 학습하고 일반화하는 데 중요하다.

⑤ 실무원을 훈련하여 학생이 사회적 기술, 놀이, 여가 기술을 교실, 휴식 시간, 특수학급 그리고 교외 활동 환경에서 잘 사용할 수 있도록 하라. 이는 학생이 사람, 놀이, 환경에 따라 일반화를 더 잘할 수 있도록 하기 위함이다.

⑥ Turn maker(예: 내 차례라고 적힌 동그라미 모양)를 사용하여 주고받기와 같이 추상적인 개념을 구체화하라.

⑦ 구조화된 역할놀이를 통해 위협적이지 않은 환경에서 학생이 필요한 사회적 상호작용 연습을 할 수 있도록 하라.

⑧ 학생이 자신의 정서 상태를 활동・이벤트와 연계할 수 있도록 지원하기 위해서 자연적인 환경에서 타인의 정서를 자주 이야기(point out)하라.

⑨ 감정이 격해진 상황(긍정적・부정적 상황 모두)에서 자폐스펙트럼장애와 비언어성 학습장애학생의 생각을 '코드화'해라. 코드화하면 학생은 자신의 외현적인 행동과 자신의 정서/감정을 연결하기 시작할 수 있다.

⑩ 같은 상황에서 두 인물(Sammy와 Suzie)이 다르게 반응하는 관점—받아들이기 게임(Perspective-taking game)을 만들어라. 칠판에 두 사람의 얼굴을 그리는데, 한 사람은 미소를 짓고 있고 다른 사람은 찌푸린 표정을 그린다. 인덱스 카드에 두 사람이 다른 표정을 짓는 이유를 적고, 학생이 기술된 정서 상태(행복함 혹은 슬픔)와 매치시키도록 한다. 다음과 같은 상황을 생각해 보자.

상황: "비가 오고 있어요. Suzie는 얼굴을 찌푸리고 있지만 Sammy는 웃고 있어요."

학생으로 하여금 왜 Suzie와 Sammy가 비가 내리는 같은 상황에 다른 감정을 가지는지 그 이유를 찾도록 한다. 이때 학생은 카드를 하나 들고 카드에서 묘사하고 있는 적절한 정서 상태와 사람을 매치시키며 그 이유를 찾도록 한다. 이유가 될 수 있는 예시는 다음을 포함한다.

- Suzie는 소풍을 가려고 했어요. 하지만 비가 와서 소풍이 취소되었어요 (그래서 Suzie가 슬퍼하고 있어요).
- Sammy는 잔디를 깎으려고 했어요. 하지만 비가 와서 잔디를 깎지 않아도 돼요(그래서 Sammy는 행복해요).

⑪ 명심해야 하는 사항은 놀이와 여가 기술에서 각각의 범주를 만족하려면, 반드시 학생이 즐거움을 느껴야 한다는 것이다. 학생이 놀이를 하거나 여가 시간을 가져야 하기 때문에 즐거워하도록 강요받는다면, 놀이와 여가의 특성을 모두 왜곡하게 된다.

⑫ 사회적 이해를 증진하기 위해 사회적 스크립트, 사진 리허설(Groden, LeVasseur, Diller, & Cautela, 2001), Social Stories™(Gray, 2010)을 사용하는 것을 고려하라.

chapter 14 실행기능: 인지 발달의 정점

"지식은 실제로 사용하지 않으면 가치가 없다."

- Anton Chekov

기술범주 포함에 대한 이유

실행기능 기술은 다음과 같은 영역의 기능을 포함한다.

- 정서 조절/통제하기(Dawson & Guare, 2009)
- 주의집중하기
- 마음으로 계획하기
- 과제 시작하기
- 전환하기
- 목표 지향적 끈기(과제를 완수할 때까지 지속하는 능력)(Dawson & Guare, 2009)
- 충동성 통제하기
- 사고와 행동의 유연함

- 작동기억[계획과 목표를 '온라인(online)'으로 유지할 수 있는 능력]
- 자기점검하기
- 시간 관리하기
- 조직하기

실행기능상의 어려움은 자폐스펙트럼장애(ASD)학생(Ozonoff, 1997; Pennington, Bennetto, McAleer, & Roberts, 1996), 주의력결핍장애/주의력결핍과잉행동장애(ADD/ADHD)학생(Barkley, 2006; Dawson & Guare, 2009; Rief, 2005), 비언어성 학습장애(NLD)학생(Mamen, 2007; Tanguay, 2001), 그리고 정서 · 행동장애(EBD)의 몇몇 특성을 지닌 학생(Garcia, Coll, Kagan, & Resnick, 1984)을 포함하여 다양한 장애학생에게 영향을 미친다. 실행기능의 결함은 정서적 유연성과 적응기능에 영향을 미치고, 실행기능 기술을 사용할 수 있는 능력은 고차원적 사고와 자립에 중요하다. 그렇기 때문에 이 책에서 다룬 대부분의 경우에서 진가가 발휘되는 것은 실행기능의 영역이라고 해도 과언이 아니다. 구체적으로 실행기능 체계가 목표 지향적인 행동을 관장하고 조직하므로 실행기능이 독립적 기능과 전반적인 성공을 이끄는 데 핵심 역할을 한다. 실행기능의 결함은 나이가 많고 보다 능력이 있는 학생에게서 쉽게 나타나기는 하지만, 그럼에도 실행기능은 나이가 어리고 능력이 제한된 학생의 발달에 있어서 중요한 영역이다. 사실 실행기능의 근원은 아이가 자신을 제어할 수 있는 방법을 배우는(그리고 그 후에 타인을 조절할 수 있는 방법을 배우는) 초기 유아기에 있다고 볼 수 있다. 따라서 실행기능 체계가 전반적인 기능과 자립에 미치는 중요성을 고려해 볼 때, 개별화교육지원팀은 장애학생을 위해 실행기능의 하위 기술 영역에 특별한 관심을 가져야만 한다. 이는 실행기능의 결핍이 종종 불응 혹은 게으름으로 오해받을 수 있기 때문에 특히 더 중요하다 볼 수 있다.

수행 수준

실행기능

실행기능의 현재수행수준은 다음을 포함해야만 한다.

- 학생이 지닌 실행기능의 장점을 나타내는 진술(특별히 학생의 학업 성취나 기능 수행에 관련이 있는 장점)
- 학생이 보이는 실행기능상의 단점에 대한 진술(특별히 학생의 학업 성취, 기능 수행, 학년 수준 교육 요구의 우선 사항에 대한 단점)
- 실행기능 결함이 학생이 일반교육과정에 참여하고 진전을 보이는데 어떤 영향을 미치는지에 대한 진술(혹은 유치원에 다니는 아동의 경우, 적절한 활동에서의 참여 및 진전)
- 현재수행수준 진술의 근원(선택사항)
- 현재수행수준의 두 가지 기능을 충족하기 위한 부가적인 정보: 여기서 두 가지 기능이라 함은 다음과 같다. 첫째, 학생의 요구를 충족하기 위한 개별화교육계획 목적과 목표를 수립하는 기본 역할을 하기 위함이고, 둘째, 학생의 수행 능력과 진전 정도를 판가름하는 기준의 역할을 하기 위함을 의미한다.

내용 영역

전환

매일 일정표 이용하기

중등도(modeate) 자폐스펙트럼장애(ASD)와 단순/언어장애(S/LI)가 있는 12세 학생의 현재수행수준 예시

임상 관찰과 교사 보고에 따르면, 학생이 활동에 참여하고 있을 때 학생은 적절하게 기능을 할 수 있다. 학생이 활동에 적응하는 데 소요되는 시간이 종종 문제가 되기도 하는데, 이는 학생이 한 활동에서 다른 활동(특별히 다음 활동이 예상 밖의 활동이라든지 원하지 않는 활동인 경우)으로 전환하는 데 어려움을 보이기 때문이다. 해당 학생은 또한 예상하지 못한 일이 자신의 일과를 방해하면 화를 내기도 한다. 이러한 어려움은 학업 과제를 시작하는 것을 방해하거나, 한 활동에서 다른 활동 혹은 한 수업에서 다른 수업으로의 전환을 방해한다.

현재수행수준에 기초한 목표 템플릿

단기목표 1 각각의 전환 시점에 시각화된 매일의 일정과 직접적인 언어 촉진이 주어졌을 때, 학생은 다음의 행동을 통해 활동 간의 전환을 할 수 있는 능력을 보여 줄 것이다. 첫째, 적절한 그림 카드를 찾는다. 둘째, 적절한 장소로 이동한다. 셋째, 활동의 70%를 끝내고 해당하는 활동의 그림 카드를 '끝났음' 상자/봉투에 되돌려 놓는다. 필요한 경우, 각 단계별로 추가로 직접적인 언어/몸짓 촉진을 제공받아 과제를 수행한다.

단기목표 2 각각의 전환 시점에 시각화된 매일의 일정과 간접적인 언어 촉진(예: "무엇을 해야 하는 시간이지?")가 주어졌을 때, 학생은 다음의 행동을 통해 활동 간의 전환을 할 수 있는 능력을 보여 줄 것이다. 첫째, 적절한 그림 카드를 찾는다. 둘째, 적절한 장소로 이동한다. 셋째, 활동의 80%를 끝내고 해당하는 활동의 그림 카드를 '끝났음' 상자/봉투에 되돌려 놓는다. 필요한 경우 최소의 몸짓 촉진(예: 일정표를 가리킨다)를 제공받아 과제를 수행한다.

단기목표 3 시각화된 매일의 일정이 주어졌을 때, 학생은 다음의 행동을 통해 활동 간 전환을 할 수 있는 능력을 보여 줄 것이다. 첫째, 적절한 그림 카드를 찾는다. 둘째, 적절한 장소로 이동한다. 셋째, 활동의 90%를 끝내고 해당하는 활동의 그림 카드를 '끝났음' 상자/봉투에 되돌려 놓는다. 이 경우 수행을 위해 주어진 시간에 맞추어 과제를 수행한다.

연간목적 시각화된 매일의 일정이 주어졌을 때, 학생은 스스로 다음의 행동을 통해 활동 간의 전환을 할 수 있는 능력을 보여 줄 것이다. 첫째, 적절한 그림 카드를 찾는다. 둘째, 적절한 장소로 이동한다. 셋째, 모든 활동이 끝날 때 해당하는 활동의 그림 카드를 "끝남" 상자/봉투에 되돌려 놓는다.

설명 노트

- 직접적인 언어적 촉진은 첫 번째 단기목표에만 제공하고, 점차 촉진하는 단계를 줄여 간다. 이것은 가장 높은 단계의 촉진 수준(예: "너의 일정표를 확인해 봐.")에서 낮은 단계의 촉진 수준(예: "무엇을 해야 하는 시간이지?")으로 바꾸어 주면서 학생의 독립심을 향상시키기 위함이다.

일정표(Planner) 사용하기

중도 비언어성 학습장애(NLD)가 있는 14세 학생의 현재수행수준 예시

비공식적인 관찰과 교사 보고에 따르면, 학생은 고등학교 일정 중 이동 수업이 있을 때 수업이 운영되는 교실을 파악하고 찾아가는 데 어려움이 있다. 그 결과, 학생은 종종 다른 교실에 가서 실제로 가야 하는 교실에는 늦게 도착한다. 이러한 점은 급우들을 방해할 뿐만 아니라, 과제를 정해진 기한 내에 제출하지 못하고 교실 내 지시사항을 듣지 못하는 등 학생 본인의 성적에 부정적으로 영향을 미친다.

현재수행수준에 기초한 목표 템플릿

단기목표 1 계획하기 책에 매일의 일정이 적혀 있고 5분의 소요 시간과 매 수업이 끝날 무렵 학생의 스케줄을 확인할 수 있도록 직접적인 언어적 촉진이 주어졌을 때, 학생은 수업의 70%는 교실을 정각에 찾아갈 수 있는 능력을 보일 것이다.

단기목표 2 일일 일정표가 주어지고 2분의 소요시간과 매 수업이 끝날 무렵 학생의 스케쥴을 확인할 수 있도록 간접적인 언어적 촉진(예를 들어, "네가 무엇을 확인해야 할까?")가 주어졌을 때, 학생은 수업의 80%는 교실을 정각에 찾아갈 수 있는 능력을 보일 것이다.

단기목표 3 일일 일정표가 주어지고 2분의 소요 시간과 학생이 일정을 따를 수 있도록 기다려 주었을 때, 학생은 수업의 90%는 교실을 정각에 찾아갈 수 있는 능력을 보일 것이다.

연간목적 일일 일정표가 주어졌을 때, 학생은 스스로 자신의 수업의 90%

는 교실을 정각에 찾아갈 수 있는 능력을 보일 것이다.

설명 노트

- 14세인 이 학생이 일정을 점검할 수 있도록 도와주는 촉진은 점차 사라지겠지만, 학생이 플래너는 지속적으로 사용할 수 있도록 한다. 왜냐하면 플래너가 학생이 성공적으로 이동할 수 있도록 돕는 조절 방법으로 기능하기 때문이다.

목표 중심적인 행동

과제 시작하기

정서・행동장애(EBD)가 있는 5세 학생의 현재수행수준 예시

학생은 학생이 즐기는 교실 활동에 참여하는 데 어려움이 없다. 하지만 교사가 학생이 좋아하지 않는 활동에 참여하라고 하면, 학생은 다양한 회피 행동을 보인다(예: 교실의 다른 쪽으로 이동하거나 교사의 지시사항을 모른 척하는 것). 교사가 학생에게 다가가면, 학생은 종종 "즉시 하겠습니다."라고 말한다. 몇 번 교사가 주의를 주고 학생이 가진 특권을 잃을 수도 있다고 이야기를 하고 나서야, 학생은 만족할 수준으로 과제를 완수한다. 하지만 교사의 주의는 과제의 완성을 방해하고 다른 반 친구들에게 방해가 된다.

현재수행수준에 기초한 목표 템플릿

단기목표 1 학생이 선호하지 않는 과제에 참여하라는 지시가 주어졌을 때 학생은 30초 이내에 적절히 대답을 하고, 과제를 끝낼 때까지 과제를 꼼꼼히 살핀다(이때 언어적으로 칭찬이 동반됨). 이 경우 최대 2번의 주의를 제공하고 즉각적인 강화체계를 사용하여(예: 과제를 시작한 경우 표시를 함, 과제 완료 후 스티커를 받음) 과제를 수행한다.

단기목표 2 학생이 선호하지 않는 과제에 참여하라는 지시가 주어졌을 때 학생은 20초 이내에 적절히 대답을 하고, 과제를 끝낼 때까지 과제를 꼼꼼히 살핀다(이때 언어적으로 칭찬이 동반됨). 이 경우 최대 1번의 주의를 제공하고 즉각적인 강화체계를 사용하여(예: 과제를 시작한 경우 표시를 함, 과제 완료 후 스티커를 받음) 과제를 수행한다.

단기목표 3 학생이 선호하지 않는 과제에 참여하라는 지시가 주어졌을 때 학생은 시기적절하게 대답을 하고(10초 이내), 과제를 끝낼 때까지 과제를 꼼꼼히 살핀다. 이 경우 과제를 시작했을 때 언어로 칭찬을 받고 지연된 강화체계를 사용하여(예: 과제 완수 시 하루 일과의 끝 무렵에 스티커를 받음) 과제를 수행한다.

연간목적 학생은 학생이 선호하지 않는 과제에 참여하라는 지시에 시기적절하게(10초 이내) 대답을 할 것이고, 과제를 끝낼 때까지 과제를 꼼꼼히 살핀다. 이 경우 과제를 수행할 때 언어적 칭찬을 받아 과제를 수행한다.

설명 노트

- 이 실행기능의 초기 단계에서는, 학생이 과제를 시작하는 가능성을 높이기 위해 학생이 선호하지 않는 과제를 할 때 기대되는 시간이 상대적으로 짧아야 한다. 학생의 수행 수준이 향상되면 과제를 끝낼 때까지 걸리는 시간을 점차 늘릴 수 있다.

과제 완수를 위한 끈기

주의력결핍장애(ADD)가 있는 14세 학생의 현재수행수준 예시

학생이 학년 수준의 학업 과제를 수행할 수 있다는 수행 능력 평가 결과가 있음에도, 학생은 학업 과제를 완수하기 위해 필요한 시간만큼 노력을 하지 않는다. 현재로서는 교사나 부모가 과제를 직접 제출하라고 몇 차례 주의를 주어야만 과제를 완수한다. 주의를 받고 나서도, 수업 시간의 학습지나 과제를 종종 완수하지 않고, 부주의한 실수로 과제를 망치거나 받아들이기 어려울 정도로 지저분하게 과제를 한다. 이러한 학생의 수행 능력은 성적에 부정적으로 영향을 미치고 학생 본인, 학생의 교사, 부모를 상당히 좌절시키곤 한다.

현재수행수준에 기초한 목표 템플릿

단기목표 1 학습지가 세 부분으로 동일하게 나누어진 학습지의 각 부분 사이에 3분의 휴식이 주어졌을 때, 학생은 학습지의 모든 문항을 정확하게 완수할 수 있고 그중 4/5에 해당하는 문제는 과제에 집중하라는 최대 3번의 주의를 받고 깨끗하게 풀 수 있다.

단기목표 2 학습지가 세 부분으로 동일하게 나누어진 학습지의 각 부분 사이에 3분의 휴식이 주어졌을 때, 학생은 학습지의 모든 문항을 정확하게 완수할 수 있고 그중 4/5에 해당하는 문제는 과제에 집중하라는 최대 1번의 주의를 받고 깨끗하게 풀 수 있다.

단기목표 3 시간 관리 체크리스트와 지정된 간격으로 짧은 휴식이 주어졌을 때, 학생은 학습지의 모든 문항을 정확하게 완수할 수 있고 그중 5/5에 해당하는 문제를 과제에 집중하라는 최대 1번의 주의를 받고 깨끗하게 풀 수 있다.

연간목적 시간 관리 체크리스트가 주어졌을 때, 학생은 자신이 해야 하는 수업 학습지의 문항을 정확하고 독립적으로 모두 완수할 수 있다.

자기점검

감정 조절하기

정서·행동장애(EBD)가 있는 16세 학생의 현재수행수준 예시

교사에 따르면, 해당 학생은 조용하고 구조화된 상황에서는 자신의 감정을 관리할 수 있다. 하지만 구조화되지 않은 사회적 상황이거나 친구가 학생이 좋아하지 않는 것을 말할 때에는, 종종 공격적이고 자신의 화를 조절하는 데 어려움을 보인다. 학생이 자신의 분노를 관리하지 못하는 점은 또래 관계를 형성하는 것을 방해하고 급우들의 안전 문제를 야기한다. 이러한 점은 학생의 학업 성취에도 영향을 미친다.

현재수행수준에 기초한 목표 템플릿

단기목표 1 교수 지원이 주어졌을 때, 학생은 자신이 화가 나는 다섯 가지 상황을 찾을 것이다. 학생의 충동적 반응을 감소시킬 수 있는 다섯 가지 전략을 만들 것이다. 그리고 분노를 감소시키는 프로토콜(예: 화를 감소시키기 위해 학생이 만든 전략의 한 범위)에 전략을 통합시킬 것이다.

단기목표 2 분노를 감소시키는 프로토콜이 주어졌을 때, 학생은 또래와 갈등 상황이 유발되는 다섯 가지의 역할놀이에서 적절히 분노 관리 전략을 사용할 것이다. 10번 중 8번의 경우, 프로토콜을 사용하라는 직·간접적인 언어 단서를 제공받아 과제를 수행한다.

단기목표 3 분노를 감소시키는 프로토콜이 주어졌을 때, 학생은 또래와 갈등 상황이 유발되는 세 가지의 새로운 역할놀이 및 기존에 수행한 다섯 가지의 역할놀이에서 적절히 분노 관리 전략을 사용할 것이다. 10번 중 8번의 경우, 프로토콜을 사용하라는 몸짓 단서를 제공받아 과제를 수행한다.

단기목표 4 학교의 화가 나도록 꾸며진 상황에서 학생에게 분노를 감소시키는 프로토콜이 주어지고 지도 감독을 받을 때, 학생은 적절히 분노 관리 전략을 사용할 것이다. 10번 중 8번의 경우, 프로토콜을 참고할 수 있도록 직접적인 언어 단서가 주어지고 학생이 잘 수행할 수 있도록 언어적 칭찬을 제공받아 과제를 수행한다.

연간목적 분노를 감소시키는 프로토콜이 학생에게 주어졌을 때, 화를 유발하는 교실 상황 10번 중 8번에서 학생이 필요한 경우, 프로토콜을 참고할 수 있도록 몸짓 촉진이 주어진다면, 학생은 분노 관리 전략을 적절하게 사용할 것이다.

충동성 조절하기

주의력결핍 과잉행동장애(ADHD)가 있는 4세 학생의 현재수행수준 예시

학생의 어휘 발달, 철자, 읽기 해독 과정에 강점을 보이지만, 교사는 이 학생이 아침 시간에 지속적으로 질문과 자신의 의견을 불쑥 내뱉는 것을 예로 들며 이 학생은 '심각하게 충동적'이라고 보고한다. 해당 학생이 방해를 할 때 반 친구들의 반응에서 알 수 있듯이, 학생이 스스로 충동성을 조절하는 데 어려움을 보이는 것은 다른 반 친구들에게도 피해를 끼친다. 충동성은 수업 중 그룹 활동의 상당수에 해당하는 활동에 적절하게 참여하는 데 어려움을 주고, 또래와 관계를 형성하는 데 방해를 끼친다.

현재수행수준에 기초한 목표 템플릿

단기목표 1 시각적 단서를 사용하여 직접적인 지시를 내렸을 때(예를 들어, 빨간색 빛은 조용히 할 시간임을 의미함, 녹색 빛은 이야기를 해도 좋음을 의미함), 학생은 한 가지 교실 그룹 활동(예: morning circle)을 하는 동안 방해를 하는 수를 기초선 수준보다 60% 줄여 충동성을 조절하는 능력에 향상을 보일 것이다. 이때, 시각적 단서에 집중(빨간색/녹색의 신호등 빛)하라는 직접적인 언어 지시사항을 받고 과제를 수행한다.

단기목표 2 시각적 단서가 주어졌을 때, 학생은 두 가지의 교실 그룹 활동을 하는 동안 각 활동에서 방해하는 수를 기초선 수준보다 70% 줄여 충동성을 조절하는 능력에 향상을 보일 것이다. 이때 간접적인 언어 단서(예를 들면, 무슨 색 빛인가요?)를 받고 과제를 수행한다.

단기목표 3 시각적 단서가 주어졌을 때, 학생은 세 가지의 교실 그룹 활동을 하는 동안 각 활동에서 방해하는 수를 기초선 수준보다 80% 줄여 충동성

을 조절하는 능력에 향상을 보일 것이다. 이때 시각적 단서에 집중하라는 몸짓 단서를 받고 과제를 수행한다.

연간목적 시각적 단서가 주어졌을 때, 학생은 모든 교실 그룹 활동에서 각 활동에서 방해하는 수를 기초선 수준보다 80% 줄여 충동성을 조절하는 능력에 향상을 보일 것이다. 이 경우 기대되는 인내를 제공받아 과제를 수행한다.

설명 노트

- 충동성을 통제하는 것은 주의가 산만하고 작동기억에 어려움이 있는 점을 고려할 때 실행기능에 결함이 있는 학생에게 매우 어렵다. 특히 어린 학생의 경우 더 어렵다. 학생은 자신의 두 손을 들어올리라는 말을 들었을 때, 주로 지시사항을 따른다. 그러나 본인이 무엇인가를 이야기하려고 했을 때는 지시사항을 잠시 잊어버린다. 이러한 이유로 충동성을 억제하는 것은 촉진이 즉시 사라지는 것이 아니라 시각적 단서가 작동기억을 지원하는 역할을 하는 것으로, 진행 중인 작업으로 이해되어야만 한다. 이러한 방식으로 생각해 보라. "손을 들어 보세요."처럼 언어적으로 제공된 지시사항은 한쪽 귀로 듣고 다른 쪽 귀로 흘린다. 하지만 시각적 단서는 안정적 · 지속적인 주의를 제공한다.

숙제 관리하기

비언어성 학습장애(NLD)가 있는 15세 학생의 현재수행수준 예시

학생의 교사와 부모는 학생이 과제를 하는 데 필요한 자료를 종종 집에 가

지고 오는 것을 잊어버리기 때문에 과제를 완수하는 데 상당한 어려움이 있다고 한다. 덧붙여 학생이 집에서 과제를 완수했다 하더라도 완수한 과제를 학교로 가지고 오거나 제출하는 것을 종종 잊어버린다. 이러한 어려움은 학생이 학업을 마치기 위해 필요한 요구조건을 충족시키는 데 영향을 미치고, 교사와 또래들이 학생을 게으르거나 정리가 되지 않는 사람으로 인식하게 만드는 상황이다.

현재수행수준에 기초한 목표 템플릿

단기목표 1 가정-학교 과제 체크리스트(다음의 예시를 보세요)가 주어졌을 때, 학생은 모든 학업 교과의 과제를 완수하고 제출할 것이다. 70%의 경우는 체크리스트를 사용하라는 직접적인 언어 단서가 주어지고 이를 수행할 때 보상 점수를 받으면서 모든 학업 교과의 과제를 완수하고 제출할 것이다.

단기목표 2 가정-학교 과제 체크리스트가 주어졌을 때, 학생은 모든 학업 교과의 과제를 완수하고 제출할 것이다. 80%의 경우는 체크리스트를 사용하라는 간접적인 언어 단서가 주어지고 이를 수행할 때 보상 점수를 획득하면서 모든 학업 교과의 과제를 완수하고 제출할 것이다.

단기목표 3 가정-학교 과제 체크리스트가 주어졌을 때, 학생은 모든 학업 교과의 과제를 완수하고 제출할 것이다. 90%의 경우는 체크리스트를 사용할 때 독자적으로 수행하되, 이 경우 언어적 칭찬을 받는다.

연간목적 학생은 모든 교과의 모든 과제를 하고 제출하기 위해 가정-학교 과제 체크리스트를 스스로 사용할 수 있을 것이다.

숙제를 하기 위한 샘플 체크리스트

- □ 과제 사본을 챙긴다.
- □ 과제를 하는 데 필요한 재료/물건을 챙기고 가방 속에 넣는다.
- □ 집에서 과제를 한다.
- □ 과제를 담는 폴더에 과제를 두고, 가방에 넣어 둔다.
- □ 다 끝낸 과제를 제출한다.

설명 노트

- 많은 교사가 범하는 실수는 학생의 독립심을 기르기 위해 체크리스트와 같이 정리하는 데 필요한 지원을 점차 없애는 것이다. 실행기능은 이 책에서 앞서 언급된 상태에서 결함이 있는 것이기 때문에, 좀 더 현명한 전략은 학생이 독자적으로 지원을 사용하여(보철장치처럼) 교내외 활동을 성공적으로 끝낼 수 있도록 훈련하는 것이다.

계획하기/시간 관리하기

다단계로 구성된 활동 관리하기

자폐스펙트럼장애(ASD)가 있는 10세 학생의 현재수행수준 예시

비공식적인 관찰과 교사의 보고에 따르면, 학생은 한 가지의 단계로 이루어진 간단한 활동은 적절하게 수행할 수 있다. 하지만 학생은 실행기능의 결함으로 과제가 보다 복잡해질 때 몇 가지 문제를 보인다. 이것은 특히 과제

가 다단계로 구성되어 있을 때 나타나는데, 학생은 특정 단계에서 난관에 봉착했을 때 진행을 멈추고 과제를 완수하는 것에 어려움을 보인다. 이러한 경우 통합된 4학년 교실에서 학생이 시기적절하고 독립적으로 과제를 완수하는 능력에 영향을 미친다.

현재수행수준에 기초한 목표 템플릿

단기목표 1 다단계로 구성된 활동에서 단계를 설명하는 시각적 템플릿이 주어졌을 때, 학생은 3단계로 구성된 한 가지 활동을 정해진 시간 내에 완수할 것이다. 다섯 가지 활동에서는 70% 수준에서 각 단계를 수행하기 전 직접적인 언어 단서가 주어졌을 때 활동을 완수할 것이다.

단기목표 2 시각적 템플릿이 주어졌을 때, 학생은 5단계로 구성된 한 가지 활동을 정해진 시간 내에 완수할 것이다. 다섯 가지 활동에서는 80% 수준에서 간헐적인 직·간접 언어 단서가 주어졌을 때 활동을 완수할 것이다.

단기목표 3 시각적 템플릿이 주어졌을 때, 학생은 5단계로 구성된 한 가지 활동을 정해진 시간 내에 완수할 것이다. 일곱 가지 활동에서는 몸짓 단서가 주어졌을 때 활동을 완수할 것이다.

연간목적 다단계로 구성된 활동의 단계를 설명하는 시각적 템플릿이 주어졌을 때, 학생은 어떠한 다단계 활동이라도 주어진 시간 내에 독립적으로 완수할 수 있다.

장기간에 걸쳐 완성할 수 있는 과제 관리하기

주의력결핍장애(ADD)와 정서 · 행동장애(EBD)가 있는 9세 학생의 현재수행수준 예시

임상 관찰과 교사 보고에 따르면, 학생은 단기 과제는 어느 정도 독립적으로 수행할 수 있다. 하지만 많은 단계를 포함하는 장기 과제가 주어졌을 때, 이 학생은 어디서부터 시작해야 하는지, 어떻게 다양한 요소를 관리해야 하는지 방향을 찾는 데 어려움이 있다. 학생은 종종 과제의 작은 부분에 너무 많은 시간을 소모하고, 그렇기 때문에 그 외의 과제 활동을 수행할 때 시간이 부족하다. 이러한 어려움은 학생이 끝내야 하는 장기 과제를 시기 적절하게 완수하는 능력에 영향을 미치고, 결국 학생의 성적에 불리하게 영향을 끼친다. 이것은 또한 과제 회피 행동을 야기한다.

현재수행수준에 기초한 목표 템플릿

단기목표 1 장기 과제를 완수하기 위해 추진 일정 템플릿을 사용하는데, 직접교수가 주어졌을 때, 학생은 세 가지 새로운 과제를 완수하기 위해 직접적인 언어 단서와 지속적인 모니터링을 제공받아 정해진 시간 내에 과제의 각 단계를 연결할 것이다.

단기목표 2 장기 과제를 완수하기 위해 추진 일정 템플릿이 주어졌을 때, 학생은 세 가지 새롭고 과제 수행 시 보다 긴 시간을 요하는 과제를 완수하기 위해 간접적 언어 단서와 간헐적 모니터링을 제공받아 정해진 시간 내에 과제의 각 단계를 연결할 것이다.

단기목표 3 장기 과제를 완수하기 위해 추진 일정 템플릿이 주어졌을 때, 학생은 세 가지 새로운 과제를 완수하기 위해 간헐적이고 간접적인 모니터

링(예를 들어, "너 프로젝트는 잘 되어 가니?")을 제공받아 정해진 시간 내에 과제의 각 단계를 연결할 것이다.

연간목적 장기 과제를 완수하기 위해 추진 일정 템플릿이 주어졌을 때, 학생은 학업 과제를 완수하기 위해 간헐적이고 간접적인 모니터링을 제공받아 정해진 시간 내에 과제의 각 단계를 연결할 것이다.

설명 노트

- 이 목적을 달성하는 데 있어 학생이 많은 기회를 가지기 위한 방법으로 저자들은 '장기' 과제를 만들기를 추천한다(예를 들어, 며칠에 걸쳐 혹은 일주일 동안 해야 하는 사회/과학 과제들을 장기 과제로 삼음).
- 이 목적은 또한 교실 내 공휴일 파티나 다른 활동과 같은 미래의 이벤트를 계획하는 데 사용할 수 있다.

기본 계획하기

비언어성 학습장애(NLD)가 있는 11세 학생의 현재수행수준 예시

학생은 통합교실에서 지시가 주어지고 해야 하는 일을 정확히 보여 주면 꽤 기능을 잘한다. 하지만 이 학생은 종종 지시사항이 주어질 때 어쩔 줄 모를 경우가 있다고 보고한다. 학생의 언어재활사는 학생이 시간과 순서의 개념을 이해하는 데 어려움을 나타낸다고 한다(예: 전/후, 처음/마지막). 이러한 어려움은 학생을 혼란스럽게 하고, 시간에 기반을 둔 결정을 내리는 능력에 영향을 끼칠 뿐만 아니라, 학업 과제와 또래와 함께하는 그룹 활동에서의 지시사항을 따르는 데 어려움을 미친다.

현재수행수준에 기초한 목표 템플릿

단기목표 1 직접교수, 예시, 이야기의 사건을 묘사한 그림 카드가 주어졌을 때, 이 학생은 질문(예를 들어, "가장 먼저 일어난 사건이 무엇인가요?")에 합당한 그림 카드를 고르면서 계획하기와 관련된 언어(예: 첫째, 다음, 마지막으로, 전에)를 이해할 수 있는 능력을 보일 수 있다. 5개의 이야기 중에서 10개 중 7개의 질문은 직접적인 언어 · 몸짓 단서를 제공받아 2개의 시간 개념(예: 처음으로, 마지막으로)에 대한 그림 카드를 제시할 것이다.

단기목표 2 이야기의 사건을 묘사한 그림 카드가 주어졌을 때, 학생은 5개의 이야기 중에서 처음/마지막 시간 개념을 묻는 열 가지 질문 중 여덟 가지 질문에 합당하는 그림 카드를 고르면서 계획하기와 관련된 언어를 이해할 수 있는 능력을 보일 것이다. 전/후 시간 개념은 5개의 이야기 중에서 10개 중 7개의 질문에 간접적인 언어 혹은 몸짓 단서를 제공받아 대답을 할 것이다.

단기목표 3 이야기의 사건을 묘사한 그림 카드가 주어졌을 때, 학생은 모든 시간 개념을 묻는 네 가지 질문에 합당한 그림 카드를 제시하면서 계획하기와 관련된 언어를 이해할 수 있는 능력을 보일 것이다. 기다려 주었을 때 10개의 이야기 중에서 각 시간의 개념당 10개의 질문 중 8개의 질문에 대한 그림 카드를 제시할 것이다.

연간목적 학생은 질문에 대답하고 질문에 포함이 된 지시사항을 수행하면서 처음, 다음, 마지막, 전의 시간 개념을 이해하는 능력을 보일 것이다. 이야기와 활동의 80%에 한해서는 독립적으로 질문에 대한 답을 할 것이다.

작동기억

작동기억 정보 유지하기

주의력결핍장애(ADD)가 있는 12세 학생의 현재수행수준 예시

학생은 연령에 적합한 수준으로 수학 개념을 이해할 수 있다. 하지만 이 학생은 작동기억에 어려움이 있어 문장제 수학 문제에 심각한 어려움을 보인다. 이러한 문제들로 학생은 과제를 완수하고 학년 수학 수준에서 기대되는 과제를 이행함에 있어 어려움이 있다.

현재수행수준에 기초한 목표 템플릿

단기목표 1 수학 문제를 해결하는 템플릿을 사용하여 직접교수를 제공하였을 때, 학생은 문장제 문제해결에 필요한 정보를 채워 넣을 수 있고, 세 가지의 수학 부호 중 문제해결에 적합한 부호를 고를 수 있을 것이다. 10개 중 7개의 문제의 경우 직접적인 언어 단서와 지속적인 모니터링을 제공받아 문제를 풀 수 있다.

단기목표 2 수학 문제를 해결하는 템플릿이 주어졌을 때, 학생은 문장제 문제해결에 필요한 정보를 채워 넣을 수 있고, 독자적으로 문제해결에 필요한 수학 부호를 고를 수 있을 것이다. 10개 중 8개의 문제의 경우 간접적인 언어 단서와 간헐적인 모니터링을 제공받아 문제를 풀 수 있다.

단기목표 3 수학 문제를 해결하는 템플릿이 주어졌을 때, 학생은 문장제 문제해결에 필요한 정보를 채워 넣을 수 있고, 사용할 수학 부호를 고를 수 있으며, 문제를 풀 수 있을 것이다. 10개 중 8개의 문제의 경우 필요하다면

몸짓 단서를 제공받아 문제를 풀 수 있다.

연간목적 수학 문제를 해결하는 템플릿이 주어졌을 때, 학생은 80%의 정확도로 스스로 문장제 문제를 풀기 위하여 올바른 수학적 절차를 사용할 수 있을 것이다.

주의력 유지하기

주의력결핍 과잉행동장애(ADHD)가 있는 8세 학생의 현재수행수준 예시

매주 실시되는 50개의 문항으로 구성된 수학 평가의 수행 결과, 이 학생은 수학과 관련된 지식은 학년 수준으로 나타났으나 과제를 완성할 때 지속적으로 주의를 집중하는 것이 어려워 부주의한 실수를 한다. 그 결과 학생은 문제를 완전히 놓치거나, 수학 기호가 바뀌는 것에 주의집중을 하지 못해 수학 계산을 잘못하기도 한다. 이러한 어려움은 학생의 수학 성적에 부정적으로 영향을 끼치고, 학생이 수학 과제를 꺼리는 원인이 된다.

현재수행수준에 기초한 목표 템플릿

단기목표 1 학생이 대열별로 수학 문제를 풀고, 수학 부호를 보고, 학생이 작성한 질문을 확인할 수 있도록 도움을 주는 체크리스트가 주어졌을 때, 학생은 체크리스트를 확인하라는 직접적인 언어 지시와 지속적인 모니터링을 제공받아 50개 문제로 구성된 수학 평가에서 최대 10개의 실수(문제 풀이 상의 실수, 문제를 풀지 않고 넘어가는 실수)만 보일 것이다.

단기목표 2 세 가지 문항으로 구성된 체크리스트가 주어졌을 때, 학생은 체크리스트를 사용하라는 3번 이하의 직접적인 언어적 촉진과 지속적인 모니터링을 제공받아 매주 실시하는 50개의 문항으로 구성된 수학 평가에서

최대 5개의 실수(문제 풀이상의 실수, 문제를 풀지 않고 넘어가는 실수)만 보일 것이다.

단기목표 3 세 가지 문항으로 구성된 체크리스트가 주어졌을 때, 학생은 체크리스트를 사용하라는 2번 이하의 몸짓 촉진과 간헐적인 모니터링을 제공받아 매주 실시하는 50개의 문항으로 구성된 수학 평가에서 최대 2개의 실수(문제 풀이상의 실수, 문제를 풀지 않고 넘어가는 실수)만 보일 것이다.

연간목적 학생은 스스로 체크리스트를 사용하여 매주 실시하는 50개의 문항으로 구성된 수학 평가에서 최대 1개의 실수(문제 풀이상의 실수, 문제를 풀지 않고 넘어가는 실수)만 보이며 수학 시험을 완수할 것이다.

실행기능 기술을 위한 일반적인 교수 정보와 전략

① 시각적 지원은 실행기능의 받침대 역할을 하는 것으로 고려되어야 한다. 우리는 시각적 지원을 모든 상황에서 종종 사용할 것을 권유한다. 다음 목록은 학교와 가정 상황에서 사용될 수 있는 많은 시각적 지원의 일부의 예를 제시한다.

- 활동 순서를 설명함
- 다단계로 구성된 과제를 완수하기 위한 템플릿으로 사용함
- 이벤트를 상징함
- 시간을 표시함
- 과제와 임무를 기술함
- 상기시켜 주는 교구로 사용함
- 추상적인 개념과 선택을 구체화함(예를 들어, 순서를 표시해 주는 시각적 지원-turn maker)
- 바람직한 행동과 언어를 위한 신호체계로 사용함

- 정보를 안정화시키기 위함
- 자기점검을 촉진하는 데 사용함
- 이해를 도모하는 데 사용함
- 작동기억을 보조하는 데 사용함
- 그 외의 다양한 목적으로 사용함

② 색깔별로 구분된 자료를 정리하는 도구로 사용한다(영어 교과에는 파란색, 수학 교과에는 노란색). 그리고 단서 카드와 포스트잇과 같은 메모지를 사용하여 스스로 본인을 상기시킬 수 있는 자조 전략도 활용한다.

③ 사건이나 활동이 일어날 때 주의를 집중하고 정보처리를 돕기 위해 사진이나 수신호와 같은 시각적 단서와 언어를 짝짓는다. 이렇게 적절히 연결하는 것은 학생이 의미를 잘 이해할 수 있도록 도움을 준다.

④ 두꺼운 종이를 사용해서 온도계를 만든 후, 감정/화 점검 도구로 사용한다(낮은 온도 - 기분 좋음, 높은 온도 - 자기 조절 전략을 사용할 필요성이 있음).

⑤ 자기점검과 시간 관리의 도구로 Time Timer, 게임, 계란 타이머 및 시간을 나타내 주는 다른 시각적 수단을 사용한다. 왜냐하면 이러한 시간 관리 도구들이 학생이 과제를 수행하거나 쉬는 시간을 즐길 때 남은 시간(많은 시간 혹은 적은 시간)을 확인할 수 있게 해 주기 때문이다.

chapter 15 비판적 사고: 중요한 삶의 기술

"사고(Thinking)는 기술적인 활동이다. '어떻게'를 학습하고 연습하지 않고서 명백하고 논리적으로 사고할 수 있는 능력이 자연스럽게 부여된다는 것은 사실이 아니다."

- Alfrred Mander

이 책에서 논의되고 있는 학생들은 비판적 사고에 상당한 어려움이 있다. 고차원적 사고 기술은 2004년도에 개정된 「미국장애인교육법」에 명시된 바처럼 "아이들이 교육, 취업, 독립생활을 할 수 있도록 준비시켜 주는 중요한 삶의 기술로 구성"되기 때문에 그 중요성이 강조되지 않을 수 없다(Wright & Wright, 2006, p. 20). 비판적 사고 기술은 다음의 내용을 포함한다.

- 중심 생각 파악하기
- 해석하기
- 순서 짓기
- 연관성 파악하기

- 추론하기
- 예측하기와 정보 확장하기
- 결론 내리기
- 문제해결하기
- 결정하기/선택하기
- 논리적으로 생각하기
- 정보를 분석하고 종합하기
- 비교/대조하기
- 협상하기
- 평가하기
- 그 외 다수

기술 범주 포함에 대한 이유

- 기존 연구는 자폐스펙트럼장애(ASD)가 있는 사람들이 비판적 사고의 다양한 부분에서 결함이 있음을 증명했다(Minshew, Goldstein, Taylor, & Siegel, 1994; Twachtman-Cullen, 2000b, 2000c).
- 주의력결핍장애/주의력결핍 과잉행동장애(ADD/ADHD)가 있는 학생은 비판적 사고, 장애의 부수적 특징인 산만함과 부주의함, 작동기억 문제, 충동성과 같은 면에 손상이 있을 수도 있다. 이 중에서 지속적인 주의와 꾸준함을 요하는 비판적 사고 과제에서는 특히나 그러하다.
- 비록 비판적 사고의 결함에 유기적 기반이 존재하지 않을 수도 있으나, 정서 · 행동장애(EBD)의 몇몇 유형이 있는 학생은 흔치 않은 사고 고착 패턴의 결과로 문제해결이나 비판적 사고의 다른 영역에서 세부적인 결함을 보일 수도 있다.

- 비언어성 학습장애학생은 주로 언어를 통해 학습하기 때문에 해당 학생은 엄청난 양의 정보를 놓친다. 왜냐하면 정보의 35%만이 언어적 요소를 통해 전달되기 때문이다(Tanguay, 2001). 이는 나머지에 해당하는 정보의 약 2/3가 목소리 톤과 몸짓 언어와 같은 비언어적 단서를 통해 전달됨을 의미한다. 따라서 비언어성 학습장애학생은 비언어적 단서에 의지해서 급우 혹은 책에 등장하는 인물이 어떤 감정을 느끼는지 알아차리기가 어렵다. 또한 비언어성 학습장애학생은 비판적 사고의 다른 영역에서도 어려움을 느끼는데, 특히 비언어적 정보가 이치적 판단을 위해 필요한 경우가 이에 해당한다.
- 비판적 사고 기술 능력은 고차원적 사고와 논리, 전반적으로 독자적인 기능에 중요하다.

수행 수준

비판적 사고 기술

비판적 사고 기술을 위한 현재수행수준은 다음과 같은 요소들을 포함해야만 한다.

- 학생의 비판적 사고의 강점을 나타내는 진술을 포함한다. 이는 특별히, 비판적 사고의 강점은 학업 성취와 기능 수행과 관련이 있기 때문이다.
- 학생의 비판적 사고의 세부 영역 중 약점에 해당하는 진술을 포함한다. 이는 특히 비판적 사고의 약점이 학업 성취와 기능 수행, 그리고 차기년도의 교육적 요구의 우선순위와 관련이 있기 때문이다.
- 비판적으로 사고하는 데 있어 학생의 장애가 일반교육과정의 참여와 진척상황(혹은 유치원생의 경우, 적절한 활동에)에 어떤 영향을 미치는지에 대한 진술을 포함한다.
- 현재수행수준 진술의 근거자료(선택사항)
- 현재수행수준이 다음의 두 가지 주요 기능을 충족하기 위한 추가 정보를 제공한다. 첫째, 학생의 요구를 충족하기 위한 개별화교육계획 목적과 목표(IEP goals and objectives)를 수립하는 기본 역할을 하고, 둘째, 학생의 수행 능력과 진전 정도를 판가름하는 기준 역할을 하기 위해서이다.

내용 영역

기본적인 비판적 사고 기술

순서 짓기

비언어성 학습장애(NLD)가 있는 6세 학생의 현재수행수준 예시

학생의 교사에 따르면, 학생은 매일의 활동이나 이야기 내의 사건을 세부적으로 묻는 질문에 대답을 할 수 있으나, 이러한 활동이나 사건을 적절한 순서로 관련짓는 데 어려움을 보인다. 학생의 언어 병리학자는 학생이 언어치료 시간에 그림을 순서대로 두는 것 또한 어려움을 보인다고 진술했다. 학생이 가지고 있는 이러한 어려움은 교수의 단계를 따르고 사건이나 이야기를 다시 이야기하는 데 어려움을 야기할 뿐만 아니라, 또래와 함께 놀이 상황에서 상호작용하는 데도 영향을 미친다.

현재수행수준에 기초한 목표 템플릿

단기목표 1 직접교수와 세 가지 순서로 이루어진 카드 중 첫 번째 카드가 주어졌을 때 학생은 나머지 2개의 카드를 올바른 순서대로 두고, 직접적인 언어 및 몸짓 단서와 함께 8개의 활동 순서의 각 단계에 대한 질문에 80%의 정확도 수준으로 대답한다.

단기목표 2 네 가지 순서로 이루어진 카드 중 첫 번째 카드가 주어졌을 때 학생은 나머지 3개의 카드를 올바른 순서대로 두고, 간접적인 언어 단서와 함께 10개의 활동 순서의 각 단계에 대해 80%의 정확도로 이야기할 수 있다.

단기목표 3 다섯 가지 순서로 이루어진 카드 중 첫 번째 카드가 주어졌을 때 학생은 5개의 카드를 올바른 순서대로 두고, 간접적인 몸짓 단서와 함께 10개의 활동 순서의 각 단계에 대해 80%의 정확도로 이야기할 수 있다.

연간목적 다섯 가지 단계로 구성된 카드들의 순서가 뒤섞여 주어졌을 때, 학생은 올바른 순서대로 카드를 정리하고 새로운 10개의 활동 순서의 각 단계에 대해 스스로 80%의 정확도로 이야기할 것이다.

예측하기

자폐스펙트럼장애(ASD)가 있는 7세 학생의 현재수행수준 예시

학생은 사실에 기반을 둔 물질에 대한 질문 및 현 시점에 대해 묻는 질문에 대한 답은 할 수 있다. 학생은 과독증(읽기 해독 기술은 발달하였지만, 읽기 이해에는 어려움을 보임)의 특성을 보인다. 비형식적인 평가 결과와 교사의 관찰에 따르면, 학생은 이야기 전개상에서 다음 단계에 올 이야기를 예측하는 데 어려움을 보인다. 이러한 순서 짓기상의 어려움은 이야기를 확장하는 능력, 다단계의 활동을 다루는 능력, 또래와 함께 추측하기 게임을 하는 데 영향을 미친다.

현재수행수준에 기초한 목표 템플릿

단기목표 1 네 가지 순서로 이루어진 카드 중 3개의 그림 카드가 주어지고 순서 짓기 활동에 직접교수가 주어졌을 때, 학생은 세 가지 그림 선택지 중에 마지막 4번째 그림을 올바르게 선택할 것이다. 8개의 활동 순서에 대해서는 직접적인 언어 단서가 주어졌을 때 80%의 정확도로 수행할 수 있을 것이다.

단기목표 2 네 가지 순서로 이루어진 카드 중 3개의 그림 카드가 주어졌을 때, 학생은 다섯 가지 그림 선택지 중에 마지막 4번째 그림을 올바르게 선택할 것이다. 12개의 활동 순서에 대해서는, 간접적인 언어 단서가 주어졌을 때 80%의 정확도로 수행할 수 있을 것이다.

단기목표 3 네 가지 순서로 이루어진 카드 중 3개의 그림 카드가 주어졌을 때, 학생은 카드를 보지 않고 다음에 무슨 일이 일어날 것인가 말로 예측할 것이다. 10개의 새로운 순서에 대해서는 기다려 주면 80%의 정확도로 수행할 것이다.

연간목적 학생은 10개의 짧은 이야기로 질문을 받았을 때 80%의 정확도로 독자적으로 다음에 일어날 일이 무엇인지 정확하게 예측할 것이다.

정서・행동장애(EBD)가 있는 12세 학생의 현재수행수준 예시

문제해결 시험(Test of Problem Solving)의 수행 결과에 따르면, 학생은 예측하기에 어려움을 보인다. 학생이 보이는 어려움은 학생의 학업 수행뿐만 아니라(특히 영어 수업에서) 또래와의 관계 형성을 방해한다. 후자의 경우 학생은 종종 친구들을 화나게 하는 말을 하거나 부적절한 행동을 하고, 또래가 부정적으로 반응하면 이에 놀란다. 학생은 학생 본인의 행동 결과를 예측하지 못하기 때문에, 또래를 탓하고 친구들이 자신을 좋아하지 않는다고 불평한다. 그 결과, 학생은 수업을 빠지고 학교에 가는 것을 거부하면서 생긴 에피소드기 몇 가지 있다.

현재수행수준에 기초한 목표 템플릿

단기목표 1 과제를 하기 전 직접교수와 예시가 주어졌을 때, 그리고 학생에게 익숙한 사회적 갈등 상황을 묘사한 이야기의 한 장면에서, 학생은 이야

기에 등장하는 특정 인물이 어떻게 반응할 것인가를 예측하고 본인의 대답에 대한 이유를 말할 것이다. 10개 중 6개의 이야기에서는 필요한 경우 직접적인 언어적 단서와 확장된 도움과 함께 예측할 것이다.

단기목표 2 학생에게 익숙한 사회적 갈등 상황을 묘사한 이야기의 한 장면에서, 학생은 이야기에 등장하는 특정 인물이 어떻게 반응할 것인가를 예측하고 본인의 대답에 대한 이유를 말할 것이다. 10개 중 8개의 이야기에서는 간접적인 언어 단서와 함께 예측할 것이다.

단기목표 3 10개의 역할놀이의 완성되지 않은 스크립트(각 스크립트는 2명의 인물의 사회적 갈등 상황을 포함하고 있음)가 주어졌을 때, 학생은 비디오로 녹화된 역할놀이를 보기 전에 세 가지 카드 세트 중 마지막 장면을 나타내는 한 가지 카드를 선택할 것이다. 10번 중 8번의 경우, 간접적인 언어 단서가 필요에 따라 주어진다.

연간목적 2명의 등장인물 사이에서 사회적 갈등이 있는 완성되지 않은 스크립트가 주어졌을 때, 학생은 비디오로 녹화된 역할놀이를 보기 전에 스스로 마지막 장면을 예측할 것이다. 10번 중 8번의 경우 독자적으로 수행한다.

감정 알기

비언어성 학습장애(NLD)가 있는 8세 학생의 현재수행수준 예시

학생은 표준화된 시험을 볼 때나 교실 내의 읽기 활동에 참여할 때 이야기 속의 등장인물들이 모두 어떻게 감정을 느끼는지 알아차리는 데 어려움이 있다. 이러한 점은 학생이 이야기를 이해하고 책을 읽고 난 후 보고서를 작성하는 능력에 영향을 미친다. 또한, 교사에 따르면 학생은 본인이 반 친구

들의 기분을 상하게 하는 말을 하거나 행동을 했을 때 반 친구들이 몸짓 언어로 '모든 것을 다 표현'하고 있음에도 친구들의 기분이 좋지 않다는 것을 알아차리지 못하기도 한다.

현재수행수준에 기초한 목표 템플릿

단기목표 1 얼굴 표정과 이야기가 전개되면서 주요 인물들의 정서(예: 슬픔, 화남, 행복함, 걱정됨, 지루함)를 묘사하는 10개의 짧은 이야기에 대한 직접교수와 시범이 주어졌을 때, 학생은 세 가지 그림 카드 중에서 등장인물의 얼굴 표정을 정확하게 보여 주는 정서적 반응을 고를 것이다. 10번 중 8번의 경우에는 직접적인 언어적 단서를 제공한다.

단기목표 2 이야기가 전개되면서 주요 인물들의 정서를 묘사하는 10개의 짧은 이야기가 주어졌을 때, 학생은 등장인물의 얼굴 표정을 정확하게 보여 주는 정서 상태의 이름을 말할 것이다. 10번 중 8번의 경우에는 간접적인 언어적 단서를 제공한다.

단기목표 3 등장인물이 상황에 맞는 정서를 연기하는 10개의 녹화된 역할놀이를 보고, 학생은 등장인물의 얼굴 표정과 몸짓 언어를 정확하게 보여 주는 정서 상태의 이름을 말할 것이다. 10번 중 8번의 경우 기다려 주면 과제를 수행할 수 있다.

연간목적 학생은 수업 시간에 이야기 속 등장인물의 감정에 대한 질문에 정확하게 대답하면서 구체적인 정서 상태에 대해 자신이 이해한 바를 나타낼 수 있다. 10번 중 8번은 독자적으로 할 수 있다.

추론하기

구체적인 내용 추론하기

자폐스펙트럼장애(ASD)가 있는 14세 학생의 현재수행수준 예시

형식적인 평가 결과와 교사 보고에 따르면 학생은 사실에 바탕을 둔 표준화된 검사 및 교사가 직접 만든 시험문제 해결에서는 또래들보다 점수를 잘 받는다. 하지만 학생은 아주 간단한 추론을 하는 것에도 또래에 비해 많이 뒤쳐진다. 이러한 점은 학생이 사실에 바탕을 둔 것 이상의 내용으로 넘어가기 위한 에세이 시험을 보는 데 어려움을 겪게 된다. 또한 학생이 추론 능력이 약하기 때문에 모든 것을 있는 그대로 받아들이려는 경향성이 있다. 이러한 어려움은 반 친구들이 학생을 놀리는 원인이 되고, 추론 이해를 요하는 학업 교과에도 상당한 문제점을 야기한다.

현재수행수준에 기초한 목표 템플릿

단기목표 1 추론하기와 예시를 직접적으로 지도하고, 흔히 접할 수 있는 상황(예를 들어, 야구 방망이를 들고 있는 남자아이가 깨진 창문을 바라보고 있음) 몇몇을 묘사하고 있는 10개의 그림 카드가 주어졌을 때, 학생은 어떤 일이 발생했었는지 추론할 것이다. 10번 중 8번은 직접적 · 간접적인 언어적 단서를 제공한다.

단기목표 2 흔히 접할 수 있는 상황 몇몇을 묘사하는 총 20개의 그림 카드가 주어졌을 때(10장은 이전에 학습했던 그림 카드, 나머지 10장은 새로운 그림 카드), 학생은 어떤 일이 발생했었는지 추론할 것이다. 10번 중 8번의 경우에는 필요한 경우에 한해 간접적인 언어적 단서를 제공한다.

단기목표 3 일련의 사건을 묘사하는 20개의 짧은 이야기 단락이 주어졌을 때, 학생은 각각의 이야기가 어떻게 끝날 것인지 추론할 것이다. 10번 중 9번의 경우에는 기다려 준다.

연간목적 학생은 질문에 대답을 하면서 읽기 과제 내의 상황에서 무엇이 일어났는지 추론할 것이다. 10번 중 9번의 경우에 독자적으로 수행할 것이다.

추상적인 내용 추론하기-언어적인 것

정서 · 행동장애(EBD)가 있는 9세 학생의 현재수행수준 예시

학생은 Test of Problem Solving(TOPS)과 Comprehensive Assessment of Spoken Language(CASL)의 추론하기 영역에서는 어려움을 보이지만, 다른 측정 영역에서는 나이에 적합한 수행 수준을 보인다. 학생은 수업 시간에 직접적으로 설명되는 정보는 이해할 수 있다. 하지만 빠진 정보를 채워 넣기 위해 읽기를 할 때 어려움이 있다. 이러한 어려움은 학생의 이해검사 수행력에 부정적으로 영향을 미칠 뿐만 아니라, 교실의 일과와 지시사항을 따르고 문제를 해결하며 사회적인 상황에서 적절하게 반응하는 능력에도 부정적으로 영향을 미친다.

현재수행수준에 기초한 목표 템플릿

단기목표 1 정보가 빠진 시나리오를 제시하고(예: 함축된 정보를 나타내는 짧은 이야기 글이 적혀 있음, 시작 혹은 중간 단계가 없어진 순서 카드 이야기 제시) 직접교수를 제공할 때, 학생은 선다형 형태에서 빠진 단계/정보를 찾을 것이다. 10번 중 6번의 경우 필요할 때 직접적인 언어 단서와 설명을 제공한다.

단기목표 2 정보가 빠진 시나리오를 제시할 때, 학생은 이야기/그림 내용에서 빠진 내용을 찾을 것이다. 10번 중 7번의 경우 간접적인 언어 단서를 제공한다.

단기목표 3 정보가 빠진 시나리오를 제시할 때, 학생은 이야기/그림 내용으로부터 빠진 내용을 찾고 추론을 한 이유를 댈 수 있을 것이다. 10번 중 8번의 경우 기다려 준다.

연간목적 학생은 모든 학업 교과에서 추상적인 추론을 할 것이다. 10번 중 8번의 경우 독자적으로 수행한다.

ADHD와 비언어성 학습장애(NLD)가 있는 7세 학생의 현재수행수준 예시

학생은 읽기 해독과 절차지식을 요구하는 과제 수행은 잘한다. 학생은 많은 비판적 사고 기술 영역에는 상당한 어려움을 지니고 있는데, 특히 추론 이해가 요구되는 영역에서 어려움이 두드러진다. 추론 영역에서 교사가 학생에게 등장인물에 대해 이야기를 하면 종종 학생은 "그런 말이 없는데요." 라고 불평을 한다. 이러한 어려움은 학생의 언어, 사회 교과의 성적 뿐만 아니라, 놀이터에서 또래와 함께 활동을 하면서 추론해야 하는 경우에 부정적으로 영향을 미친다.

현재수행수준에 기초한 목표 템플릿

단기목표 1 추론하기를 지도하면서 직접적인 언어 교수를 제공하고, 흔히 접할 수 있는 상황(예를 들어, 한 여자아이가 바닥에 있는 텅 빈 유리잔을 보고 있음) 몇몇을 묘사하고 있는 10개의 그림 카드가 주어졌을 때, 학생은 어떤 일이 발생했었는지 추론할 것이다. 10번 중 8번의 경우에는 직접적 · 간접적인 언어적 단서를 제공한다.

단기목표 2 흔히 접할 수 있는 상황/사건을 묘사하고 있는 10개의 그림 카드가 주어졌을 때, 학생은 결과에 대한 등장인물의 반응을 추론할 것이다. 10번 중 8번의 경우에는 직접적인 질문을 제공한다(예를 들어, "아빠는 우유를 엎질렀을 때 어떻게 반응할 것 같니?").

단기목표 3 10개의 짧은 이야기가 주어졌을 때, 학생은 이야기에서 나타나는 사건에 대한 등장인물의 반응을 추론하고 그러한 반응에 대한 이유를 말할 것이다. 10번 중 8번의 경우에는 필요한 경우 간접적인 질문을 제공한다.

연간목적 학생은 언어 시간, 사회 시간에 걸쳐서 이야기나 교재에서 제시된 사건들에 등장인물이 어떻게 반응할 것인지 추론할 것이다. 10번 중 8번의 경우에는 필요한 경우, 시간 지연법 혹은 간접적인 언어 단서를 제공한다.

추상적인 내용 추론하기-비언어적인 것

비언어성 학습장애(NLD)가 있는 11세 학생의 현재수행수준 예시

Social Language Development Test(SLDT)의 수행 결과에 따르면, 학생은 얼굴 표정과 몸짓과 같은 비언어적 신호를 해석하는 데 중도 혹은 심각한 어려움을 보인다. Clinical Evaluation of Language Fundamentals(CELF)로 측정된 핵심 언어 영역에서는 나이에 적합한 발달단계를 보인다. 비구어적 단서를 읽을 때 어려운 점은 학생이 타인의 행동 단서를 읽지 못해서 친구와 어른들과 사회적인 관계를 형성하는 것을 방해한다. 그 결과, 학생은 교사에게 빈번히 질책을 받게 되고 친구들에게 따돌림의 대상이 된다. 이러한 어려움은 학생이 수업을 빠지게 하는 어려움이 되고, 집중하는 데 부정적으로 영향을 미쳐 결국 학생의 낮은 학업 성취를 일으킨다.

현재수행수준에 기초한 목표 템플릿

단기목표 1 5개의 친숙한 이야기와 5개의 비디오로 녹화된 역할놀이 상황에서의 다양한 얼굴 표정과 비언어적 신호의 의미를 이해하는 선행 학습을 한 후, 학생은 등장인물/사람의 감정을 찾고 이에 대한 이유를 알 것이다. 각 상황의 80% 정도는 직접적인 언어와 수화 매뉴얼 단서를 제공받아 목표를 수행한다.

단기목표 2 5개의 새로운 이야기와 5개의 새로운 비디오로 녹화된 역할놀이 상황이 주어졌을 때, 학생은 등장인물/사람의 감정을 찾고 이에 대한 이유를 알 것이다. 각 상황의 80% 정도는 간접적인 언어적 혹은 몸짓 단서를 제공받아 목표를 수행한다.

단기목표 3 새로운 이야기 5개와 이전에 학습한 역할놀이 상황의 스크립트 5개가 주어졌을 때, 학생은 이야기 속에서 등장인물/사람의 감정을 찾고 감정에 대한 이유를 알 것이다. 또한 역할놀이에서 적절한 정서적 반응을 보일 것이다. 각 상황의 90% 정도는 몸짓 단서를 제공받아 목표를 수행한다.

연간목적 학생은 이야기 속 등장인물의 감정을 알고, 등장인물이 그러한 감정을 느끼는 이유를 이야기할 것이다. 또한 학생은 최소의 간접적인 언어·몸짓 단서를 제공받아 실생활 상황에서 비언어적 정서 신호에 적절히 반응할 것이다.

문제해결하기

중등도의 자폐스펙트럼장애(ASD)가 있는 16세 학생의 현재수행수준 예시

시각적 지원이 주어졌을 때와 계획대로 활동이 진행될 때, 학생은 교실 및 일하는 환경에서 시간에 맞추어 과제를 완수할 수 있다. 하지만 학생은 아주 작은 문제가 학생의 활동을 방해할 때조차 혼돈이 생기고 과제를 완수할 수 없다고 학생의 교사와 직업 관리자가 보고한다. 형식적 평가인 청소년용 문제해결검사(Test of Problem Solving-Adolescent)의 결과에도 따르면, 학생은 문제해결 영역에 어려움을 보인다. 문제해결 영역에서의 어려움은 학생이 교실과 직업과 관련된 환경에서 자립적으로 기능하는 능력에 부정적으로 영향을 미친다.

현재수행수준에 기초한 목표 템플릿

단기목표 1 문제해결하기 템플릿을 사용하는 방법을 직접적으로 가르치고 시범을 보이고 다섯 가지 문제 시나리오가 주어졌을 때, 학생은 두 가지 선택사항 중 적절한 문제해결방안을 선택할 것이다. 5번 중 4번은 직접적인 코칭을 제공받아 목표를 수행한다.

단기목표 2 문제해결하기 템플릿과 10개의 새로운 문제 시나리오가 주어졌을 때, 학생은 세 가지 선택사항 중 적절한 문제해결방안을 선택할 것이다. 5번 중 4번은 간접적인 코칭을 제공받아 목표를 수행한다.

단기목표 3 문제해결하기 템플릿과 10개의 새로운 문제 시나리오가 주어졌을 때, 학생은 문제해결 전략을 2~3명의 또래와 함께하는 구조화된 역할놀이 상황에 적절하게 적용할 것이다. 5번 중 4번은 간접적인 코칭을 제공받

아 목표를 수행한다.

연간목적 학생은 꾸며진 교실 상황에서 적절한 문제해결 전략을 적용하기 위해서 문제해결 템플릿을 사용할 것이다. 5번 중 4번은 기다려 주고 필요한 경우 수화매뉴얼을 사용하여 목표를 수행한다.

정서 · 행동장애(EBD)가 있는 14세 학생의 현재수행수준 예시

이 학생의 경우 학년 수준으로 수업 과제를 완수할 수 있으나, 교실에서 예상하지 못했던 문제가 발생할 경우 쉽게 불안해한다. 학생의 행동은 학교 과제를 완수하는 것을 방해하고, 급우들도 방해하며, 구조화되지 않은 시간(예: 점심시간이나 자율학습 시간)에 안전 문제를 야기한다. 청소년용 문제해결검사의 검사결과를 살펴보면, 이 학생은 문제를 확인하고 이를 해결하기 위한 방안을 제시하는 능력에 상당한 어려움이 있음을 알 수 있다.

현재수행수준에 기초한 목표 템플릿

단기목표 1 직접교수가 주어지고, 문제해결을 위한 네 가지 카드와 열 가지의 문제 시나리오가 안정적이고 조용한 환경에서 주어졌을 때, 학생은 문제를 파악하고 이를 위한 적절한 해결방안을 각 상황별로 80%의 정확도 수준으로 선택할 것이다. 이 경우 직접적인 언어 단서를 제공받아 목표를 수행한다.

단기목표 2 문제해결을 위한 네 가지 카드와 열 가지 문제 시나리오가 안정적이고 조용한 환경에서 주어졌을 때, 학생은 스스로 문제를 파악하고 이를 위한 적절한 해결방안을 각 상황별로 80%의 정확도 수준으로 선택할 것이다. 이 경우 필요한 경우 예상되는 기다림 혹은 간접적인 언어 단서를 제공받아 목표를 수행한다.

단기목표 3 문제해결을 위한 네 가지 카드가 주어졌을 때, 학생은 문제해결 전략을 선택하고 선택한 전략을 2명의 교사가 교실 상황에서 만든 문제 시나리오 및 1개의 구조화되지 않은 활동(예: 점심시간)과 같은 실제 상황에 적용할 것이다. 80% 정도의 경우 학생이 가지고 있는 문제해결 카드를 사용하라는 간접적인 언어 혹은 수화 매뉴얼 단서를 제공받아 목표를 수행한다.

연간목적 휴대가 가능한 문제해결 카드가 주어졌을 때, 학생은 스스로 문제해결방안을 선택하고 실제 문제 상황에 적용할 것이다. 환경과 활동에 걸쳐 문제가 발생한 80%의 경우 학생이 가지고 있는 문제해결 카드를 사용하라는 최소한의 간접적인 언어 혹은 수화 매뉴얼 단서를 제공받아 목표를 수행한다.

설명 노트

- 학생이 주머니에 넣고 다닐 수 있는 휴대 가능한 카드는 네 가지 문제해결책이 리스트로 만들어져 있고, 이러한 휴대 가능한 카드는 조정(accommodation)로 간주된다.

정보를 분석하고 종합하기

자폐스펙트럼장애(ASD)가 있는 8세 학생의 현재수행수준 예시

학생이 언어치료를 받는 동안 학생은 질문을 받은 경우 물건의 특징을 말할 수 있으나 짝으로 이루어진 물건들의 공통점이나 차이점은 구별하기가

어렵다. 이러한 어려움은 학생의 2학년 과학 교육과정에 꼭 필요한 비교 과제를 수행하는 능력에 부정적인 영향을 미친다.

현재수행수준에 기초한 목표 템플릿

단기목표 1 시범을 보이고 직접교수가 주어졌을 때, 학생은 물건을 같은/다른 종류끼리 10번 중 9번 분류할 수 있다.

단기목표 2 알려진 개념(예: 색상, 크기, 모양)에 따라 비슷하거나 다른 물체의 쌍이 주어졌을 때, 학생은 10개의 쌍 중에서 9개의 쌍에 한해 한두 가지 비슷한 점과 한두 가지의 다른 점을 말할 것이다. 이 경우 필요한 경우에 한해 직접적인 언어 단서를 제공받아 목표를 수행한다.

단기목표 3 알려진 개념에 따라 비슷하거나 다른 물체의 쌍이 주어졌을 때, 학생은 10개의 쌍 중에서 9개의 쌍이 서로 비슷한 점과 다른 점을 각각 2개씩 말하며 물체를 비교할 것이다. 이 경우 간접적인 언어 단서를 제공받아 목표를 수행한다.

연간목적 학생은 비슷한 점과 다른 점을 2~3개씩 이야기하면서 물건을 서로 비교하고 대조할 것이다. 10번 중 8번은 학생 스스로 목표를 수행한다.

내용 영역: 결과 도출하기

주의력결핍장애(ADD)가 있는 15세 학생의 현재수행수준 예시

역사 수업의 일환으로 학생은 역사적 사건을 비교・대조하고 역사적 사건에 대해 결론을 내리는 에세이를 작성해야 한다. 역사 교사가 차트를 제시하

여 각 사건의 장점과 단점에 대해 열거하면 학생은 사건들의 세부적인 질문에 대답을 할 수 있으나, 결론은 도출하기 위해 정보를 분석하고 통합할 수는 없다. 이러한 어려움은 수업 시간과 작성한 에세이에서 모두 분명히 나타난다. 이러한 어려움으로 이 학생은 미국 역사 수업에서 실패를 하고 있다.

현재수행수준에 기초한 목표 템플릿

단기목표 1 네 가지 역사적 사건에서 각각의 사건에서 교사가 일어난 일을 다섯 가지 열거할 때, 각 사건별로 해당하는 장단점을 2개씩 선택하고 선택하게 된 이유를 말할 수 있다. 각 경우별로 80% 수준의 정확도로 과제를 수행하며, 직접적인 언어 단서를 제공받아 목표를 수행한다.

단기목표 2 네 가지 역사적 사건에서 각각의 사건에서 교사가 일어난 일을 다섯 가지 열거할 때, 학생은 3개의 장단점을 고르고 이를 선택한 이유를 말할 것이다. 각각의 경우 80%의 정확도 수준으로 답을 할 것이며, 이 경우 간접적인 언어 단서와 함께 목표를 수행한다.

단기목표 3 네 가지 역사적 사건이 주어졌을 때, 학생은 사건들을 비교하고 대조하며 결론을 도출할 수 있도록 만들어진 템플릿에 정보를 채워 넣을 것이다. 템플릿의 각 요소별로 80% 수준의 정확도로 과제를 수행하며 간접적인 언어 단서와 함께 목표를 수행한다.

연간목적 학생은 역사 교육과정에서 다루는 역사적 사건들을 비교하고 대조하며 결론을 도출할 수 있도록 만들어진 템플릿을 스스로 사용하여 최소한의 간접적인 언어 단서와 함께 80% 수준의 정확도로 목표를 수행할 것이다.

내용 영역: 관련성 알기

비언어성 학습장애(NLD)가 있는 13세 학생의 현재수행수준 예시

이야기 혹은 교재 내용을 읽을 때 학생은 어느 정도 자세한 내용을 기억할 수는 있으나, 학생이 기억해 내는 세부 내용은 항상 이야기의 전개 혹은 교재 내용 중에서 가장 연관성이 높은 세부사항이 아니다. 학생의 읽기 이해수준은 나이에 적합하지만, 현재 학생은 이야기 전개상 관련이 있는 정보와 관련이 없는 정보를 구별하는 데 어려움을 보인다. 그 결과, 학생은 이야기의 전체 전개를 이해하는 데 어려움을 보이거나 교재에서 교훈을 얻기 위해 정확한 정보를 획득하는 데 어려움을 보인다. 이러한 점은 학생의 시험 및 성적에 부정적인 영향을 미친다.

현재수행수준에 기초한 목표 템플릿

단기목표 1 직접교수를 제공하고, 10개의 이야기 혹은 교재 읽기 지문과 관련성이 있거나 관련성이 없는 세부 문항으로 구성된 6개 문항의 선다형 문제 형식이 주어졌을 때, 학생은 이야기 혹은 교재 읽기 지문에 상응하는 두 가지의 관련 있는 세부 내용을 선택할 것이다. 10번 중 9번은 직접적인 언어 단서를 제공받아 목표를 수행한다.

단기목표 2 10개의 이야기 혹은 교재 읽기 지문과 관련성이 있거나 관련성이 없는 세부 문항으로 구성된 6개 문항의 선다형 문제 형식이 주어졌을 때, 학생은 이야기 혹은 교재 읽기 지문에 상응하는 세 가지의 관련 있는 세부 내용을 선택할 것이다. 5개의 새로운 이야기나 읽기 지문에서는 간접적인 언어 단서를 제공받아 목표를 수행한다.

단기목표 3 빈칸 채우기가 있는 문장이 주어졌을 때, 학생은 이전에 학습한 10개의 이야기/읽기 지문과 새로운 5개의 이야기/읽기 지문에서 적어도 세 가지의 관련성 있는 세부 내용을 만들어 낼 수 있을 것이다. 10번 중 9번의 경우, 목표를 수행할 수 있는 시간이 주어지고 필요한 경우 간접적인 언어 단서를 제공받아 목표를 수행한다.

연간목적 학생은 이야기 혹은 교재 읽기 지문과 관련이 있는 최소 세 가지의 세부내용을 말할 수 있을 것이다. 이 경우, 간헐적인 간접적 언어 혹은 몸짓 단서를 제공받아 모든 적절한 학업 교과의 읽기 내용에서 최소 세 가지 세부 내용을 말할 수 있을 것이다.

비판적 사고 기술을 위한 일반적인 교수 정보와 전략

① 교실에서의 문제를 확인하고, 문제를 해결하기 위한 단계들을 언어적으로 하나씩 이야기하고, 그러고 난 후 문제를 해결한다. 예를 들어, "음… 연필을 못 찾겠네. 어디 보자, 연필이 책상에 있을까? 아니, 오늘 수업 시간 끝 무렵에 Jamie를 도와줄 때 연필을 사용했었지. 그곳에서 연필을 다시 찾아봐야겠네. 좋아! 여기 있었구나."

② 유치원 학생에게는 아동 본인의 행동을 직접적으로 통제할 수 있도록 인과관계를 설명하는 장난감을 사용한다.

③ 비판적 사고 기술을 개발하는 데 도움을 주는 순서 카드나 아동의 책을 사용한다. 예를 들어, 『만약 생쥐에게 쿠키를 준다면』과 같이 자연적으로 발생하는 예측 형태를 다루는 책을 사용하여 예측하기 활동을 하기 위해서 다음과 같은 제목과 관련된 질문을 한다. "만약 쥐에게 쿠키를 하나 준다면, 그다음엔 쥐가 무엇을 원할까?" 던진 질문에 계속 질문을 한다. 이것이야말로 진정으로 예측하기 기회를 만드는 것이다. 이러한 활동은 이야기가 전개될 때 사건들을 대표하는 물건들을 제시하고 학생으로 하여금 다음에 발생

할 일을 '예측'하는 물건을 선택하게 함으로써 비언어적인 아동에게도 사용될 수 있다.

④ 학생이 스스로 하기 힘든 추론이 필요한 상황에서 학생을 위해 이야기를 연결시켜 준다. 예를 들어, '골디락과 곰 세 마리' 동화에서 일반 학생은 골디락이 작은 접시의 음식을 먹는다면 그 접시는 아기 곰의 것이라는 것을 쉽게 추론할 수 있다. 자폐스펙트럼장애(ASD)학생에게는 추론을 위해 연결할 수 있도록 다음과 같이 이야기해 주는 것이 좋다(예를 들면, 이것은 아기 곰의 접시일 거야. 왜냐하면 너무 작거든).

⑤ 학생이 컴퓨터를 더 사용하거나 특권의 사용 등과 같은 것에서 적절하게 협상할 수 있도록 둔다. 아주 어린 학생이라도 엄마가 안 된다고 할 때 쿠키를 얻기 위해 협상하는 방법을 배우는 것을 기억한다.

부록

부록 A

기술 발달 및 일반화를 가르치기 위한 조언

특별한 요구를 지닌 대부분의 학생들이 특수학급 교실에 배치될 때마다, 언어재활사는 더 쉬운 기술 발달을 위한 시간과 장소, 그리고 그들의 치료 교실을 버리지 못한다. 오늘날, 통합교육과 협력적인 자문 모델을 강조하면서, 일반교육 교실은 더 시끄럽고 분주하며 복잡한 환경이 되어, 많은 학생이 기술을 습득하기 위해 필요한 반복과 연습을 위한 조용한 기회들을 제공받기 어려워졌다. 그렇다면, 교육자나 임상가는 무엇을 해야 하는가?

독자도 이미 알고 있듯이, 이 책에서 다루는 많은 결함 영역은 학생들이 길을 택하기 전에 인위적이고 지지적이며 기본 수요 환경에서 기술을 '시험해' 볼 수 있는 역할극을 통해 가장 잘 처리 가능하고, 실제로 교실이나 다른 곳에 적용한다. 적절하고 조용한 치료실이 없어도 된다는 것은 이런 이유에서이다. 언어재활사와 다른 임상가들에게는 그들의 임상실을 초기 기술 발달을 위한 학습 공간으로서 사용하기를 권장한다.

이러한 기술들은 제한적인 환경에서 습득된 기술을 일반화하기 위해서는 일반교육 환경에서 도달할 수 있고 점검할 수 있다. 우리는 목적과 목표들을 달성하기 위해 다음의 교수 형태를 제안한다.

- 매일의 학교 활동과 교실 일상을 기술을 사용하기 위한 훌륭한 척도로 제공하라. 예를 들어, 아침 간식 시간을 어린 학생이 중요한 기술을 풍부하게 연습할 수 있는 기회로 제공하라. 이처럼 아침 만남, 여가 활동 그리고 모둠활동 등은 고학년을 위해서도 사용할 수 있다.
- 현장체험학습 및 지역사회 기반 직업 활동을 기술 발달을 위해 사용할 수 있다.
- 어린 유아에게는 노래, 전래 동요, 리듬 활동들을 사회적 상호작용, 놀이 및 언어 연습의 기회로 삼아라.
- 계획하기, 시간 관리하기, 조직하기 기술은 저학년, 고학년 학생 모두에게 예술 프로젝트, 소집단 활동, 장기간 숙제를 통해 도달될 수 있으나 시각적 지원을 잊으면 안 된다.
- 휴게실은 많은 기술을 위한 '일반화 공간'이 될 수 있다. 다른 사람과 놀고 함께하기 위한 학습에 이상적인 환경을 뜻하는 것이 아니다. 성인에 의해 촉진 및 점검되고 특정 규칙과 구조가 있는 조직화된 활동(규칙이 있는 게임)을 학습하는 것이 핵심이다.
- 유치원에서 상호작용적인 이야기 일상은 언어, 어휘, 및 예측하기, 추론하기, 연계하기와 같은 비판적 사고 기술을 연습하는 데 좋은 방법이다. 읽기 활동은 또한 이야기 문법요소 찾기, 중심생각 찾기나 문제 해결하기와 같은 고차원적 비판적 사고를 위해 고학년 학생에게 좋은 기회로 제공될 수 있다.
- 점심식사 집단은 사회성 기술을 일반화하기 위한 시간이고, 자폐스펙트럼장애, 비언어성 학습장애, 정서·행동장애가 있는 많은 학생에게 넓은 공간에서 과제였던 잡담(small talk)에 참여하는 것과 같은 활동을 연습할 수 있다.
- 이야기 발달과 같은 많은 기술은 직접적으로 교실 환경에서 학업적 활동을 하면서 도달될 수 있다.

- 1명이나 그 이상의 학생을 모니터하는 보조자가 배정된다면 체육, 미술과 같은 특별한 시간에는 연습과 기술 일반화를 위한 기회를 제공할 수 있다.
- 학습지원실은 많은 다양한 기술을 가르칠 수 있는 좋은 환경이다.
- 집, 방과 후 수업, 추가적인 활동들과 같은 확장적 환경은 특별히 기술의 일반화를 촉진하는 데 중요하다. 상당한 양의 계획이 필수적인 것은 말할 나위 없다.

의미 있고 측정 가능한 연간목적과 단기목표들을 작성하는 것은 특별한 요구가 있는 아동의 기술 발달을 지원하는 첫 단계로서 매우 중요하다. 그러나 이건 첫 단계에 불과하다. 만약 학생이 기술을 획득하고 사용한다면, 목적과 목표들을 다양한 환경, 사람 및 활동에서 사용할 수 있는 직접적이고 지속적인 관심이 필수적이다. 이는 책임, 계획 및 팀 협력으로 교육자와 임상가는 비슷한 요구가 있다. 교수 형태 목록이 완벽한 것은 아니다. 그러나 학교 관계자들이 비판적 사고 기술 게임을 하기 위해 휴식 시간을 활용하거나 요청한 연습을 위해 고의적인 임무를 수행하는 학생에게 사무실에 학생을 보내는 등 기술 발달을 위한 추가적인 기회를 제공하는 방안을 찾을 수 있도록 격려하게 될 것으로 기대한다.

부록 B

도움이 될 만한 교수 자료들

다음 알파벳 순서대로 정렬된 교수 자료는 주의력결핍장애/주의력결핍과잉행동장애(ADD/ADHD), 자폐스펙트럼장애(ASD), 비언어성 학습장애(NLD), 정서 · 행동장애(EBD) 그리고 단순/언어장애(S/LI)를 위한 개별화교육계획(IEP) 목적 및 목표를 수립하는 데 질 높은 정보와 가이드를 제공할 것이라고 생각되는 것들이다. 마지막 부분의 자폐스펙트럼장애(ASD) 관련 여러 가지 잡다한 제목의 교수 자료는 독자에게 편의성을 제공하는 특정 기술 영역에 따라 분류되어 있고, 다양한 장애 유형이나 기능 수준에 따라 사용할 수 있다. 게다가 의사소통, 언어 그리고 비판적 사고와 관련된 찾기 어려운 자료들이 저장되어 있는 언어병리학 북클럽 도서관(717-918-4120)에 기록되어 있는 자료이다.

의사소통 및 언어발달(COMMUNICATION AND LANGUAGE DEVLEOPMENT)

Concept Acquisition Procedures for Preschoolers (CAPP): Levels 1, 2, & 3. C. Weiner. Youngtown, AZ: ECL Publications.

Conceptbuilding: Developing Meaning through Narratives and Discussion. P. Reichardt. Eau Claire, WI: Thinking Publications.

Dyspraxia: A Guide for Teachers and Parents. K. Ripley, B. Daines, and J. Barrett. London: David Fulton Publishers.

Early Communication Skills. C. Lynch and J. Kidd. Oxfordshire, United Kingdom: Winslow Press Ltd.

Excell: Experiences in Context for Early Language Learning. C. B. Raack. Tuscon, AZ: Communication Skill Builders.

Figurative Language: A Comprehensive Program. K. A. Gorman-Gard. Eau

Claire, WI: Thinking Publications.

Interactive Language Skills. J. G. DeGaetano. Wrightsville Beach, NC: Great Ideas for Teaching.

It Takes Two to Talk: A Practical Guide for Parents of Children with Language Delays. J. Pepper and E. Weitzman. Toronto, Ontario, Canada: The Hanen Centre.

Listening, Understanding, Remembering, Verbalizing! J. G. DeGaetano. Wrightsville Beach, NC: Great Ideas for Teaching, Inc.

Shared Storybook Reading. H. K. Ezell and L. M. Justice. Baltimore: Paul H. Brookes Publishing Co.

비판적 사고 기술 발달(CRITICAL THINKING SKILLS DEVELOPMENT)

Activities for Mastering Inferences. J. G. DeGaetano. Wrightsville Beach, NC: Great Ideas for Teaching.

Critical Thinking Handbook: K-3rd Grades, A Guide for Remodeling Lesson Plans in Language Arts, Social Studies, and Science. R. W. Paul, A.J.A. Brinker, and D. Weil. Dillon Beach, CA: Foundation for Critical Thinking.

Critical Thinking Handbook: High School: A Guide for Redesigning Instruction. R. W. Paul, D. Martin, and K. Adamson. Dillon Beach, CA: Foundation for Critical Thinking.

Developing Logical Reasoning. J. G. DeGaetano. Wrightsville Beach, NC: Great Ideas for Teaching.

Introducing Inference. M. M. Toomey. Marblehead, MA: Circuit Publications. (Direct sales only.)

Preschool First Sequence Pictures (Sets 1 & 2). Marblehead, MA: Circuit Publications. (Direct sales only.)

Problem-Solving Activities. J. G. DeGaetano. Wrightsville Beach, NC: Great

Ideas for Teaching.

Problem-Solving Workbook. T. Zimmerman. King of Prussia, PA: Center for Applied Psychology.

Talk About Planning. M. M. Toomey. Marblehead, MA: Circuit Publications. (Direct sales only.)

실행기능 기술 발달(EXECUTIVE FUNCTION SKILLS DEVELOPMENT)

ADHD Book of Lists: A Practical Guide for Helping Children and Teens with Attention Deficit Disorders. S. F. Rief. San Francisco: Jossey-Bass.

Attention-Deficit Hyperactivity Disorder: A Clinical Workbook, Third Edition. R. A. Barkley and K. R. Murphy. New York: Guilford Press.

Disorganized Children: A Guide for Parents and Professionals. S. M. Stein and U. Chowdhury. London and Philadelphia: Jessica Kingsley Publishers.

Executive Skills in Children and Adolescents, Second Edition: A Practical Guide to Assessment and Intervention. P. Dawson and R. Guare. New York: Guilford Press.

Help for the Struggling Student: Ready-to-Use Strategies and Lessons to Build Attention, Memory, and Organizational Skills. M. Gold. San Francisco: Jossey-Bass.

How to Reach and Teach Children with ADD/ADHD: Practical Techniques, Strategies, and Interventions, 2nd Edition. S. F. Rief. San Francisco: Jossey-Bass.

Revealing Minds: Assessing to Understand and Support Struggling Learners. C. Pohlman. San Francisco: Jossey-Bass.

Smart but Scattered: The Revolutionary "Executive Skills" Approach to Helping Kids Reach Their Potential. P. Dawson and R. Guare. New York: Guilford Press.

Socially ADDept: A Manual for Parents of Children with ADHD and/or Learning Disabilities. J. Z. Giler. San Francisco: Jossey-Bass.

Strategies for Teaching Adolescents with ADHD: Effective Classroom Techniques Across the Content Areas, Grades 6-12. S. L. DeRuvo. San Francisco: Jossey-Bass.

이야기 기술 발달(NARRATIVE SKILLS DEVELOPMENT)

Expanding and Combining Sentences. M. M. Toomey. Marblehead, MA: Circuit Publications. (Direct sales only.)

Explaining. M. M. Toomey. Marblehead, MA: Circuit Publications. (Direct sales only.)

Narrative Toolbox: Blueprints for Storybuilding. P. Hudson-Nechkash. Eau Claire, WI: Thinking Publications.

Preschool First Stories. M. M. Toomey. Marblehead, MA: Circuit Publications. (Direct sales only.)

Telling a Story. M. M. Toomey. Marblehead, MA: Circuit Publications (Direct sales only.)

Themestorming. J. Becker, K. Reid, P. Steinhaus, and P. Wieck. Beltsville, MD: Gryphon House.

비언어적 학습 기술 발달(NONERBAL LEARNING SKILLS DEVELOPMENT)

Helping Children with Nonverbal Learning Disabilities to Flourish: A Guide for Parents and Professionals. M. Martin. London and Philadelphia: Jessica Kingsley Publishers.

Helping the Child Who Doesn't Fit In. S. Nowicki, Jr., and M. P. Duke. Atlanta: Peachtree Publishers.

Nonverbal Learning Disabilities at Home: A Parent's Guide. P. B. Tanguay. London and Philadelphia: Jessica Kingsley Publishers.

Nonverbal Learning Disabilities at School: Educating Students with NLD, Asperger Syndrome, and Related Conditions. P. B. Tanguay. London and Philadelphia: Jessica Kingsley Publishers.

Source for Nonverbal Learning Disorders. S. Thompson. East Moline, IL: LinguiSystems.

Teaching Your Child the Language of Social Success. M. Duke, S. Nowicki, and E. Martin. Atlanta: Peachtree Press.

놀이 기술 발달(PLAY SKILLS DEVELOPMENT)

Peer Play and the Autism Spectrum: The Art of Guiding Children's Socialization and Imagination. P. J. Wolfberg. Shawnee Mission, KS: Autism Asperger Publishing Co.

Play and Imagination in Children with Autism. P. J. Wolfberg. New York: Teachers College Press.

Transdisciplinary Play-Based Assessment, Second Edition (spiral-bound). Toni Linder. Baltimore: Paul H. Brookes Publishing Co.

Transdisciplinary Play-Based Intervention, Second Edition (spiral-bound). Toni Linder. Baltimore: Paul H. Brookes Publishing.

사회-정서적 기술 발달 및 분노 조절(SOCIAL-EMOTIONAL SKILLS DEVELOPMENT AND ANGER MANAGEMENT)

Adolescent Problems, Second Edition. D. Nicolson and H. Ayers. London: David Fulton Publishers.

Emotional and Behavioral Problems of Young Children: Effective Interventions in the Preschool and Kindergarten Years. G. G. Peacock. New York: Guilford Press.

Expressing Emotion: Myths, Realities, and Therapeutic Strategies. E. Kennedy-Moore and J. C. Watson. New York: Guilford Press.

Power of Guidance: Teaching Social-Emotional Skills in Early Childhood Classrooms. D. Gartrell. Belmont, CA: Wadsworth.

131 Creative Strategies for Reaching Children with Anger Problems (Grades 1-5). Tom Carr. Champaign, IL: Research Press.

141 Creative Strategies for Reaching Adolescents with Anger Problems (Grades 6-12). Tom Carr. Champaign, IL: Research Press.

사회적 기술 발달(SOCIAL SKILLS DEVELOPMENT)

More Social Skills Stories: Very Personal Picture Stories for Readers and NonreadersK-12. A. M. Johnson. Solana Beach, CA: Mayer-Johnson Co.

New Social Story Book (revised and expanded 10th anniversary edition). C. Gray. Arlington, TX: Future Horizons.

Social Behavior Mapping: Connecting Behavior, Emotions and Consequences Across the Day. M. G. Winner. San Jose, CA: Think Social Publishing.

Social Skills Activities for Special Children. D. Mannix. West Nyack, NY: Center for Applied Research in Education.

Social Skills Picture Book: Teaching Play, Emotion, and Communication to Children with Autism. Jed Baker. Arlington, TX: Future Horizons.

Social Skills Stories: Functional Picture Stories for Readers and Nonreaders K-12. A. M. Johnson and J. L. Susnik. Solana Beach, CA: Mayer-Johnson Co.

Social Skill Strategies: A Social-Emotional Curriculum for Adolescents (Book A). N. Gajewski, P. Hirn, and P. Mayo. Eau Claire, WI: Thinking Publications.

Social Skills Training. J. E. Baker, Ph.D. Shawnee Mission, KS: Autism Asperger Publishing.

Socially Curious and Curiously Social. M. G. Winner. San Jose, CA: Think Social Publishing.

마음이론 중재(THEORY OF MIND INTERVENTION)

Teaching Children with Autism to Mind-Read: A Practical Guide. P. Howlin, S. Baron-Cohen, and J. Hadwin. Hoboken, NJ: Wiley.

Theory of Mind: How Children Understand Others' Thoughts and Feelings. M. J. Doherty. London: Psychology Press.

행동 중재(BEHAVIOR INTERVENTION)

Challenging Behavior in Young Children: Understanding, Preventing, and Responding Effectively, Second Edition. B. Kaiser and J. Rasminsky. Boston: Allyn & Bacon.

Solving Behavior Problems in Autism. L. Hodgdon. Troy, MI: Quirk Roberts.

자폐 및 아스퍼거 증후군 관련 일반적인 정보 자료(AUTISM-AND ASPERGER SYNDROME-SPECIFIC GENERAL INFORMATION SOURCES)

Asperger Syndrome: A Practical Guide for Teachers. V. Cumine, J. Leach, and G. Stevenson. London: David Fulton Publishers.

Complete Guide to Asperger Syndrome. Tony Attwood. London and Philadelphia: Jessica Kingsley Publishers.

Learners on the Autism Spectrum: Preparing Highly Qualified Educators. K. D. Buron and P. Wolfberg. Shawnee Mission, KS: Autism Asperger Publishing.

Source for Intervention in Autism Spectrum Disorders. Phyllis Kupperman. East Moline, IL: LinguiSystems.

Stress and Coping in Autism. M. G. Baron, J. Groden, G. Groden, and L. P.

Lipsitt, editors. New York: Oxford University Press.

Teaching Children with Autism: Strategies to Enhance Communication and Socialization. Kathleen Ann Quill, editor. Delmar.

다양한 중복장애를 위한 여러 가지 잡다한 자료(MISCELLANEOUS RESOURCES FOR MULTIPLE DISABILITY CATEGORIES)

How to Be a Para Pro: A Comprehensive Training Manual for Paraprofessionals. D. Twachtman-Cullen. Higganum, CT: Starfish Specialty Press, LLC.

Incredible 5-Point Scale. K. D. Buron. Shawnee Mission, KS: Autism Asperger Publishing.

Relaxation: A Comprehensive Manual for Adults, Children, and Children with Special Needs (spiral bound). J. R. Cautela and J. Groden. Champaign, IL: Research Press.

Time Timer. A visual tool for telling time developed by J. Rogers. To order call 877-771-8463 or log onto www.timetimer.com.

Visual Strategies for Improving Communication. L. Hodgdon. Troy, MI: Quirk Roberts.

참고문헌

Barkley, R. A. (2006). *Attention-deficit hyperactivity disorder: A handbook for diagnosis and treatment* (3rd ed.). New York: Guilford Press.

Baron-Cohen, S., Tager-Flusberg, H., & Cohen, D. J. (1993). *Understanding other minds: Perspectives from autism*. Oxford, England: Oxford University Press.

Bateman, B. D., & Herr, C. M. (2006). *Writing measurable IEP goals and objectives*. Verona, WI: Attainment Company.

Berkell, D. E. (1992). Instructional planning: Goals and practice. In D. E. Berkell (ed.), *Autism: Identification, education, and treatment (pp. 89–105)*. Hillsdale, NJ: Erlbaum.

Board of Education v. Rowley, 458 U.S. 176 (1982).

Bodrova, E., & Leong, D. J. (2007). *Tools of the mind: The Vygotskian approach to early childhood education* (2nd ed.). Upper Saddle River, NJ: Pearson Education.

Carr, E. G., & Kologinsky, E. (1983). Acquisition of sign language by autistic children II: Spontaneity and generalization effects. *Journal of Applied Behavior Analysis*, *16*, 297-314.

Cayne, B. (1989). *The new Lexicon Webster's dictionary of the English language* (encyclopedic ed.). New York: Lexicon Publications.

Costello, R. B. (1991). *Random House Webster's college dictionary*. New York: Random House.

Covey, S. R. (1989). *The 7 habits of highly effective people: Powerful lessons in personal change*. New York: Simon & Schuster.

Dawson, P., & Guare, R. (2009). *Smart but scattered: The revolutionary "executive skills" approach to helping kids reach their full potential*. New York: Guilford Press.

Drew P. v. Clarke County School District, 877 F.2d 927 (11th Cir. 1989).

Florida Department of Education. (2000). *Developing quality individual educational plans: A guide for instructional personnel and families* (rev. ed.). Tallahassee: Florida Department of Education.

Garcia Coll, C., Kagan, J., & Resnick, J. S. (1984). Behavioral inhibition to the unfamiliar. *Child Development*, *55*, 1005-1019.

Gena, A., Krantz, P. J., McClannahan, L. D., & Poulson, C. L. (1996). Training and generalization of affective behavior displayed by youth with autism. *Journal of Applied Behavior Analysis*, *29*(3), 291-304.

Gaylord-Ross, R. J., Haring, T. J., Breen, C., & Pitts-Conway, V. (1984). The training and generalization of social interaction skills with autistic youth. *Journal of Applied Behavior Analysis*, *17*(2), 229-247.

Gillberg, C., & Ehlers, S. (1998). High-functioning people with autism and Asperger syndrome: A literature review. In E. Schopler, G. B. Mesibov, & L. J. Kunce (Eds.), *Asperger syndrome or high-functioning autism?* (pp. 79-106). New York: Plenum Press.

Gioia, G. A., Isquith, P. K., Guy, S. C., & Kenworthy, L. (2000). *Behavior rating inventory of executive function*. Odessa, FL: Psychological Assessment Resources.

Goldstein, G., Minshew, N. J., & Siegel, D. J. (1994). *Age differences in academic achievement in high-functioning autistic individuals. Journal of Clinical and Experimental Neuropsychology*, *16*(5), 671-680.

Gray, C. (2010). *The New Social Story™ Book*. Arlington, TX: Future Horizons.

Groden, J., LeVasseur, P., Diller, A., & Cautela, J. (2001). *Coping with stress through picture rehearsal: A how-to manual for working with individuals with autism and developmental disabilities*. Providence, RI: Groden Center.

Hobson, P. (1989). Beyond cognition: A theory of autism. In G. Dawson (ed.), *Autism: Nature, diagnosis, and treatment* (pp. 22-48). New York: Guilford Press.

Ihrig, K., & Wolchik, S. A. (1988). Peer versus adult models and autistic children's learning: Acquisition, generalization, and maintenance. *Journal of Autism and Developmental Disorders, 18*(1), 49-67.

Klin, A., & Volkmar, F. R. (2000). Treatment and intervention guidelines for individuals with Asperger syndrome. In A. Klin, F. R. Volkmar, & S. S. Sparrow (eds.), *Asperger syndrome* (pp. 340-366). New York: Guilford Press.

Koegel, R. L., Koegel, L. K., & O'Neill, R. (1989). Generalization in the treatment of autism. In L. V. McReynolds & J. E. Sprandlin (Eds.), *Generalization strategies in the treatment of communication disorders* (pp. 116-131). Toronto: B. C. Decker.

Landa, R. (2000). Social language use in Asperger syndrome and high-functioning autism. In A. Klin, F. R. Volkmar, & S. S. Sparrow (Eds.), *Asperger syndrome* (pp. 125-155). New York: Guilford Press.

Lord, C., Rutter, M., DiLavore, P. C., & Risi, S. (2002). *Autism diagnostic observation schedule*. Los Angeles: Western Psychological Services.

Mager, R. F. (1997a). *Measuring instructional results (or got a match): How to findout if your instructional objectives have been achieved* (3rd ed.). Atlanta: Center for Effective Performance.

Mager, R. F. (1997b). *Preparing instructional objectives: A critical tool in the development of effective instruction* (3rd ed.). Atlanta: Center for Effective Performance.

Mamen, M. (2007). *Understanding nonverbal learning disabilities: A common sense guide for parents and professionals*. London: Jessica Kingsley Publishers.

Minshew, N. J., Goldstein, G., Taylor, H. G., & Siegel, D. J. (1994). Academic achievement in high-functioning autistic individuals. *Journal of Clinical and Experimental Neuropsychology, 16*(2), 261-270.

Mundy, P., & Sigman, M. (1989). The theoretical implications of joint attention deficits in autism. *Development and Psychopathology, 1*, 173-183.

Olley, G. J., & Stevenson, S. E. (1989). Preschool curriculum for children with autism: Addressing early social skills. In G. Dawson (Ed.), *Autism: Nature, diagnosis, and treatment* (pp. 346-366). New York: Guilford Press.

Ozonoff, S. (1997). Components of executive function in autism and other disorders. In J. Russell (Ed.), *Autism as an executive disorder* (pp. 179-211). New York: Oxford University Press.

Peeters, T., & Gillberg, C. (1999). *Autism: Medical and educational aspects* (2nd ed.). London: Whurr.

Pennington, B. F., Bennetto, L., McAleer, O., & Roberts, R. J., Jr. (1996). Executive function and working memory: Theoretical and measurement issues. In G. R. Lyon & N. A. Krasnegor (Eds.), *Attention, memory, and executive function* (pp. 327-348). Baltimore: Paul H. Brookes.

Powers, M. D. (1992). Early intervention for children with autism. In D. E. Berkell (Ed.), *Autism: Identification, education, and treatment* (pp. 225-252). Hillsdale, NJ: Erlbaum.

Rief, S. F. (2005). *How to reach and teach children with ADD/ADHD: Practical techniques, strategies, and interventions* (2nd ed.). San Francisco: Jossey-Bass.

Rincover, A., & Koegel, R. L. (1975). Setting generality and stimulus control in autistic children. *Journal of Applied Behavior Analysis, 8*, 235-246.

Sevcik, R. A., & Romski, M. A. (1997). Comprehension and language acquisition: Evidence from youth with cognitive disabilities. In L. B. Adamson & M. A. Romski (Eds.), *Communication and language acquisition: Discoveries from atypical development* (pp. 187-202). Baltimore: Paul H. Brookes.

Siegel, L. M. (2001). *The complete IEP guide: How to advocate for your special ed child* (2nd ed.). Berkeley: Nolo Press.

Sigman, M., Mundy, P., Sherman, T., & Ungerer, J. (1986). Social interactions of autistic, mentally retarded, and normal children and their caregivers. *Journal of Child Psychology and Psychiatry, 27*, 647-656.

Steedman, W. D. (2005a). 10 tips for using IDEA 2004 to improve education for children with disabilities. *Autism Spectrum Quarterly*. Higganum, CT: Starfish Specialty Press.

Steedman, W. D. (2005b). Tips for using IDEA 2004 to improve education for children with disabilities: An elaboration on tips one through five. *Autism Spectrum Quarterly*. Higganum, CT: Starfish Specialty Press.

Stokes, T. F., & Osnes, P. G. (1988). The developing applied technology of generalization and maintenance. In R. Horner, G. Dunlap, & R. L. Koegel (eds.), *Generalization and maintenance* (pp. 5–19). Baltimore: Paul H. Brookes.

Tager-Flusberg, H., & Sullivan, K. (1994). Predicting and explaining behavior: A comparison of autistic, mentally retarded, and normal children. *Journal of Child Psychology and Psychiatry, 35*(6), 1059–1075.

Tanguay, P. B. (2001). *Nonverbal learning disabilities at home: A parent's guide*. London: Jessica Kingsley Publishers.

Tantum, D. (2000). Adolescence and adulthood in individuals with Asperger syndrome. In A. Klin, F. R. Volkmar, & S. S. Sparrow (Eds.), *Asperger syndrome* (pp. 367–399). New York: Guilford Press.

Taylor, B. A., & Harris, S. L. (1995). Teaching children with autism to seek information: Acquisition of novel information and generalization of responding. *Journal of Applied Behavior Analysis, 28*(1), 3–14.

Twachtman-Cullen, D. (1998). Language and communication in high-functioning autism and Asperger syndrome. In E. Schopler, G. B. Mesibov, & L. J. Kunce (Eds.), *Asperger syndrome or high-functioning autism?* (pp. 199–225). New York: Plenum Press.

Twachtman-Cullen, D. (2000a). *How to be a para pro: A comprehensive training manual for paraprofessionals*. Higganum, CT: Starfish Specialty Press.

Twachtman-Cullen, D. (2000b). More able children with autism spectrum disorders: Sociocommunicative challenges and guidelines for enhancing abilities. In A. M. Wetherby & B. M. Prizant (Eds.), *Autism spectrum disorders: A transactional developmental perspective* (pp. 225–249). Baltimore: Paul H. Brookes.

Twachtman-Cullen, D. (2000c). Asperger syndrome: What we don't know we cannot address. *Journal of Developmental and Learning Disorders*, *4*(1), 83-107.

Twachtman-Cullen, D. (2001). Paraprofessional support: It's a two-way street. *The Special Educator*, *16*(14), 1, 10.

Twachtman-Cullen, D. (2008). Symbolic communication: Common pathways and points of departure. In K. Dunn Buron & P. Wolfberg (Eds.), *Learners on the autism spectrum: Preparing highly qualified educators* (pp. 88-112). Shawnee Mission, KS: Autism Asperger Publishing.

Vygotsky, L. S. (1978). *Mind and society: The development of higher mental process. Cambridge*, MA: Harvard University Press. [Original work published 1930, 1933, and 1935]

Wolfberg, P. (2009). *Play and imagination in children with autism* (2nd ed.). New York: Teachers College Press.

Woods, T. S. (1987). The technology of instruction: A behavior analytic approach. In D. J. Cohen & A. M. Donnellan (Eds.), *Handbook of autism and pervasive developmental disorders* (pp. 251-272). New York: Wiley.

Wright, P. W. D., & Wright, P. D. (1999). *Wrightslaw: Special education law*. Hartfield, VA: Harbor House Law Press.

Wright, P. W. D., & Wright, P. D. (2006). *Wrightslaw: Special education law* (2nd ed.). Hartfield, VA: Harbor House Law Press.

Wrightslaw. (2010). *Roadmap to IDEA 2004: IEPs, highly qualified teachers, & research based instruction*. http://www.wrightslaw.com/law/idea/ieps.rbi.htm Retrieved June 21, 2010.

찾아보기

〈인명〉

〈내용〉

저자 소개

Diane Twachtman-Cullen은 자폐성 장애 및 관련된 장애에 특화된 자격증을 갖춘 언어임상가이다. 그녀는 수많은 책의 챕터와 논문의 저자이고, 『믿을 만한 열정: 자폐 및 촉진된 의사소통 현상』『트레버 트레버, 특별한 요구가 있는 친구에 대해 일반 학생의 민감성 증진을 위한 은유책』 그리고 『심도 있는 훈련 매뉴얼-준전문가가 되는 방법』의 저자이기도 하다. 연구와 일반 자폐 커뮤니티 간에 존재하는 갭을 연결해 주는 MAGAJOURNAL인 Autism Spectrum Quarterly(www.ASQuarterly.com)의 편집위원장이며, Autism Society of America의 전문가 자문 패널의 부회장을 역임하였고, 현재는 위원으로 활동 중인 그녀는 몇몇 다른 전문가 자문위원회에 참여하고 있으며, Aetna 보험회사에서 국가행동건강전문가위원회의(National Behavioral Health Quality Advisory Committee)의 위원이었다. 또한 국제 및 지역 아스퍼거 증후군 조합(Global and Regional Asperger Syndrome, Partnership: GRASP)에서 제공하는 2006 Divine Neurotypical Award(DNA)를 수상했다. 다양한 주제의 국제적인 컨설팅 서비스 및 연수 세미나를 제공하고 있고, 2007년과 2008년에 Doha, Qatar에서 열린 Shafallah 센터 포럼에서 초청 대표자으로 참여했다. 2010년 3월 영국 맨체스터에서 열린 영국기반 국가자폐사회(National Autistic Society)에서 후원한 첫 번째 전문가 학회에서 초청 대표자와 초청 강연자였다. 현재 캘리포니아 헐리우드의 명령적 그림 그룹(the Imperative Pictures Group)에서 컨설턴트 위원으로 활동하고 있다. 그녀의 자문 기관인 ADDCON 센터(addconcenter@snet.net)는 코네티컷 히가넘에 위치하고 있다.

Jennifer Twachtman-Bassett는 Autism Society of America의 전문가 자문 패널의 위원인 언어임상가이다. 또한 코네티컷의 자폐 사회(Autism Society)의 임원으로 활동 중이다. 발달 소아과와 협력 중인 코네티컷 아동 의학 센터(Connecticut Children's Medical Center: CCMC)에서 일부 자폐 선별 프로그램과 자폐성 장애아동의 진단에 참여하고 있다. 아스퍼거 증후군이나 관련 상황에 있는 고학년 아동을 위한 사회적 언어 및 문제해결에 대한 평가뿐만 아니라, 개별 치료 및 부모 교육도 제공하고 있고 CCMC의 임상 양육팀에서 활동 중이다. 게다가 로드 아일랜드의 프로비던스에 있는 Bulter 병원에서 사회적이고 언어 기반의 문제해결 및 행동 관련 쟁점들을 해결하기 위한 전략을 평가하고 제공하는 언어치료 자문가이기도 하다. 수년 간 공립 및 사립 특수학교 환경에서 자폐성 장애 및 관련 장애를 지닌 아동을 위해 일했고, IEP 진행과정 전체에 참여해 왔으며, Autism Spectrum Quarterly에서 부편집위원장으로서 연구를 실제로 전환하기 위한 노력을 하고 있다. 의사소통, 언어 및 양육 문제와 관련된 다양한 논문과 챕터를 써 왔고, 현재 주별, 지역별 국가적 학회에서 워크숍을 제공하고 있다.

역자 소개

강은영(Kang Eunyoung)
미국 University of Texas at Austin 대학원 특수교육 전공(철학 박사)
미국 University of Texas at Austin 대학원 교육심리 석사
단국대학교 대학원 특수교육 전공(교육학 석사)
단국대학교 특수교육학과 학사
서울양재초등학교, 서울대왕초등학교 교사
현) 용인대학교 교육대학원 교육학과 특수교육 전공 교수

박윤정(Park Younjung)
미국 Pennsylvania State University 특수교육 전공(철학 박사)
단국대학교 대학원 특수교육 전공(교육학 석사)
단국대학교 특수교육학과(문학 학사)
서울정애학교, 서울한남초등학교 교사
현) 단국대학교 교수학습개발센터 연구교수

서효정(Seo Hyojeong)
미국 University of Kansas 특수교육 전공(철학 박사)
공주대학교 대학원 특수교육 전공(교육학 석사)
공주대학교 영어교육 · 특수교육학과(문학 학사)
인천광역시 교육청 교사
현) 공주대학교 특수교육과 교수
Beach Center on Disability, University of Kansas Postdoctoral Researcher
Beach Center on Disability, University of Kansas Research Associate

박경옥(Park Kyoung-ock)
단국대학교 대학원 특수교육 전공(교육학 박사)
단국대학교 대학원 특수교육 전공(교육학 석사)
단국대학교 특수교육학과(문학 학사)
한국우진학교 및 주몽학교 교사
현) 대구대학교 초등특수교육과 교수

최승숙(Choi Seungsook)
미국 University of Illinois at Urbana-Champaign 특수교육 전공(철학 박사)
미국 Pennsylrania State University 특수교육 석사
이화여자대학교 특수교육학과 학사
나사렛대학교 언어치료학과 교수
현) 강남대학교 초등특수교육과 교수

개별화교육계획의 모든 것
-개발부터 실행까지-

The IEP from A to Z:
How to Create Meaningful and Measurable Goals and Objectives

2019년 3월 15일 1판 1쇄 발행
2023년 10월 20일 1판 2쇄 발행

지은이 • Diane Twachtman-Cullen · Jennifer Twachtman-Bassett
옮긴이 • 강은영 · 박윤정 · 서효정 · 박경옥 · 최승숙
펴낸이 • 김진환
펴낸곳 • (주) 학지사
04031 서울특별시 마포구 양화로 15길 20 마인드월드빌딩
대표전화 • 02)330-5114 팩스 • 02)324-2345
등록번호 • 제313-2006-000265호

홈페이지 • http://www.hakjisa.co.kr
인스타그램 • https://www.instagram.com/hakjisa

ISBN 978-89-997-1693-5 93370

정가 17,000원

역자와의 협약으로 인지는 생략합니다.
파본은 구입처에서 교환해 드립니다.